Daniela Kloock / Angela Spahr

W0034200

Medientheorien

Eine Einführung

Wilhelm Fink Verlag · München

Die Deutsche Bibliothek – CIP-Einheitsaufnahme

Kloock, Daniela:
Medientheorien: eine Einführung / Daniela Kloock/Angela Spahr. –
München: Fink, 1997
   (UTB für Wissenschaft: Uni-Taschenbücher; 1986)
   ISBN 3-8252-1986-0 (UTB)
   ISBN 3-7705-3223-6 (Fink)

© 1997 Wilhelm Fink Verlag GmbH & Co. KG
Ohmstraße 5, 80802 München
ISBN 3-7705-3223-6

Das Werk einschließlich aller seiner Teile ist urheberrechtlich geschützt.
Jede Verwertung außerhalb der engen Grenzen des Urheberrechtsgesetzes
ist ohne Zustimmung des Verlages unzulässig und strafbar. Das gilt insbesondere für Vervielfältigungen, Übersetzungen, Mikroverfilmungen und
die Einspeicherung und Verarbeitung in elektronischen Systemen.

Printed in Germany
Einbandgestaltung: Alfred Krugmann, Freiberg am Neckar
Herstellung: Ferdinand Schöningh GmbH, Paderborn

UTB-Bestellnummer: ISBN 3-8252-1986-0

Uni-Taschenbücher 1986

Eine Arbeitsgemeinschaft der Verlage

Wilhelm Fink Verlag München
Gustav Fischer Verlag Jena und Stuttgart
A. Francke Verlag Tübingen und Basel
Paul Haupt Verlag Bern · Stuttgart · Wien
Hüthig Fachverlage Heidelberg
Leske Verlag + Budrich GmbH Opladen
Lucius & Lucius Verlagsgesellschaft Stuttgart
Mohr Siebeck Tübingen
Quelle & Meyer Verlag · Wiesbaden
Ernst Reinhardt Verlag München und Basel
Schäffer-Poeschel Verlag · Stuttgart
Ferdinand Schöningh Verlag Paderborn · München · Wien · Zürich
Eugen Ulmer Verlag Stuttgart
Vandenhoeck & Ruprecht in Göttingen und Zürich

Inhalt

Einleitung

"Medientheorie", die lange als Modeerscheinung galt, avancierte in jüngster Zeit zu einem ernstzunehmenden Bestandteil der Wissenschaften. Diese Entwicklung folgt der wachsenden Bedeutung von Medientechnologie in allen Teilen der Gesellschaft. Kein Bereich, ob Politik oder Ökonomie, ob Bildung oder Kunst funktioniert noch ohne Kommunikations- bzw. Informationsmedien. Medien sind nicht nur nicht wegzudenken aus organisierenden Strukturen, sondern bestimmen zunehmend selbst die Art und Weise der Organisation. Im Modus des Digitalen verschmelzen Text, Bild und Ton, so daß von klassischen Einzelmedien immer weniger gesprochen werden kann. Kommunikation, ob öffentlich oder privat, ist zum multimedialen Phänomen geworden. Medien werden längst nicht mehr als bloße Übermittler von kommunizierbaren Inhalten gesehen und genutzt. Mit der Rede von "Datenhighways" und der "Informationsgesellschaft" geraten sie zum Inhalt politischer Konzepte; ihre technischen Potentiale, im Kontext von "Internet" oder "Cyberspace", motivieren zahlreiche Zukunftsentwürfe und -visionen. Ökonomisch gehört der Bereich, der Kommunikationstechnik entwickelt und produziert, zur größten Umsatzbranche unserer Gesellschaft.

Konsequenterweise sind Medien zum Gegenstand vieler Wissenschaften geworden. Noch in den 70er Jahren wurde das Thema in Deutschland hauptsächlich im Rahmen politischer Fragestellungen betrachtet. Massenmedien und ihre Wirkungen standen im Zentrum medientheoretischer Überlegungen. Heute dagegen ist die Diskussion fachwissenschaftlich ausgerichtet: kaum eine Geistes- oder Sozialwissenschaft, die nicht den Gegenstand für sich reklamieren und unter ihrer speziellen Perspektive behandeln würde. Zwar konzentriert sich ein großer Teil der Forschung noch in Publizistik und Kommunikationswissenschaften, die sich auf Medienwirkungen, Me-

dienpolitik, Medienrecht und Medienwirtschaft beziehen.
Aber mit steigender Tendenz kümmern sich auch Literatur-
und Erziehungswissenschaft, Soziologie, Politologie und Psychologie um medientheoretische Fragen. Zudem wird das
Thema im Bereich der Kunst und ästhetischen Theorie behandelt, wo auch Theorien einzelner Medien, vor allem der Photographie und des Films, angesiedelt sind. Dies hat zu Un-
übersichtlichkeit geführt. Dem Interessierten bietet sich eine
Vielzahl von fachspezifischen Ansätzen mit einer Vielzahl
von Fragestellungen und Methoden. Selbst der Begriff "Medium" wird nicht einheitlich verwendet, die verschiedenen Definitionen stellen entweder die Technik oder die Funktion oder
auch die Inhalte in den Vordergrund. Folglich kann von "der"
Medientheorie nicht die Rede sein.

Der vorliegende Band stellt Theorien vor, die eine übergreifende Perspektive einnehmen. Sie thematisieren den Gegenstand allgemeiner, als es einzelwissenschftliche Herangehensweisen gemeinhin zulassen. Nicht bestimmte Medien oder bestimmte Medienwirkungen stehen in Frage, sondern Effekte
der Medien schlechthin. Charakteristisch ist dabei, daß Medi-
en nicht als neutrale Träger oder Überträger von Informationen gelten, sondern als Techniken, welche die Möglichkeiten
der Kommunizierbarkeit von Informationen konstituieren.
Diese Möglichkeiten bedingen zugleich die Information selbst,
denn zum einen erhält nur, was kommuniziert, mitgeteilt und
überliefert werden kann, eine Bedeutung, und zum anderen
formt die Gestalt der Mitteilung (eine Handschrift, ein ge-
drucktes Buch, ein technisches Bild) auch ihren Inhalt. Wissen ist demnach in Abhängigkeit von den medialen Formen
seiner Speicherung und Übertragung zu sehen. So ergibt sich
die These, daß die in einer Epoche dominierenden Kommuni-
kations- bzw. Informationsmedien mit den Kommunikationsverhältnissen auch das Weltbild und die Wahrnehmungsmuster prägen. Der damit hergestellte Zusammenhang zwischen
Medien und Strukturen der Erkenntnis nimmt Kultur als solche in den Blick: "Medientheorie" in diesem Sinne untersucht
Medien als konstitutive Faktoren von Kultur.

Die heute am meisten diskutierten Theorien kommen aus so unterschiedlichen Bereichen wie Philosophie, Literaturwissenschaft oder Urbanistik, gehen aber mit der medientheoretischen Fragestellung über ihre Herkunftswissenschaften hinaus. Im folgenden wird erstmals eine Zusammenstellung von Ansätzen unternommen, deren Gemeinsamkeit am ehesten die Bezeichnung "kulturwissenschaftliche" Medientheorien treffen könnte. Die Auswahl orientiert sich hauptsächlich an zwei Merkmalen, die eine genuine Medientheorie kennzeichnen: 1. stehen die Medien selbst und nicht ihr Inhalt oder ihr sozialer Kontext im Mittelpunkt der Untersuchung, und 2. bilden sie den Ausgangspunkt und die Basis der Theorie. Aus diesem systematischen Rahmen fallen einige Ansätze heraus, die in der heutigen Diskussion eine Rolle spielen. So behandeln beispielsweise Niklas Luhmann und Jean Baudrillard Medien zwar als wichtige Faktoren der gesellschaftlichen Realität, die systemtheoretische und die semiotische Gesellschaftstheorie selbst sind jedoch von anderen Ausgangspunkten her gedacht. Eben dies gilt für die Thesen von Theodor W. Adorno und Max Horkheimer zur "Kulturindustrie", die Medien vor dem Hintergrund der Kritik des kapitalistischen Systems nur als Spezialfall desselben erfassen. Eine Sonderstellung innerhalb der erfolgten Auswahl nimmt der Ansatz von Claude E. Shannon und Warren Weaver ein, der vorgestellt wird, weil sich einige kulturwissenschaftliche Versuche auf deren mathematischen Begriff der Information stützen.

Folgende Positionen werden in acht Kapiteln behandelt:

Walter Benjamins ästhetischer Ansatz reflektiert in den 30er Jahren die umwälzenden Wirkungen des Films und anderer technischer Medien auf die Kunst und zieht Rückschlüsse auf deren Stellung und Funktion innerhalb der Gesellschaft.

Für *Marshall McLuhan* organisieren Medien die menschliche Wahrnehmung und geben somit die Sicht der Welt vor. Er stellt die Gutenberg-Galaxis, die Epoche des Buches, dem 20. Jahrhundert, dem Zeitalter der Elektrizität, gegenüber.

Vilém Flussers Analyse der Informationstechniken und Kommunikationsstrukturen flottiert frei zwischen Natur- und Geisteswissenschaften. Ausgehend von seinen Diagnosen entwickelt er Szenarien, die mögliche Tendenzen einer künftigen Entwicklung der menschlichen Zivilisation umreißen.

Neil Postmans medienökologischer Ansatz beschreibt Kultur als Umwelt von Medien und Medienkonstellationen, die jeweils spezielle Denkmuster und Wahrheitsbegriffe hervorbringen.

Für *Paul Virilio* produzieren technische Medien unterschiedliche Geschwindigkeitsordnungen, welche die menschliche Wahrnehmungsfähigkeit zuerst verändern, dann verhindern und in letzter Konsequenz ersetzen. Seine Thesen münden in der Frage nach einer Ethik der Medien.

Friedrich A. Kittler betrachtet historische Bedingungen des Wissens. Er rekonstruiert "Aufschreibesysteme", netzwerkartige Verknüpfungen von Medien und gesellschaftlichen Institutionen, welche die Produktion und Zirkulation von Diskursen regeln.

Claude E. Shannon und Warren Weaver entwickeln eine mathematische Informationstheorie. Durch Abstraktion vom sozialen Kontext und vom semantischen Inhalt der Kommunikation wird ein formaler Begriff der Information gewonnen, der auf alle Formen medialer Kommunikation anwendbar ist.

Eines der wesentlichsten und scheinbar vertrautesten Medien - die Schrift - behandelt das letzte Kapitel. Zusammenfassend erläutert werden prägnante Forschungsergebnisse zur Oralitäts- und Schriftforschung (*Milman Parry/Eric A. Havelock/ Walter J. Ong*) und zur Einführung des Buchdrucks (*Michael Giesecke).*

Die Übersicht zeigt, wie unterschiedlich der Zusammenhang von Medien und Kultur gedacht werden kann. Vor allem der Methode und Terminologie nach sind die genannten Ansätze heterogen. Die Umrisse zweier Medienbegriffe lassen sich herausarbeiten: Auf der einen Seite werden - vom Alphabet über den Buchdruck bis zum Computer - Medien als Vermittler von Kommunikation definiert. Dies umfaßt sowohl die Speicherung als auch die Übertragung von Information. Im Rahmen dieser Definition bewegen sich Flusser, Postman, Kittler und die Schrift-Theoretiker. Auf der anderen Seite steht ein Begriff, der Technik generell - vom Rad über die Dampfmaschine bis zur Videokamera - als Medium faßt und ins Verhältnis zum menschlichen Körper setzt. Diese eher anthropologische Bestimmung begreift Medien als Erweiterung oder Ersatz von Körperteilen und -funktionen, welche ihrerseits auf den Körper zurückwirken. Dies gilt für McLuhan und Virilio. Beide Richtungen kommen darin überein, in Medien technische Artefakte zu sehen, die "Wirklichkeit" auf bestimmte Weise erfahrbar machen. Indem Medien die Strukturen der Weltwahrnehmung präformieren, geben sie auch den Spielraum und die Grenzen einer Kultur vor. Diese Perspektive leitet die historischen Analysen der verschiedenen Ansätze, etwa die Untersuchung, inwieweit das Buch oder der Computer andere Interpretationen der "Wirklichkeit" begünstigen oder zulassen. In der Bewertung der Ergebnisse differieren die Theorien dann erheblich. Obgleich die Charakterisierungen der einzelnen Medien ähnlich ausfallen - so wird dem Buch übereinstimmend die Förderung linearen und kausalen Denkens zugeschrieben -, gehen die Einschätzungen der darauf gegründeten Kultur weit auseinander. Auch die Prognosen für eine zunehmend medial gestaltete Zukunft weichen voneinander ab.

Die folgenden Texte wollen in grundlegende Theorien einführen und den Einstieg ins Thema erleichtern. Das Spektrum der behandelten Ansätze vermittelt einen Eindruck von der Reichweite der Medientheorie. Gerade die allgemeine Bezugnahme auf Medien und ihre Wirkungen vergegenwärtigt die

Komplexität des Gegenstandes, dessen Untersuchung heute von großer Bedeutung ist. Die Konfrontation so unterschiedlicher Theorien kann zugleich offene Probleme methodologischer und inhaltlicher Art verdeutlichen. Erst der Vergleich der teilweise konträren Beurteilungen einzelner Medien zeigt die Schwierigkeiten, denen sich jeder Versuch einer Bewertung der heutigen Medientechnologie gegenübersieht. Die folgende Vorstellung "kulturwissenschaftlicher" Ansätze versteht sich nicht als Plädoyer für eine universale Medientheorie, welche die spezifischen Fragestellungen verschiedener Fächer überflüssig machen wollte. Ein derartiger Anspruch würde dem facettenreichen Thema nicht gerecht. Sinnvoll erscheint dagegen die Arbeit an einer zukünftigen kulturwissenschaftlichen Medientheorie, die unterschiedlichen Fächern Anschlußstellen bieten und somit eine Basis für interdisziplinäre Forschung schaffen könnte.

D.K. und A. S.

Der Verfall der Aura. Walter Benjamin

I. Fragment und Montage

Das Werk Walter Benjamins ist schwer einzuordnen. Philosophie, Literatur- und Geschichtswissenschaften beanspruchen es für sich. Diese Zuordnungsversuche haben ihre Berechtigung, gehen jedoch letztlich an der Einzigartigkeit ihres Gegenstandes vorbei. Benjamin schloß sich keiner intellektuellen Gruppe oder philosophischen Schule an und trat trotz eindeutiger politischer Überzeugung in keine Partei ein. Randständigkeit kennzeichnet Person und Werk, denn "wenn es je einen ganz und gar Vereinzelten gegeben hat, so war es Benjamin".[1] Ohnehin nicht sonderlich an einer Universitätslaufbahn interessiert,[2] nahm er die Ablehnung seiner Habilitationsschrift zum Anlaß, dem akademischen Leben und Schreiben den Rücken zu kehren. Nach der Dissertation "Der Begriff der Kunstkritik in der deutschen Romantik" (1919) und dem als Habilitation geplanten Buch "Ursprung des deutschen Trauerspiels" (1925) publizierte er kein im engeren Sinne "wissenschaftliches" Buch mehr. Nach 1925 schrieb Benjamin vorwiegend für die Feuilletons der Tagespresse, für literarische und wissenschaftliche Zeitschriften und den Rundfunk. Den größten Teil seiner Schriften bilden Essays, Aufsätze, Rezensionen und Literaturkritiken. Das geplante Opus magnum, das "Passagenwerk", blieb Entwurf und gedieh nur bis zum Stadium gewaltiger Materialienkonvolute. Benjamin hinterließ kein in sich geschlossenes Werk, kein philosophisches System, sondern eine Fülle von Bruchstücken und Ansätzen. Theodor W. Adorno weist darauf hin, daß der Autor der in seiner Dis-

---

[1] Hannah Arendt: "Walter Benjamin", in: Benjamin, Brecht. Zwei Essays, München 1971, S. 13.

[2] Vgl. Bernd Witte: Walter Benjamin, Reinbek 1985, S. 62.

sertation behandelten Frühromantik "verpflichtet" blieb beziehungsweise der frühromantischen "Konzeption des Fragments als philosophischer Form".

> "Daß Benjamins Werk fragmentarisch blieb, ist also nicht bloß dem widrigen Schicksal zuzuschreiben, sondern war im Gefüge seines Denkens, in seiner tragenden Idee von je angelegt."[3]

Diesem Denken kam die Form des Essays entgegen, die auf Argumentationen und Begründungszusammenhänge weitgehend verzichtet. Der Essay, zwischen Literatur und Wissenschaft angesiedelt, gab Raum für Benjamins brillanten Stil und seine Vorliebe für Details. Der Essay läßt eine Kombination verschiedener, sogar sich widersprechender Perspektiven zu, die der Zwang wissenschaftlicher Methode ausschließt. Zudem kommen in ihm auch Gegenstände zu Wort, die unbedeutend erscheinen und deren Behandlung zunächst keine relevante Erkenntnis verspricht. Benjamin bevorzugte solche Gegenstände. Ernst Bloch rühmt diesen "Sinn für Nebenbei":

> "(...) er hatte einen einzigartigen Blick eben fürs bedeutsame Detail, für das, was nebendran liegt, für die frischen Elemente, die von hier aufbrechen im Denken und in der Welt, für ungewohnt und unschematisch unterbrechendes Einzelsein, das nicht in den Kram paßt und das daher eine ganz eigene, einschwingende Beobachtung verdient."[4]

Ein prägnantes Beispiel bietet die 1928 erschienene "Einbahnstraße", eine Sammlung von Aphorismen, Kurztexten, Gedanken und Notizen. Der Flaneur läßt seinen Blick schweifen, greift Gegenstände, Ereignisse, Personen heraus und skizziert einen Einfall. Dieser kann zwei Zeilen oder zwei Seiten umfassen, eine Stehbierhalle, eine Stadt oder eine Wahrsagerin

---

[3] Theodor W. Adorno: "Einleitung zu Benjamins »Schriften«", in: Ders.: Noten zur Literatur, Frankfurt am Main 1974, S. 570.

[4] Ernst Bloch in: Über Walter Benjamin, Frankfurt am Main 1968, S. 17.

betreffen. In jedem Fall aber erscheint dem Leser das Ergriffene, so alltäglich es ist, fremd und ungewohnt. Den Verfremdungseffekt, der eintritt, wenn ein Phänomen aus seinem Kontext isoliert wird, nutzt der Autor, um neue Einsichten entstehen zu lassen. Mit dieser Intention werden auch Zitate in seinen Texten eingesetzt:

> "Zitate in meiner Arbeit sind wie Räuber am Weg, die bewaffnet hervorbrechen und dem Müßiggänger die Überzeugung abnehmen." (IV.1, S. 138)[5]

Benjamin sammelte Zitate in Mengen - allein für die Untersuchung des Trauerspiels über 600 - die ihm nicht als Beiwerk, sondern als Zentrum seiner Arbeit galten. Er plante, ein Buch ausschließlich aus Zitaten ohne jeden Kommentar zu gestalten. Entscheidend war das Verfahren, Textbruchstücke aus ihrem Zusammenhang zu reißen, um so ihre ursprüngliche Bedeutung zu zerstören. So "aus dem idyllischen Zusammenhang des Sinnes aufgestört", sollte das anschließende Zusammenstellen der Zitate ein Neues hervorbringen, einen Sinn, der eben nur aus der vorgängigen Zerstörung entstehen konnte (II. 1, S. 363). Benjamin war fasziniert von den Möglichkeiten der Montage, die die Technik der Medien Photographie, Film und Rundfunk eröffnet hatten. Im epischen Theater Brechts sah er das Verfahren wegweisend von den Medien übernommen: Brecht bringe gerade durch die Verfremdung des Alltags denselben schockierend zu Bewußtsein (II. 2, S. 515, S. 697, 698). Den Montagestil nutzte Benjamin in vielen seiner Arbeiten für den Rundfunk, die von 1929 bis 1932 entstanden. Er verwendete und vermischte alle im Medium möglichen Darstellungsformen: gespielte Szenen, reportageartige Berichte

---

[5] Zitate aus dem Werk Benjamins sind nachgewiesen aus: Walter Benjamin, Gesammelte Schriften. Unter Mitwirkung von Theodor W. Adorno und Gershom Scholem herausgegeben von Rolf Tiedemann und Hermann Schweppenhäuser, 7 Bände, Frankfurt am Main. 1972-1989. Die römischen Ziffern beziehen sich auf den jeweiligen Band, die arabischen auf den Teilband.

und verschiedene Arten der Erzählung. Lineare Narration wurde durch ständigen Wechsel der Präsentationsebene ersetzt und ermöglichte so eine vielschichtige Darstellung des Themas.[6]

Benjamins Denken sperrt sich gegen jede Art von "System". Damit hängt auch eine andere Eigenart zusammen: Die Stellung zwischen zwei theoretischen Extremen, verkörpert durch die beiden wichtigen - wenn nicht wichtigsten - Freunde, Gershom Scholem und Bertolt Brecht.[7] Scholem sagt über das "Janusgesicht" des Freundes:

> "Die eine Seite davon bot sich Brecht dar, die andere mir und er machte mir gegenüber auch gar keinen Hehl daraus. (...) Er war offenbar zwischen seiner Sympathie für mystische Sprachtheorie und der ebenso stark empfundenen Notwendigkeit, sie im Zusammenhang einer marxistischen Weltbetrachtung zu bekämpfen, hin und her gerissen. Ich sprach ihn darauf an, und er gab diesen Widerspruch unumwunden zu."[8]

Konfrontiert mit dem Zerfall von Gesellschaft und Kultur und zunehmenden antisemitischen Tendenzen, waren Kommunismus und Zionismus für jüdische Intellektuelle gleichermaßen anziehend. Sie boten theoretische Auswege aus dem politisch und kulturell zusammenbrechenden Deutschland. Die Kombination beider Positionen, die Benjamin versuchte - er ging weder nach Palästina noch trat er der KP bei - kann jedoch als sehr ungewöhnlich gelten. Hannah Arendt betont die Feindschaft der Anhänger beider Lehren:

> "(...) die Kommunisten diffamierten den Zionismus als jüdischen Faschismus - auch Brecht hat Benjamin vorgeworfen, sein Aufsatz

---

[6] Vgl. dazu Gerhard Wagner: Walter Benjamin. Die Medien der Moderne, Berlin 1992, S. 124ff.

[7] Scholem ging 1923 nach Palästina und widmete sich als Religionshistoriker der Erforschung der jüdischen Mystik.

[8] Gershom Scholem: Walter Benjamin - die Geschichte einer Freundschaft, Frankfurt am Main. 1975, S. 246 und 260.

über Kafka leiste »dem jüdischen Faschismus Vorschub« - und die Zionisten den Kommunismus der jüdischen Jugend als »rote Assimilation«."[9]

Benjamin ließ sich von dieser Feindschaft nicht beirren. Bei der Planung eines gemeinsamen Zeitschrift-Projektes schlug er ausgerechnet Brecht zwei "Forschungsmethoden" vor: "1. Theologie und 2. materialistische Dialektik".[10] Arendt schließt aus dieser Haltung, daß Benjamin wenig an einer "positiven Ideologie" gelegen war und es ihm statt dessen um "das »Negative« der Kritik an den bestehenden Verhältnissen ging".[11] "Kritik" war auch der Modus, in dem sich sein Philosophieren entfaltete. Dem direkten gedanklichen Zugriff auf die Welt zog er die durch Literaturkritik vermittelte Reflexion vor. Literaturkritik, wie er sie verstand, diente nicht der Beurteilung von Kunstwerken. Als souveräne Instanz sollte sie ihrem Gegenstand gegenüberstehen und durch ihr Tun den Bereich der reinen Ästhetik in Richtung auf Geschichte, Gesellschaft und Politik überwinden. Der Begriff "Kritik" betraf daher einen Vorgang der Destruktion: statt das Werk zu respektieren, mußte es gleichsam zerstört werden, um mit ihm über es hinaus zu weisen.

II. Masse und Reproduktion

Aussagen zum Thema Medien finden sich im gesamten Werk Benjamins verstreut. Die eigentliche Textbasis der "Medientheorie" ist jedoch schmal, zu ihr gehören die "Kleine Geschichte der Photographie" (1931) und die Rede "Der Autor als Produzent" (1934). Im Zentrum steht der Aufsatz "Das Kunstwerk im Zeitalter seiner technischen Reproduzierbar-

---

[9] Arendt, 1971, S. 43.
[10] Zitiert nach Witte, 1985, S. 90. Die Zeitschrift, die den Titel "Krise und Kritik" tragen sollte, kam nicht zustande.
[11] Arendt, 1971, S. 44.

keit" (1936). Dieser entstand in der für den Autor teilweise verzweifelten Situation des Pariser Exils. Konnte er anfangs noch unter Pseudonym in Deutschland Rezensionen und Kurzprosa veröffentlichen, so schränkten sich seine Publikations- und damit Verdienstmöglichkeiten ab 1935 dramatisch ein.[12] Bald stellte die (knappe) Unterstützung des nach New York übergesiedelten "Instituts für Sozialforschung" seine einzige Geldquelle dar. Armut und Hoffnungslosigkeit waren die Bedingungen, unter denen Benjamin seine Texte verfaßte. Der Kunstwerkaufsatz liegt heute in drei deutschen und einer französischen Fassung vor. Die französische Übersetzung von Pierre Klossowski erschien 1936 in der "Zeitschrift für Sozialforschung", die zu dieser Zeit in Paris herausgegeben wurde. Die deutschen Versionen wurden zu Benjamins Lebzeiten nicht publiziert. Bei der ersten deutschen Fassung handelt es sich um den handschriftlichen Entwurf, den Benjamin mit dem damaligen Leiter des "Instituts für Sozialforschung", Max Horkheimer, diskutierte. Aus dieser Diskussion entstand die zweite Fassung, die veröffentlicht werden sollte und welche die Vorlage für die Übersetzung bildete. Diese Version galt lange als verschollen und wurde erst in den achtziger Jahren im "Max-Horkheimer-Archiv" gefunden und 1989 in den Nachträgen der Gesammelten Schriften veröffentlicht (VII.1, S. 350-384). Die französische Fassung weicht von der Vorlage ab, da Horkheimer - zum Teil ohne vorheriges Einverständnis des Autors - Streichungen veranlaßte. Er schrieb in einem Brief an Benjamin, die Kürzungen betreffend:

> "Wir müssen alles tun, was in unseren Kräften steht, um die Zeitschrift als wissenschaftliches Organ davor zu bewahren, in politische Pressediskussionen hineingezogen zu werden." (I.3, S. 997)

So fehlt der erste Abschnitt, da Horkheimer fürchtete, der theoretische Bezug auf Marx könne als "politisches Bekenntnis verstanden werden" (I.3, S. 999). Der Ausdruck "Le fascis-

---

[12] Vgl. dazu Witte, 1985, S. 102.

me" wurde durchgängig durch "L' état totalitaire" ersetzt (I.3, S. 1000). Benjamin protestierte zunächst heftig, lenkte aber schließlich ein. Er war nicht nur finanziell vollständig abhängig vom Institut, sondern demselben trotz erheblicher Differenzen wegen der New Yorker "Zensur" politisch, theoretisch und - vor allem Adorno - persönlich verbunden. Schon während der Übersetzung arbeitete er an der dritten Fassung, die er in Rußland zu veröffentlichen hoffte. Die drei Versionen differieren nicht so stark, wie manche Sekundärliteratur suggeriert. Angesichts der Änderungen in der dritten Fassung wirkt auch die Behauptung der Herausgeber recht übertrieben, Benjamin habe sie eigens auf Brecht zugeschnitten (I.3, S. 1032).[13]

Die programmatischen Thesen des Kunstwerkaufsatzes betreffen Benjamins Gedanken zum Verhältnis von Kunst und Medien. Medientheorie im Sinne Benjamins ist gleichbedeutend mit ästhetischer Theorie. Hauptgegenstand seiner Reflexionen war und blieb seit den frühesten Schriften die Kunst. Der Auseinandersetzung lag ein weitgefaßter Begriff von Ästhetik zugrunde; der Kunstwerkaufsatz stellt den Bezug zur griechischen Auffassung der "aisthesis", der "Lehre von der Wahrnehmung" her (VII.1, S. 381). Benjamin sieht die "Art und Weise, in der die menschliche Wahrnehmung sich organisiert (...) nicht nur natürlich, sondern auch geschichtlich bedingt" (VII.1, S. 354). Mit der historischen Veränderung der "gesamten Daseinsweise" menschlicher "Kollektiva" verändere sich auch ihre Wahrnehmung. Daraus ergibt sich die Frage nach den gesellschaftlichen und technischen Bedingungen der Apperzeption. In diesem Kontext verortet Benjamin die Kunst und spürt ihrer Rolle beim Wandel der Wahrnehmung nach. Seine Überlegungen sind medientheoretische, weil er Kunst wesentlich auf die neuen medialen Techniken bezieht. Die Technik gibt nicht etwa ein Mittel für das künstlerische Genie

---

[13] Im folgenden werden die zweite und dritte Fassung zugrunde gelegt und Abweichungen erwähnt.

ab, sondern gerade umgekehrt ist mit ihr der "fetischistische, von Grund auf antitechnische Begriff von Kunst" obsolet geworden (II.1, S. 369). Nicht ob die Photographie eine Kunst sei, steht für Benjamin zur Debatte, sondern inwiefern die Erfindung derselben den "Gesamtcharakter der Kunst" verändert habe (VII.1, S. 362). Noch deutlicher formuliert er an anderer Stelle:

> "(...) die wichtigen, elementaren Fortschritte der Kunst sind weder neuer Inhalt noch neue Form - die Revolution der Technik geht beiden voran." (II.2, S. 753)

Die zentrale These des Kunstwerkaufsatzes besagt, daß die technischen Medien, die das Kunstwerk reproduzierbar machen beziehungsweise selbst ihre eigene Reproduzierbarkeit beinhalten, eine Revolution in der Kunst hervorrufen. Es geht dabei primär um die Medien Photographie und Film. Nach Benjamin greift die Möglichkeit der technischen Reproduktion das "Hier und Jetzt des Kunstwerks - sein einmaliges Dasein", seine Echtheit an (VII.1, S. 352). Eines solchen Angriffs waren historisch frühere Reproduktionsformen nicht fähig, da die "Fälschung" das Original nicht wirklich gefährdete. Benjamin nennt zwei Leistungen der technischen Reproduktion, welche die "Autorität" des Werkes treffen: Photographie und Film können mittels Vergrößerung oder Zeitlupe Aspekte oder Details erfassen, die dem Auge entgehen. Sie weisen mithin größere Selbständigkeit dem Original gegenüber auf als manuelle Reproduktionen. Zudem kann die technische Reproduktion dem Rezipienten "entgegenkommen", Photo oder Schallplatte tragen die Kunst an jeden beliebigen Ort (VII.1, S. 352). An die Stelle des einmaligen Originals tritt die massenhafte Kopie. Die Vervielfältigung steht nicht neben dem Werk, sondern betrifft es selbst. Die Kopie löst es aus dem der Kunst vorbehaltenen Raum, aus der Isolation vom Leben im Museum oder Konzertsaal und integriert es in den Alltag. Das dem Alltag ausgesetzte Werk wird somit "aktualisiert". Seine "Echtheit" wird mit der Reproduktion entwertet und die in sie eingeschriebene "Tradition" verliert ihre Bedeutung (ebd.). Diesen technischen Faktoren korrespondieren gesellschaftliche, denn der technischen Möglichkeit massenweiser Reproduktion entspricht das "Anliegen der gegenwärtigen Massen", sich die Dinge "näherzubringen" (VII.1, S. 355). Benjamin beobachtet das Bedürfnis der Menschenmassen, der Dinge in Zeitung oder Wochenschau "habhaft zu werden". "Die Ausrichtung der Realität auf die Massen und der Massen auf sie" ist somit eine Tatsache, die Funktion und Bedeutung der Kunst entscheidend betrifft (ebd.). Das Phänomen der "Masse" als Produkt der Großstädte und des Kapitalismus avancierte zu Beginn des 20. Jahrhunderts zu einem wichtigen Objekt der Theorie. Die Behandlungsweisen bewegten sich in einer Bandbreite von der Glorifizierung der proletarischen Massen zum Subjekt der Geschichte bis hin zu apokalyptischen Szenarien des Untergangs der Individualität. Für Benjamin liegt ein Wandel der gesellschaftlichen Funktion von Kunst auf der Hand, da Photographie und Film erstmalig die aus der bürgerlichen Kultur weitgehend ausgeschlossene breite Masse direkt ansprechen. Auf den Zusammenhang zwischen technischen und gesellschaftlichen Faktoren geht der Aufsatz nicht näher ein. Obgleich es scheint, als löse ein Zusammenspiel beider die Veränderung der Kunst aus, läßt Benjamin den gesellschaftlichen Kontext der Technik überwiegend unberücksichtigt.

Den Bruch mit der kulturellen Tradition beschreibt Benjamin mit dem Theorem des Verfalls der Aura. Was die technische Reproduzierbarkeit am Kunstwerk zerstöre, sei seine "Aura" (VII.1, S. 353). Dieser Begriff läßt sich schwer fassen, handelt es sich doch eher um ein Bild:

"Was ist eigentlich Aura? Ein sonderbares Gespinst aus Raum und Zeit: einmalige Erscheinung einer Ferne, so nah sie sein mag. An einem Sommernachmittag ruhend einem Gebirgszug am Horizont oder einem Zweig folgen, der seinen Schatten auf den Ruhenden wirft - das heißt die Aura dieser Berge, dieses Zweiges atmen." (VII.1, S. 355)[14]

Einmaligkeit und Ungreifbarkeit sind hier die tragenden Bestimmungen. Benjamin führt sie auf die Ursprünge der Kunst zurück. Kunst entstand als Teil eines Rituals, war ursprünglich Bestandteil magischer und später religiöser Praxis. Er formuliert nun die These, "daß diese auratische Daseinsweise des Kunstwerks niemals durchaus von seiner Ritualfunktion sich löst" (VII.1, S. 356). In einer Fußnote der dritten Fassung wird der Zusammenhang noch deutlicher: das Merkmal der "Ferne" der Aura verweist auf die Unnahbarkeit des Kultbildes, denn das "*wesentlich* Ferne ist das Unnahbare" (I.2, S. 480). Die Bewunderung des Kunstwerks, der Respekt, der ihm entgegengebracht wird, sind also Abkömmlinge der Scheu und Furcht vor dem sakralen Gegenstand. Benjamin sieht in der weltlichen Verehrung der Kunst, die seit der Renaissance die europäische Kultur bestimmte, keine wirkliche Veränderung, denn sie stelle nichts weiter als ein "säkularisiertes Ritual" dar (VII.1, S. 356). Die Geschichte der Kunst ist so gesehen ein Säkularisierungsprozeß, der an das, wovon er sich abzugrenzen scheint, gebunden bleibt. Benjamin rekonstruiert die Kunstgeschichte - unter Umgehung aller historischer Differenzen - als homogenen Vorgang, welcher von der Höhlenmalerei bis in das 19. Jahrhundert reicht. Erst die technische Reproduzierbarkeit macht dem ein Ende. Sie ersetzt "Ferne" durch "Nähe", "Unnahbarkeit" durch "Entgegenkommen", "Einmaligkeit" durch "Masse", "Dauer" durch "Flüchtigkeit" und "Tradition" durch "Aktualität". Dies bedeutet nichts weniger als eine auf die technischen Medien zurückgehende historische Zäsur:

---

[14] Die Bedeutung der "Aura" changiert in den drei Texten, die ihn in Zusammenhang mit Medien bringen. Das sind außer dem Kunstwerkaufsatz die "Kleine Geschichte der Photographie" und "Über einige Motive bei Baudelaire". Gemeinsam ist allen drei Texten die Formulierung: "einmalige Erscheinung einer Ferne, so nah sie sein mag".

"(...) die technische Reproduzierbarkeit des Kunstwerks emanzipiert dieses zum ersten Mal in der Weltgeschichte von seinem parasitären Dasein am Ritual." (VII.1, S. 356)

Diese "Emanzipation" betrifft die Stellung der Kunst innerhalb der Gesellschaft direkt:

"An die Stelle ihrer Fundierung aufs Ritual hat ihre Fundierung auf eine andere Praxis zu treten: nämlich ihre Fundierung auf Politik."(VII.1, S. 357)

Der technische Zugriff auf die Kunst entlarvt ihre vorherige "Autonomie" als Schein. Die Annahme einer selbständigen "höheren" Sphäre in der Gesellschaft war eine idealisierende Chimäre, der Versuch einer Restitution im "l'art pour l'art" wird zur "Theologie der Kunst" (VII.1, S. 356). Der Bruch in der Kunstgeschichte ist tiefgreifend, seine Folgen sind nach Benjamin nicht insgesamt zu überblicken. Er hebt am Kunstwerk zwei Formen des Wertes hervor, seinen "Kultwert" und seinen "Ausstellungswert" (VII.1, S. 357). Die technische Reproduktion verschiebt das Gewicht derart zugunsten des letzteren, daß von der quantitativen auf eine qualitative Veränderung des Kunstwerks geschlossen werden kann. In der "Urzeit" lag das Schwergewicht der Rezeption auf dem Kultwert, als "Kunst" wurden die Gegenstände erst im nachhinein erkannt. Durch die umgekehrte Dominanz des Ausstellungswertes wird das Kunstwerk nun "zu einem Gebilde mit ganz neuen Funktionen, von denen die uns bewußte, die künstlerische, als diejenige sich abhebt, die man später als eine beiläufige erkennen mag" (VII.1, S. 358). In einem Rundfunkvortrag mit dem Titel "Bert Brecht" (1930) sagt Benjamin über die Stellung der Dichtung bei Brecht:

"Sie weiß, die einzige Chance, die ihr blieb, ist: Nebenprodukt in einem sehr verzweigten Prozeß zur Änderung der Welt zu werden." (II.2, S. 662)

Benjamins Gedanken sind diffizil. Dies zeigt auch eine Notiz jenes Autors, dessen Werke er als Inbegriff der avantgardistischen Kunst ansah:

> "(...) diese (die Aura, A.S.) soll in letzter zeit im zerfall sein, zusammen mit dem kultischen. b (Benjamin, A.S.) hat das bei der analyse des films entdeckt, wo aura zerfällt durch die reproduzierbarkeit von kunstwerken. alles mystik, bei einer haltung gegen mystik. in solcher form wird die materialistische geschichtsauffassung adaptiert! es ist ziemlich grauenhaft." (I.3, S. 1082)

Interessant an diesen Sätzen in Brechts Arbeitsjournal ist weniger ihre Arroganz als vielmehr das Unverständnis, das sie verraten. Die Schwierigkeit der Sache spiegelt sich auch in ihren gegensätzlichen Interpretationen wider. So betont die eine Position, Benjamin beklage den Verfall der Aura, auch wenn seine Aussagen zum Film nicht in dieses Bild passen.[15] Er bedaure die Zerstörung der Kunst durch die Medien als schweren Verlust und analysiere diese Entwicklung als irreversible Durchsetzung einer bloßen Verfallsform. Die andere Position widerspricht dieser Deutung vehement, dem Autor lägen wehmütige Reminiszenzen fern, er spüre dem Verfall einer historischen Form nach und nicht dem "Verlust eines an sich Authentischen".[16] Benjamin beklage keineswegs den Untergang des Alten, sondern liefere den Entwurf einer "Theorie des nicht auratischen Kunstwerks", die bewußt Abschied nehme von den traditionellen Kategorien wie dem "Werkbegriff".[17] Benjamins politische Haltung - weit entfernt vom Standesbewußtsein der bürgerlichen kulturellen Elite - spricht wohl eher für die letztgenannten Interpretationen. Trotzdem ist der Eindruck der "Klage" nicht ganz von der Hand zu weisen. Denn Benjamin sieht den durch die technischen Medien aus-

---

[15] Werner Fuld: Walter Benjamin. Eine Biographie, München-Wien 1979, S. 247.
[16] Heiko Reisch: Das Archiv und die Erfahrung. Walter Benjamins Essays im medientheoretischen Kontext, Würzburg 1992, S. 104.
[17] Witte, 1985, S. 109, 110.

gelösten Bruch eindeutig als Destruktion. Dies erhellt eine Bemerkung zum Film:

> "Seine gesellschaftliche Bedeutung ist auch in ihrer positivsten Gestalt, und gerade in ihr, nicht ohne diese seine destruktive, seine kathartische Seite denkbar: die Liquidierung des Traditionswertes am Kulturerbe." (VII.1, S. 353, 354)

Die Basis des Neuen ist Zerstörung und das Zerstörte keineswegs wertlos. Benjamin ist an einigen Textstellen anzumerken, daß er das Verschwinden der auratischen Kunst auch mit Wehmut betrachtet. Aber er hofft auf eine gleichsam kathartische Wirkung der Destruktion. Er unternimmt den Versuch einer "materialistischen Kunsttheorie", die, wie er in einem Brief an Horkheimer schreibt, alle "unvermittelten Beziehungen auf Politik" vermeiden will (I.3, S. 983). "Materialistisch" bezieht sich dabei nicht auf eine wie auch immer geartete Widerspiegelungs-Theorie der Kunst, sondern auf die technischen Medien als materielle Produktionsmittel des Künstlers. Die Untersuchung der neuen Techniken, die der Kunst zur Verfügung stehen, soll deren Möglichkeiten aufweisen. Mit anderen Worten: Es sollen keine politischen Forderungen von außen an die Kunst herangetragen, sondern immanent aus ihren materiellen Mitteln erschlossen werden. Im ersten Abschnitt des Kunstwerkaufsatzes, den er selbst als "politischen Grundriß" desselben verstand (I.3, S. 992), bezieht sich Benjamin methodologisch auf Marx. Dieser habe die kapitalistische Produktion auf ihre Entwicklungspotentiale hin untersucht und gezeigt, daß der Kapitalismus nicht nur zur verschärften Ausbeutung führt, sondern gleichzeitig die Bedingungen herstellt, die seine Abschaffung ermöglichen. Mit anderen Worten: Marx deckte innerhalb einer destruktiven, inhumanen Entwicklungslogik gegenläufige, progressive Tendenzen auf. Parallel dazu will Benjamin "die Entwicklungstendenzen der Kunst unter den gegenwärtigen Produktionsbedingungen" untersuchen (VII.1, S. 350). Die Analyse ergibt - wie gezeigt -, daß die medialen Techniken der Reproduktion die elitären Strukturen der überlieferten Kunst auflösen. Die immanente Logik der Medien drängt sozusagen auf ihre Aneignung durch die Massen. Dies legt die Vermutung nahe, hier werde zu großes Vertrauen in die Technik gesetzt, ja ihrem Fortschritt revolutionäre Folgen zugetraut. Benjamins Formulierungen lesen sich teilweise, als garantierten allein die technischen Medien der Kunst schon eine fortschrittlich-emanzipative Zukunft. Andererseits aber polemisiert er in den Thesen "Über den Begriff der Geschichte" scharf gegen den Fortschrittsglauben der Sozialdemokraten, dem zufolge die technische Entwicklung automatisch zum Wohl der Menschheit führe (I.2, S. 697f). Zudem ist derartige Gutgläubigkeit einem aus Deutschland vertriebenen Juden nicht zuzutrauen: Obgleich der Kunstwerkaufsatz nur im ersten und letzten Abschnitt auf das Thema Faschismus eingeht, sah Benjamin klar, wie effektiv dieser die Medien einsetzte (VII.1, S. 382). Dies läßt die Interpretation zu, daß Benjamin, gerade weil er den Faschismus vor Augen hatte, bemüht war, die progressiven Potentiale der Technik herauszuarbeiten. So gesehen, würde es sich bei dem allzu optimistischen Gestus um eine Art theoretischer Notwehr handeln. Benjamin beansprucht für seine Kunsttheorie, ihre Begriffe seien - im Gegensatz zu den traditionellen wie "Schöpfertum" oder "Genialität" - nicht vom Faschismus zu vereinnahmen (VII.1, S. 350).

III. Kino und Zerstreuung

Während der erste Teil des Kunstwerkaufsatzes die Reproduzierbarkeit überlieferter Werke behandelt, geht es im weiteren um die neue Technik selbst. Im Zentrum steht der Film. Benjamin formuliert keine eigentliche "Filmtheorie", ihn interessiert weniger die Analyse der spezifischen Erzählweisen und Darstellungsformen des Mediums; seine Überlegungen sind eher soziologischer oder wahrnehmungstheoretischer Art. Im folgenden werden aus der Fülle von Beobachtungen und Ideen zwei Aspekte verfolgt: zum einen Benjamins Sicht der Spezifik der Filmrezeption und zum anderen die Analogie von Medium und Gesellschaft, die er herausarbeitet.

Für Benjamin verwirklicht der Film das Programm des Dadaismus. Was dieser mit Gedichten aus "Wortsalat" und montierten, collagierten Bildern zu erreichen hoffte, die "rücksichtslose Vernichtung der Aura", gelingt erst dem technischen Medium. Die Werke der Dadaisten wollten jede "kontemplative Versenkung" verhindern, die Filmtechnik verunmöglicht solche Rezeption per se (VII.1, S. 379). Benjamin hebt den großen Unterschied zwischen der Film- und der Bühnenschauspielerei hervor. Der Filmdarsteller spielt nicht vor Publikum, sondern vor einer Apparatur. Er kann weder auf die Zuschauer reagieren noch sich in seine Rolle hineinversetzen. Er spielt keine Rolle, sondern Bruchstücke, denn der Verlauf der Handlung wird erst abschließend auf technischem Weg hergestellt. Angesichts der Maschinerie des Studios "kommt der Mensch in die Lage, zwar mit seiner gesamten lebendigen Person, aber unter Verzicht auf deren Aura wirken zu müssen" (VII.1, S. 366). Denn die Aura ist an das "Hier und Jetzt" des Darstellers, seine lebendige Präsenz auf der Bühne gebunden. Auf der Bühne kann er sein Publikum in Bann schlagen, er kontrolliert seine Leistung selbst. Im Filmstudio kontrolliert ihn die Apparatur, er wird "getestet". Das Publikum schließlich bekommt das Ergebnis ebenfalls von einem Apparat vorgeführt; ohne der respekteinflößenden Aura ausgesetzt zu sein, übernimmt es die Haltung der Geräte: "es testet" (I.2, S. 488). Benjamin sieht im Verhalten der Zuschauer einen wesentlichen Unterschied gegenüber der Aufnahme eines auratischen Kunstwerks: An die Stelle von Verehrung oder Unverständnis ist Beurteilung getreten. Die Technik überwindet die Distanz der Aura.

"Es hängt mit der Technik des Films genau wie mit der des Sports zusammen, daß jeder den Leistungen, die sie ausstellen, als halber Fachmann beiwohnt." (VII.1. S. 371)

Ferne wird durch Nähe ersetzt, auch weil die Medien sich zunehmend dem Alltag und alltäglichen Menschen widmen. Benjamin erläutert dies mit Bezug auf das Medium des gedruckten Wortes. Jahrhunderte habe wenigen Schreibern eine Masse von Lesern gegenübergestanden, bis die Presse Ende des 19. Jahrhunderts das Verhältnis veränderte. Der Abdruck von Leserbriefen habe eine Entwicklung in Gang gesetzt, die immer mehr Menschen die Möglichkeit zur öffentlichen Stellungnahme biete.

> "Damit ist die Unterscheidung zwischen Autor und Publikum im Begriff, ihren grundsätzlichen Charakter zu verlieren. Sie wird eine funktionelle, von Fall zu Fall so oder anders verlaufende." (VII.1, S. 371, 372)

Potentiell gilt dies auch für den Film, Benjamin verweist auf die russische Praxis, die als Darsteller oftmals Menschen an ihrem Arbeitsplatz präsentiert. Dies erinnert nicht zufällig an Brechts Aufruf, den Rundfunk von einem Distributionsapparat in einen Kommunikationsapparat zu verwandeln, der statt einiger weniger alle sprechen mache.[18] Brecht und Weill sind die deutschen Künstler, welche in der "Autor als Produzent" positiv besprochen werden, während Autoren wie Heinrich Mann, Erich Kästner, Alfred Döblin und Kurt Tucholsky keinerlei Anerkennung finden. Benjamin nennt in diesem Text das Kriterium, das künstlerische Fortschrittlichkeit messe: Es komme nicht darauf an, wie ein Werk zu den Produktionsverhältnissen, sondern wie es in ihnen stehe (II.2, S. 685). Die Gesinnung des Autors ist demnach nur von minderem Interesse, ein Werk erlangt gesellschaftliche Bedeutung, wenn seine Technik zur Abschaffung der bürgerlichen Kunstproduktion beiträgt. Benjamin fordert die Autoren auf, nicht zu den Verhältnissen Stellung zu nehmen, sondern sie zu verändern. Im Anschluß an Brecht macht er die Auflösung von Gegensätzen

---

[18] Bertolt Brecht: "Der Rundfunk als Kommunikationsapparat", in: Ders.: Über Politik und Kunst, Frankfurt am Main 1917, S. 20.

zum Programm, die den Kern der tradierten Kultur bilden: die Trennung von Produzenten und Konsumenten einerseits und die Trennung von Kunstgattungen andererseits. Dem Ziel der "Vergesellschaftung der geistigen Produktionsmittel" (II.2, S. 701) dient sowohl die Überwindung der "Schranken" zwischen Künstler und Publikum als auch die Zusammenführung von Bild und Schrift oder Musik und Wort. Neue Präsentationsformen, die eingefahrene Rezeptionsweisen aufbrechen, wie das Medium Film, ermöglichen eine unvoreingenommene und daher progressive Aufnahme des Dargebotenen. So schreibt Benjamin, daß rückständigstes Verhalten der Masse einem Picasso gegenüber in fortschrittliches umschlage, wenn es sich um Chaplin handelt. Die Filme von Chaplin sind nahe, ihnen gegenüber verbindet sich "Lust am Schauen" mit "der Haltung des fachmännischen Beurteilers" (VII.1, S. 374). Ein weiteres Moment zeichnet den Film vor anderen Kunstformen aus, er bringt eine Art der Rezeption hervor, die kein Gemälde, keine Skulptur und keine Sinfonie je erlaubt hätten: die eines Kollektivs. Benjamin leitet aus der Tatsache, daß der Film für die Masse konzipiert und ihr als Masse auch präsentiert wird, einen positiven Kontrollmechanismus ab. Die Zuschauer reagierten nicht als Einzelne, sondern in der Menge als deren Teil. Die Masse habe daher erstmals in der Kunstgeschichte die Möglichkeit, sich selbst zu organisieren und zu kontrollieren (VII.1, S. 374, 375).

Selbst wenn berücksichtigt wird, daß Benjamin bemüht ist, Möglichkeiten der Technik zu entdecken und zudem (recht rückwärtsgewandt) vom Stummfilm spricht, erscheinen diese Aussagen doch seltsam realitätsfern. In einem Brief über den Kunstwerkaufsatz wirft Adorno dem Autor vor, dem Proletariat gegenüber eine verklärende, romantische Haltung einzunehmen (I.3, S. 1003). Benjamin berücksichtige zu wenig, daß das Proletariat "doch selber bürgerlich produziert" sei (ebd.). Die Masse des Kinopublikums ist Teil eines repressiven gesellschaftlichen Systems - wie kann sie zu einer fortschrittlichen Haltung kommen, sich also außerhalb des eigenen Lebenszusammenhanges stellen? Daß "der Reaktionär durch

Sachverständnis vorm Chaplinfilm zum Avantgardisten werde", leuchtet Adorno nicht ein (I.3, S. 1004). Wenig Verständnis zeigt er auch für die geradezu therapeutische Wirkung, die
der Kunstwerkaufsatz der "Mickey Mouse" zuschreibt. Benjamin behauptet, den gravierenden psychologischen Folgen
der Technisierung der Gesellschaft sei mindestens teilweise
durch die Technik des Films beizukommen. Die Filme Dis-
neys und "amerikanische Groteskfilme" könnten der Entwicklung "sadistischer Phantasien oder masochistischer Wahnvor-
stellungen" vorbeugen, indem sie derartigen Gefühlen eine
Möglichkeit der Abfuhr böten.

> "Den vorzeitigen und heilsamen Ausbruch derartiger Massenpsy-
> chosen stellt das kollektive Gelächter dar." (VII.1, S. 377)

Adorno reagiert polemisch auf diesen Gedanken:

> "Das Lachen der Kinobesucher ist (...) nichts weniger als gut und
> revolutionär sondern des schlechtesten bürgerlichen Sadismus
> voll, (...)." (I.3, S. 1003)

Adorno wirft Benjamin eine undialektische Gegenüberstellung
von Extremen vor. Auf der einen Seite werde das "autonome"
Kunstwerk ganz verworfen, ihm keinerlei kritisches Potential
oder Entwicklungsfähigkeit zugetraut, und auf der anderen
werde die Filmproduktion völlig überschätzt. Dem hält er entgegen, Schönbergs Musik sei gewiß nicht auratisch, während
der Löwenanteil der Film-Ware weder experimentell noch irgendwie progressiv daherkomme (I.3, S. 1004).

Benjamin entwickelt den Gedanken der "Nähe" des Films
noch in einer anderen Hinsicht. Das Publikum sieht die Darsteller denselben "Tests" unterzogen, die es selbst täglich bestehen muß. Der normierte Arbeitsprozeß testet die Arbeiten-
den - wer diese Prüfungen nicht besteht, fällt aus ihm heraus
(VII.1, S. 365). Die Arbeit unterliegt zunehmend der Logik
von Apparaturen, als Kinopublikum sieht die Masse die eigene
Situation. Alle Teile der Gesellschaft sind gleichermaßen von

den Tests betroffen. Auch die "Ausstellungsbedingungen des politischen Menschen" haben sich verändert, denn mit Rundfunk und Film verliert das Parlament seine Bedeutung als Forum der politischen Diskussion. Auch die Parlamentarier müssen sich der Aufnahmeapparatur stellen, sich vor ihr darstellen. Nicht das Parlament selbst ist mehr das Publikum, sondern die unsichtbare Masse.

> "Das ergibt eine neue Auslese, eine Auslese vor der Apparatur, aus der der Champion, der Star und der Diktator als Sieger hervorgehen." (VII.1, S. 369)

Der Film kommt dem Alltag entgegen, weil sich die Alltagserfahrung in ihm wiederfindet. Die Form der Wahrnehmung, die im Kino vom Betrachter verlangt wird, fordern auch die moderne Großstadt und die Fabrik. Die kontemplative Versenkung ins Werk, das andächtige Verharren vor der Aura, welche dem Gemälde gemäß war, schafft die Filmtechnik radikal ab. Der Kinobesucher kann sich nicht seinen Assoziationen überlassen, denn die Apparatur übernimmt die Führung: In ständigem Wechsel dringen die Bilder stoßweise auf ihn ein. Im taktilen Charakter dieses Vorgangs liegt für Benjamin die "physische Schockwirkung" des Films (VII.1, S. 380). Er sieht eine Analogie zwischen der Wahrnehmung des Passanten im Großstadtverkehr oder des Arbeiters in der Fabrik einerseits und der des Filmpublikums andererseits. In beiden Fällen werden die Sinne einem permanenten Ansturm äußerer Reize ausgesetzt.

> "Im Film kommt die chockförmige Wahrnehmung als formales Prinzip zur Geltung. Was am Fließband den Rhythmus der Produktion bestimmt, liegt beim Film dem der Rezeption zugrunde." (I.2, S. 631)

Im Gegensatz zur auratischen Kunst wird hier keine "Sammlung" des Publikums verlangt, keine Konzentration, der Film bietet "Zerstreuung". Der häufig kulturkritisch verwandte Begriff der bloßen "Zerstreuung", die der wahren Kunst die Aufmerksamkeit verweigere, hat für Benjamin nichts Negatives. Im Gegenteil, die einsame Kontemplation des Kunstliebhabers vor dem Werk hat nichts mit seiner modernen Lebenswelt zu tun, während die zerstreute Reaktion auf filmische Schocks eine Art Überlebenstraining für den Menschen des 20. Jahrhunderts darstellt.

> "Die Aufgaben, welche in geschichtlichen Wendezeiten dem menschlichen Wahrnehmungsapparat gestellt werden, sind auf dem Wege der bloßen Optik, also der Kontemplation, gar nicht zu lösen. Sie werden allmählich nach Anleitung der taktilen Rezeption, durch Gewöhnung bewältigt." (I.2, S. 505)[19]

Diese Formulierungen werfen die Frage auf, inwiefern ein behavioristisch anmutendes Training der Wahrnehmung politisch progressiv wirken soll. Erhellend sind in diesem Zusammenhang Siegfried Kracauers Überlegungen zum "Kult der Zerstreuung"[20] - auf die Benjamin, der den Autor gut kannte, angespielt haben mag. Kracauer bezeichnet den Vorwurf gegen das Kinopublikum, zerstreuungssüchtig zu sein, als "kleinbürgerlich". Die pure Äußerlichkeit der Zerstreuung habe "*Aufrichtigkeit* für sich", während das Festhalten an "irreal gewordenen" Kulturwerten den Blick von den Schäden der Gesellschaft abwende.[21] Begriffe wie "Persönlichkeit, Innerlichkeit, Tragik" gehören einer Kultur an, die für Kracauer 1926 "nur als Spuk heute noch west" und deren gesellschaftliche Grundlage längst aufgelöst ist. Kunst, welche sich an ihnen noch orientiert, produziere "überlebte Gebilde", die reaktionär wirken, weil sie die aktuelle gesellschaftliche Situation verdrängen und vernebeln. Die Zerstreuung dagegen entspreche der Welt der modernen Großstadt, gebe den Mangel an Zusammenhang und die Zerfallserscheinungen exakt wieder.

---

[19] Im Original kursiv.
[20] Siegfried Kracauer: "Kult der Zerstreuung. Über die Berliner Lichtspielhäuser", in: Ders.: Das Ornament der Masse. Essays, Frankfurt am Main. 1963.
[21] A.a.O., S. 314.

"Hier, im reinen Außen, trifft es (das Publikum, A.S.) sich selber an, die zerstückelte Folge der splendiden Sinneseindrücke bringt seine eigene Wirklichkeit an den Tag. Wäre sie ihm verborgen, es könnte sie nicht angreifen und wandeln; ihr Offenbarwerden in der Zerstreuung hat eine *moralische* Bedeutung."[22]

In ähnlicher Weise läßt sich auch Benjamins Parteinahme für die Form der Wahrnehmung interpretieren, welche der Film verlangt. Der Film testet, schockiert, zerstreut, und somit konfrontiert er die Zuschauer mit ihrer Gegenwart. Versuche der Literatur, Musik und bildenden Kunst, weiterhin der Idee der "hohen" Kunst zu folgen, verschleiern den Zustand der Gesellschaft. Die Technik der Filmkunst zeigt ihn dagegen deutlich. Benjamin verkennt keineswegs, daß der Mensch vor der Filmapparatur geradeso entfremdet ist wie in der Arbeitswelt. Er behauptet nicht etwa, die technischen Medien gäben dem Menschen seine Würde zurück. In seinem Essay über Franz Kafka schreibt er:

"Im Zeitalter der aufs Höchste gesteigerten Entfremdung der Menschen voneinander, der unabsehbar vermittelten Beziehungen, die ihre einzigen wurden, sind Film und Grammophon erfunden worden. Im Film erkennt der Mensch den eigenen Gang nicht, im Grammophon nicht die eigene Stimme." (II.2, S. 436)

Die im Kunstwerkaufsatz entwickelten Gedanken sind als Versuch zu verstehen, Entfremdung dialektisch zu denken, sie gegen sich selbst zu kehren. Das Filmpublikum sieht kein "Werk", es sieht sich selbst. Benjamin versteht diese Konfrontation nicht als Befreiung, wohl aber als deren Grundlage.

"In der Repräsentation des Menschen durch die Apparatur hat dessen Selbstentfremdung eine höchst produktive Verwertung erfahren. " (VII.1, S. 369)[23]

---

22 A.a.O., S. 315.
23 Im Original kursiv.

Benjamins Thesen beziehen sich überwiegend auf die Technik des Films. Die Filmindustrie als Teil des kapitalistischen Marktes reflektiert der Kunstwerkaufsatz nicht. An einer Stelle merkt der Autor an, das Medium könne in den "Fesseln seiner kapitalistischen Ausbeutung" sein revolutionäres Potential nicht entfalten. Im Gegenteil sei der Starkult reaktionär und "der Kultus des Publikums befördert zugleich die korrupte Verfassung der Masse, die der Faschismus an die Stelle ihrer klassenbewußten zu setzen sucht" (VII.1, S. 370). Diese Überlegungen bleiben jedoch isoliert, Benjamin bringt die technischen Möglichkeiten des Films nicht in Zusammenhang mit dem gesellschaftlichen Kontext, in dem das Medium steht. Die umgekehrte Abstraktion vollziehen Adorno und Horkheimer in der "Dialektik der Aufklärung": Das Kapitel "Kulturindustrie. Aufklärung als Massenbetrug" läßt sich komplementär zum Kunstwerkaufsatz lesen.[24] Dort werden die Medien ausschließlich im Rahmen des Kapitalismus thematisiert. Film, Rundfunk und Presse bilden den Autoren zufolge ein System: die "Kulturindustrie", deren Produkt "Massenkultur" heißt. Auf eine gesonderte Untersuchung der spezifischen Techniken der Medien kann verzichtet werden, da innerhalb des Kapitalismus "technische Rationalität" die "Rationalität der Herrschaft" selbst ist. Die Ergebnisse der Kulturindustrie sind "keinem Bewegungsgesetz der Technik als solcher aufzubürden, sondern ihrer Funktion in der Wirtschaft."[25] So treiben die

---

[24] Die Lektüre muß allerdings berücksichtigen, daß sich Adornos und Horkheimers Untersuchung von 1947 auf eine völlig andere empirische Grundlage bezog als Benjamins Überlegungen zum Film. Die Autoren hatten die weitentwickelte Medienlandschaft der USA vor Augen. Max Horkheimer, Theodor W. Adorno: Dialektik der Aufklärung, Frankfurt am Main. 1969, S. 108-151. Vgl. auch: Theodor W. Adorno: "Prolog zum Fernsehen", in: Ders:, Eingriffe. Neun kritische Modelle, Frankfurt am Main. 1963, S. 69-81; und: Theodor W. Adorno: "Résumé über Kulturindustrie", in: Ders:, Ohne Leitbild. Para Aesthetica, Frankfurt am Main: 1967, S. 60-70.

[25] Horkheimer/Adorno, 1969, S. 109.

technischen Medien auf eine Uniformität zu, welche die "hohnlachende Erfüllung des Wagnerschen Traums vom Gesamtkunstwerk" darstellt.[26] Einzelne Produkte, Filme oder Sendungen lohnen nicht der analytischen Mühe, denn sie sind nur Manifestationen des Identischen. Auf dieser Basis kommen die Autoren zu Ergebnissen, die Benjamin direkt widersprechen. Die "Nähe" der Medienproduktionen wird nicht als entauratisierende Befreiung verstanden, sondern als Reproduktion des Alltags.

"Einstweilen hat es die Technik der Kulturindustrie bloß zur Standardisierung und Serienproduktion gebracht und das geopfert, wodurch die Logik des Werks von der des gesellschaftlichen Systems sich unterschied."[27]

Die Totalität des medialen Verbundes stellt Waren her und kassiert damit die Differenz, die das Kunstwerk gegenüber dem System aufrecht erhalten konnte. Die Kulturindustrie produziert "Amusement", und dies "ist die Verlängerung der Arbeit unterm Spätkapitalismus".[28] Die Massenware Hollywoods ermöglicht in Wahrheit keine "Flucht aus dem Alltag", denn sie zeigt nichts wirklich anderes: "Kulturindustrie bietet als Paradies denselben Alltag wieder an".[29] Ihr Geschäft ist die Ideologie, ihr Ziel die Stabilisierung des Systems, was den Ausschluß alles wesentlich Anderen und Fremden verlangt. Das Publikum soll demnach gewöhnt werden an das, was ist.

"Vergnügen heißt allemal: nicht daran denken müssen, das Leiden vergessen, noch wo es gezeigt wird. Ohnmacht liegt ihm zu Grunde. Es ist in der Tat Flucht, aber nicht, wie es behauptet, Flucht vor der schlechten Realität, sondern vor dem letzten Gedanken an

---

[26] A.a.O., S. 111.
[27] A.a.O., S. 109.
[28] A.a.O., S. 123.
[29] A.a.O., S. 127.

Widerstand, den jene noch übriggelassen hat. Die Befreiung, die Amusement verspricht, ist die von Denken als von Negation."[30]

Für Adorno und Horkheimer dienen die Erzeugnisse der Filmindustrie ausschließlich dazu, ihren Konsumenten jegliche Vorstellungskraft, Phantasie und eigenständiges Denken auszutreiben.

"Die Produkte selber, allen voran das charakteristischte, der Tonfilm, lähmen ihrer objektiven Beschaffenheit nach jene Fähigkeiten. Sie sind so angelegt, daß ihre adäquate Auffassung zwar Promptheit, Beobachtungsgabe, Versiertheit erheischt, daß sie aber die denkende Aktivität des Betrachters geradezu verbieten, wenn er nicht die vorbeihuschenden Fakten versäumen will."[31]

Diese Interpretation der vom Film geforderten Wahrnehmung liest sich wie eine direkte Antwort auf Benjamin. Der Kulturindustrie- und der Kunstwerkaufsatz nehmen entgegengesetzte Perspektiven ein, während Adorno und Horkheimer sich auf die Untersuchung der gesellschaftlichen Bedingungen konzentrieren, in welchen die Medien stehen, interessiert Benjamin vordringlich die mediale Technik selbst. Beide Herangehensweisen abstrahieren vom jeweils anderen Gesichtspunkt. Ihr Kontrast wirft die methodologische Frage auf, ob nicht die gesellschaftliche und die technische Seite der Medien in Zusammenhang gedacht werden müssen.

Der Text von Adorno und Horkheimer scheint dem heutigen Leser greifbarer, schon weil er sich auf einen aktuelleren Stand der Medienentwicklung bezieht. Zudem haben sich die Hoffnungen, die Benjamin in die mediale Technik setzte, nicht erfüllt. Allerdings macht es wenig Sinn, Benjamin von seinem Scheitern her zu lesen. Adorno und Horkheimer konstruieren mit der Theorie der kapitalistischen Kulturindustrie eine monolithische Totalität ohne Widersprüche, die keinen

---

[30] A.a.O., S. 130.
[31] A.a.O., S. 114.

Ausweg offen läßt.[32] In Anbetracht dieses Resultats erweist sich Benjamins Ansatz, der nach offenen Möglichkeiten und neuen Wegen sucht, als schwieriger und produktiver. Auch heute überwiegen in Feuilletons und wissenschaftlichen Publikationen jene medientheoretischen Positionen, die Verfall und Untergang der Kultur diagnostizieren. Die Klage, hinter der sich oft ein Amalgam aus Überheblichkeit und Existenzängsten der intellektuellen Mittelschicht verbirgt, ruht sich in ihrer endlosen Wiederholung aus und befreit von der Arbeit des Weiterdenkens. Demgegenüber ist an Benjamin festzuhalten: Die Aktualität seines Denkens liegt im Versuch, in der Destruktion das Aufscheinen des Neuen zu sehen und vermeintliche Ausweglosigkeit gegen sie selbst zu kehren. Benjamin, der im "Engel der Geschichte" - welcher fortgeweht ins Paradies, die Trümmer der Vergangenheit nicht mehr zusammenfügen kann - das Symbol des Fortschritts sah (I.2, S. 697), war weit weniger Optimist, als es im Kunstwerkaufsatz scheint. Und doch steht sein Programm gegen Apokalyptiker und Humorlose:

"Nur nebenbei sei angemerkt, daß es fürs Denken gar keinen besseren Start gibt als das Lachen. Und insbesondere bietet die Erschütterung des Zwerchfells dem Gedanken gewöhnlich bessere Chancen dar als die der Seele." (I.2, S. 699)

A.S.

---

[32] Vgl. dazu Angela Spahr/Rüdiger Zill: "Mediale Botschaften? Überlegungen zu einer philosophischen Analyse der Kommunikationstechnologie", in: Zeitschrift für Didaktik der Philosophie, Heft 4/1989, S. 217-227.

Magische Kanäle. Marshall McLuhan

I. The Medium is the Message

Der kanadische Anglist Herbert Marshall McLuhan ist unter den Pionieren der Medientheorie der prominenteste. Während zahlreiche Kollegen nur in Fachkreisen diskutiert wurden, erlangten seine Thesen, die keiner bestimmten Disziplin zuzuordnen waren, große Popularität. Er brachte lautstark auf den Punkt, was Eric A. Havelock und andere nur im Rahmen ihrer begrenzten Studiengebiete anzudenken wagten: "The medium is the message". Die Hauptwerke "The Gutenberg Galaxy" und "Understanding Media",[1] die Anfang der sechziger Jahre erschienen, erregten vor allem in Kanada und den USA großes Aufsehen. Die These vom Ende der Gutenberg-Ära und dem Anbruch eines neuen elektrischen Zeitalters fiel dort auf den fruchtbaren Boden einer Aufbruchstimmung, ausgelöst einerseits durch das Aufkommen der Pop-Art und andererseits durch die Entstehung einer Protest-Jugendkultur. McLuhans provokante Ideen polarisierten die öffentliche und die akademische Diskussion. Während ihn die eine Seite als Wirrkopf und populistischen Schwätzer brandmarkte, stilisierte ihn die andere zum Hellseher und "Propheten".[2]

---

[1]   Marshall McLuhan: The Gutenberg Galaxy: The Making of Typographic Man, Toronto 1962, deutsch: Die Gutenberg Galaxis. Das Ende des Buchzeitalters, Düsseldorf-Wien 1968, Neuauflage: Bonn, Paris 1995. Ders.: Understanding Media: The Extensions of Man, New York 1964, deutsch: Die magischen Kanäle. "Understanding Media", Düsseldorf-Wien 1968, Neuauflage: Düsseldorf-Wien 1992.

[2]   Vgl. Philip Marchand: Marshall McLuhan. The Medium and the Messenger, New York 1989, Kap. 9.

Im Gegensatz zur breiten Rezeption im englischsprachigen Raum erfuhren McLuhans Schriften in der BRD keine vergleichbare Resonanz. Der Grund lag in der Ablehnung durch große Teile der Linken, die in ihm einen politischen Gegner sah. Deutlich sind Hans Magnus Enzensbergers Aussagen im 1970 veröffentlichten "Baukasten zu einer Theorie der Medien". McLuhan wird zwar zugestanden, die "Produktivkraft der neuen Medien" erkannt zu haben, aber diese Erkenntnis bliebe folgenlos:

> "Unfähig zu jeder Theoriebildung, bringt McLuhan sein Material nicht auf den Begriff, sondern auf den Generalnenner einer reaktionären Heilslehre."[3]

Enzensberger nennt den Kanadier den "Bauchredner" einer "apolitschen Avantgarde" von Andy Warhol bis zu den Beatles, deren radikaler und kreativer Umgang mit den Medien zwar anerkennenswert sei, die sich aber aufgrund mangelnden politischen Bewußtseins vom Kapitalismus vereinnahmen lasse.[4]
Die anfängliche McLuhan-Rezeption war durch emphatisches Für und Wider gekennzeichnet und inhaltlich auf wenige populäre Aussagen beschränkt. Erst die zeitliche Distanz der achtziger Jahre führte zu einer ausgewogeneren und gründlicheren Kenntnisnahme der Thesen. Heute ist die Auseinandersetzung mit seinem Werk für jeden medientheoretischen Ansatz unabdingbar geworden. Zwar hat sich an der Umstrittenheit vieler Aussagen nichts geändert, aber es findet sich kaum eine Medientheorie, die sich nicht wenigstens implizit auf McLuhan stützt. Auffällig verbreitet ist dabei das Verfahren, seine Schriften nicht als einheitliche Theorie zu behandeln, sondern als Steinbruch, aus dem bestimmte Ideen genutzt werden können und andere nicht. So beruft sich eine

---

[3] Hans Magnus Enzensberger: "Baukasten zu einer Theorie der Medien", in: Kursbuch 20, 1970, S. 177.
[4] Ebd.

Vielzahl unterschiedlichster, teilweise konträrer Positionen auf ihn. Dieser Sachverhalt läßt nicht auf fahrlässigen Umgang mit McLuhans Werk schließen, ganz im Gegenteil: es sind die Texte selbst, die eine derartige Behandlung ermöglichen oder sogar herausfordern.

McLuhan war nicht daran gelegen, eine konsistente Theorie im Sinne der herrschenden Wissenschaftsauffassung zu präsentieren. Er war vielmehr davon überzeugt, daß nach dem Ende der Gutenberg-Galaxis auch die wissenschaftlichen Methoden, die mit dem Leitmedium Buch verknüpft waren, keine Gültigkeit mehr beanspruchen konnten. Dazu gehörten die Beschreibung der Wirklichkeit durch isolierte Kausalprozesse und das lineare Denken im Rahmen von einheitlichen Wissensschemata oder -systemen. Dem neuen Leitmedium Elektrizität, das heterogene Orte, Menschen und gesellschaftliche Prozesse instantan verband, mußte auch eine neue Form des Denkens folgen. Diese stellt McLuhan in seinen Büchern vor. Obgleich es überzogen wäre, das Ergebnis als irrationales Konglomerat skurriler Einfälle zu bezeichnen, wie es frühe Kritiker gerne taten,[5] ist doch eine einigermaßen unorthodoxe Art von "Theorie" entstanden. Die vorliegenden Schriften sind kaleidoskopartige Gebilde aus Ideen, die sich den gängigen Beurteilungskriterien entziehen.

McLuhans meist beiläufig gehaltene Äußerungen zur Methode finden sich in seinen Büchern verstreut. Die Grundidee besteht darin, die Form der Linearität durch die Figur eines Mosaiks zu ersetzen. Das Verfahren analytischer Trennungen soll durch den Aufweis von Konstellationen, Wechselwirkungen und Beziehungen zwischen Phänomenen auf verschiedenen Ebenen abgelöst werden. Im Resultat ergibt sich "eine mosaikartige Konfiguration oder Galaxis" (1995, S. 269). Auf diese Weise setzt das Bild der Gutenberg-Galaxis das Medium Buch nicht nur mit der Entwicklung der modernen Wissen-

---

[5] Vgl. den von Gerald Emanuel Stearn herausgegebenen Sammelband: McLuhan für und wider, Düsseldorf-Wien 1969.

schaft in Beziehung, sondern auch mit weniger naheliegenden historischen Erscheinungen wie der Entstehung von National-staaten und dem Aufkommen mechanischer Technik. Ein wichtiges Moment des Mosaiks ist der Analogieschluß. Dies erinnert an Oswald Spenglers Unterscheidung der Denkfor-men: "Formel", "Gesetz" und "System" sind für Spengler ma-thematische Denkfiguren, die nur in bezug auf tote Formen Geltung haben. Die "Analogie" dagegen ist das Mittel, Orga-nisches und Lebendiges zu verstehen.[6] Auch McLuhans me-thodische Überlegungen zielen darauf ab, Lebendigkeit in den Bereich des Theoretischen zu integrieren. Entsprechende Vor-züge der "Mosaikmethode" erläutert er mit Verweis auf den kanadischen Ökonomen Harold Innis. Während philosophi-sche Systeme seit Descartes "Verbraucherpackungen" darstell-ten, die durch ihre lineare Struktur vom Rezipienten passiv konsumiert werden können (1995, S. 305), liefere Innis den Lesern einen "Do-it-yourself-Baukasten", der aktive Betei-ligung am Gedanken erfordere. Dies sei dem Verfahren pro-gressiver Kunst vergleichbar, denn auch ein "symbolistischer Dichter oder ein abstrakter Maler" beziehe sein Publikum ins Werk ein (1995, S. 270). Generell ist McLuhan der Meinung, die Kunst sei eher in der Lage, mit der medialen Situation des 20. Jahrhunderts umzugehen als jede Art von Theorie.[7]

Offenheit des Ausdrucks, die eine Vielfalt von Bedeutungen ermöglicht und mannigfache Anschlüsse zuläßt, spielt eine große Rolle für das neue Denken. Angemessene Vorbilder fin-det McLuhan im prämodernen Wissen. So betont er die Krea-tivität der Ausdrucksformen oraler Kulturen, die - in der Scho-lastik noch lebendig - erst durch den Buchdruck aus der Wis-senschaft ausgeschlossen wurden. Wie bereits Nietzsche stellt er die Rhetorik als Erkenntnisform gegen die klassische Lo-gik. Die Bestandteile der "Redekunst", wie Aphorismus, Maxi-me, Sprichwort, Wortspiel, Alliteration u.ä. bilden einen

---

[6] Oswald Spengler: Der Untergang des Abendlandes. Umrisse einer Morphologie der Weltgeschichte, München 1993, S.4f.
[7] S.u., Teil IV.

Denkstil, der durch den unvollständigen Charakter der Aussagen den Rezipienten einbezieht. Diese Ausdruckstypen enthalten Gedankenschichten, die freigelegt, Anspielungen, die aufgedeckt und Assoziationen, die in verschiedene Richtungen verfolgt werden können. Für McLuhan ist Denken dieser Art nicht auf den Beweis hin angelegt, sondern auf Ideenreichtum, der mosaikartig entfaltet wird. Das Wissen bewahrt so einen Teil der lebendigen Vielfalt, die in der sinnlichen Wahrnehmung gegeben ist. Dagegen grenzt die Linearität deduktiver oder induktiver Logik den Reichtum der Wahrnehmung aus und erschwert zudem durch ihre geschlossene Form das Mit- und Weiterdenken (1995, S. 127f).

Geistige Offenheit verlangt McLuhan noch in anderer Hinsicht, wenn er die "Methode des schwebenden Urteils" als einzige der heutigen Situation adäquate bezeichnet (1992, S. 80; 1995, S. 342). Diese besteht auf der Relativität der eigenen kulturell - das heißt medial - bedingten Perspektive. Für McLuhan sind der Ausgang der wissenschaftlichen Reflexion von einem "festen Standpunkt" ebenso wie die Zentralperspektive in der Malerei ein Produkt des Buchdrucks und insofern überholt. Die Elektrizität, die angefangen mit dem Telegraphen das Zusammenrücken der Welt zum "global village" herbeiführte, läßt den Menschen heute pluralistisch in vielen Kulturen gleichzeitig leben. So wird jedes Denken, das die eigene mediale Bedingtheit nicht wahrhaben will und auf seiner Superiorität gegenüber anderen Formen beharrt, praktisch ad absurdum geführt (1995, S. 38). Als dem veralteten ausgrenzenden Denken überlegen erweist sich die Technik des schwebenden Urteils, "die uns erlaubt, die Grenzen unserer eigenen Voraussetzungen zu überschreiten, indem wir an ihnen Kritik üben" (ebd.). Die Betrachtung anderer Kulturen darf nicht nach den Maßstäben der eigenen geschehen. Dies gilt besonders für den historischen Blick: McLuhan schreibt vehement gegen die Borniertheit der Moderne an, indem er die Fruchtbarkeit des vorneuzeitlichen Denkens betont. Mit der Mahnung, nicht jede Form "anderen" Wissens als primitiv abzuwerten, stand er nicht allein, 1962 erschien zeitgleich mit

"The Gutenberg Galaxy" Claude Lévi-Strauss' "La Pensée Sauvage" (Das Wilde Denken).[8] In aktuellen Termini ließe sich sagen, daß McLuhan eine Kritik der Moderne und des Eurozentrismus anstrebte. Zur Verdeutlichung der Schwierigkeiten zeitgemäßer Theoriebildung rekurriert McLuhan auf Edgar Allan Poes Erzählung "A Descent into the Maelström":[9] Ein Fischerboot gerät in einen riesenhaften Meeresstrudel und wird in schneller Kreiselbewegung zum Grund gezogen. Nur einer der Fischer kann sich retten, weil er nicht in Panik gerät, sondern das ihn umgebende Chaos beobachtet, schließlich die Funktionsweise des Wasserwirbels erkennt und sein Wissen zum Entkommen nutzen kann (1969, S. 150; 1995, S. 96; 1996, S. 7).[10] Nach dieser Parabel gäbe es keinen archimedischen Punkt, von dem eine Theorie heute ausgehen könnte. Statt dessen müßte sie sich inmitten des Gedränges situieren und ohne festen Boden unter den Füßen, selbst Teil des Geschehens, die Vorgänge in ihrer Umwelt nachvollziehen. Tatsächlich zeichnet Standpunkt- und Ortlosigkeit postmoderne Ansätze aus, die Letztbegründung nicht mehr für möglich halten.

Anschaulich wird das neue Denken in dem 1967 erschienenen Buch "The Medium Is the Massage",[11] das in Zusammenarbeit mit dem Graphiker Quentin Fiore und Jerome Agel entstand. Der Titel, der mit McLuhans bekanntestem Satz spielt, ist nicht nur ein Scherz, sondern zeigt durch die Andeutung der sinnlich-massierenden Effekte der Medien auch eine

---

[8] Claude Lévi-Strauss: La Pensée Sauvage, Paris 1962.

[9] Deutsch: Edgar Allan Poe: "Ein Sturz in den Malstrom", in: Gesamtwerk in zehn Bänden, Hans Dieter Müller und Kuno Schumann (Hrsg.), Olten 1966.

[10] Wobei McLuhan allerdings unterschlägt, daß der Fischer in der Erzählung nicht als Weiser, sondern als gebrochener Mann weiterlebt, dem niemand seine Geschichte glaubt.

[11] Marshall McLuhan, Quentin Fiore, Jerome Agel: The Medium Is the Massage: An Inventiory of Effects, New York, 1967, deutsch: Das Medium ist Massage, Frankfurt am Main-Berlin-Wien 1969 und 1984.

Facette der Bedeutung dieses Satzes auf. Das Wortspiel steht für die ungewöhnliche Auffassung von Theorie, denn "ein scharfsinniger Witz kann belangvoller sein als Platitüden zwischen zwei Buchdeckeln" (1969, S. 10). "The Medium Is the Massage" ist nicht nur populäre Kurzfassung einiger zentraler Ideen McLuhans, sondern auch das Experiment einer der Aussage entsprechenden Repräsentation. Es handelt sich um den Versuch, das Medium Buch im Buch selbst aufzuheben, der eine Collage aus Zitaten, Fotos, Comics, Karikaturen und Textpassagen ergibt. Die heterogenen Elemente dieses Mosaiks ergänzen einander und ermöglichen die mehrdimensionale Auffassung der Botschaft. Fehlende Seitenzahlen, ständig wechselndes Layout und die Verwendung von Spiegelschrift brechen Lesegewohnheiten auf und verleiten den Leser zum Selberdenken. Auch wenn McLuhans übrige Bücher weniger experimentell gestaltet sind, liest sich sein Stil durchweg alles andere als "wissenschaftlich". Essayistisch gehalten, sind seine Schriften durchsetzt mit Aphorismen, Anspielungen, Metaphern und plakativen Aussagen, die an Werbeslogans erinnern. Starke Thesen bleiben häufig unbegründet, wilde Assoziationen werden kaum ausgeführt, Widersprüche sind nicht selten. Die Texte präsentieren sich als Puzzles, die dem Leser sowohl Geduld als auch Phantasie abfordern.

Zu dem typischen Stil gehört auch der eklektizistische Umgang mit wissenschaftlichem Material. Vor allem "The Gutenberg Galaxy" bildet über weite Strecken ein Patchwork aus Zitaten. Dabei treten die unterschiedlichsten Fachrichtungen auf: Philosophen, Kunsthistoriker, Theologen, Anthropologen und Künstler werden ebenso angeführt wie Physiker, Biologen und Mathematiker. McLuhans Ansatz ist fächerübergreifend - oder um es modischer auszudrücken: "transdisziplinär" - ausgerichtet, da das angestrebte neue Denken nicht nur kulturelle, sondern auch wissenschaftliche Grenzen überwinden soll. McLuhans Quellen sind dementsprechend vielfältig, die Ursprünge und Bezugspunkte seiner Arbeit schwer zu lokalisieren.

Einen wichtigen Anstoß für die Entwicklung von Medientheorie überhaupt gaben die Forschungen eines Altphilologen in den zwanziger und dreißiger Jahren. Milman Parry analysierte das Werk Homers auf der Suche nach der Logik dessen Konstruktion und machte eine revolutionäre Entdeckung. Nachdem Generationen von Wissenschaftlern die Originalität der Homerischen Stilmittel hervorgehoben hatten, wies Parry nach, daß diese Charakteristika nicht der Intention des Dichters, sondern der Tradition oraler Wissensüberlieferung geschuldet sind.[12] Mit anderen Worten, die Struktur der Homerischen Dichtung ergibt sich aus den Regeln oraler Mnemotechnik. Damit war der klassischen Homerinterpretation der Boden entzogen und - schlimmer noch - nachgewiesen, daß sie ihrem Gegenstand die Regeln der eigenen Zeit unterschoben hatte. Parrys Arbeiten beeinflußten die Literaturforschung und Kulturtheorie. In der Folge kamen die kulturellen Wirkungen des Mediums Schrift zum wissenschaftlichen Bewußtsein, und die Differenz von oraler und literaler Kultur wurde zum Forschungsgegenstand. In dieser Richtung arbeiteten auch Eric A. Havelock, der von 1931 bis 1947 in Toronto lehrte, und Walter J. Ong, Freund und Schüler McLuhans.

Stark prägte McLuhan die Studienzeit in Cambridge, wo er die Literaturtheorie des New Criticism kennenlernte. Ebenso folgenreich war seine dortige Beschäftigung mit der modernen englischen Literatur. Edgar Allen Poe, Ezra Pound und James Joyce werden in seinen Büchern immer wieder als herausragende Künstler genannt und zitiert. Eine besondere Beziehung entstand zu Pound, mit dem er einen langjährigen Briefwechsel unterhielt. McLuhan bewunderte vor allem Pounds literarische Technik, die er als mosaikartige Konstruktion auffaßte. Er sah in dem umstrittenen Literaten eine verwandte Seele, dessen Vision einer vorkapitalistischen Kultur seiner eigenen Begeisterung für das Mittelalter entgegenkam.[13]

Auch McLuhans Bekanntschaft mit dem Ökonomen Harold A. Innis erwies sich als fruchtbar. Diesen beschäftigte in sei-

---

[12] Milman Parry: L' Epithète traditionelle dans Homère, Paris 1928.
[13] McLuhan stieß nicht unbedingt auf Gegenliebe. Vgl. Marchand, 1989, S. 96ff.

nen späten Werken der Zusammenhang zwischen Kultur und den Medien der Kommunikation.[14] Innis entwickelt die These, daß sich die Geschichte in eine Abfolge kultureller Epochen einteilen läßt, die wiederum von den jeweils dominanten Kommunikationsmedien geprägt sind. Das heißt, Formen der sozialen Organisation, besonders die Strukturen von Wissen und Herrschaft werden von Techniken der Kommunikation bestimmt. Die Theorie bildet ein Amalgam aus Ökonomie und Epistemologie, denn aus den materiellen Eigenschaften der Medien werden sowohl Handlungsweisen und Machtgefüge abgeleitet als auch Möglichkeiten und Grenzen der Erkenntnis. Nach Innis verursacht jedes Medium eine spezielle Tendenz der Kommunikation. Dabei lassen sich grundsätzlich zwei Kategorien unterscheiden: Medien sind entweder auf Zeit oder auf Raum bezogen. Während erstere der Kommunikation eine zeitliche Orientierung ermöglichen, begünstigen letztere die Orientierung am Raum. Stein- oder Tontafeln zum Beispiel sind dauerhafte, aber schwer transportable Medien. Sie begünstigen die Verbreitung von Wissen und kontrollierende Herrschaft über Zeit. Papier dagegen ist ein eher kurzlebiges Material, dafür aber leicht zu transportieren; es fördert die räumliche Ausdehnung von Wissen und Macht. Zeitorientierte Kommunikationsmedien verbindet Innis mit Gesellschaftsformen, die auf Tradition, Dauer und Religion basieren und sozial in stabile, hierarchische Strukturen gegliedert sind. Solche Gesellschaften, wie das Ägypten der Pharaonen, zeigen sich ebenso stabil wie statisch und entwicklungsunfähig. Raumorientierte Kommunikationsmedien dagegen schaffen expandierende Reiche, deren organisierte Zirkulation von Wissen säkularisierend wirkt und zu wissenschaftlichem Fortschritt führt. In diesem Kontext gründet Herrschaft auf abstrakter politischer Autorität. Gesellschaften dieser Art, wie das neuzeitliche Europa, charakterisiert Innis als dynamisch und innovativ, aber instabil. Für ihn sind beide Formen der Kultur letztlich

---

[14] Harold A. Innis: Empire and Communications, Oxford 1950; Ders.: The Bias of Communication, Toronto 1951.

problematisch, weil eine Kommunikationsweise dominiert. Im antiken Griechenland dagegen sieht er eine Epoche, die im Übergang zwischen oraler und literaler Kultur ein Gleichgewicht zwischen Raum- und Zeitorientierung herstellen konnte. Die ideale Gesellschaftsform setzt demnach eine Harmonie der Kommunikationsmedien voraus.

Der Kontakt zu Innis gab McLuhan wichtige Anstöße. Nicht umsonst bezeichnet er "The Gutenberg Galaxy" als "Fußnote" zu Innis' Arbeiten (1995, S. 63). Vor allem im großen Gestus der Hauptwerke ist dieser Einfluß zu erkennen. McLuhans erstes Buch "The Mechanical Bride",[15] das 1951 erschien, beschäftigt sich noch mit dem Phänomen der Werbung. "The Gutenberg Galaxy" und "Understanding Media", die nach langer Pause in den sechziger Jahren herauskamen, schreiben dann - wie Innis - Medientheorie als Kulturtheorie.

II. The Extensions of Man

Das erste Kapitel von "Understanding Media" beginnt mit der berühmten Feststellung, das Medium sei die Botschaft. Gemeint sind die persönlichen und sozialen Auswirkungen von Medien, die sich aus ihrer Anwendung ergeben (1992, S. 17).

> "Denn die »Botschaft« jedes Mediums oder jeder Technik ist die Veränderung des Maßstabs, Tempos oder Schemas, die es der Situation des Menschen bringt." (1992, S. 18)

Technik verändert die Dimensionen von Raum und Zeit, bestimmt generell die Schemata, in denen die Welt wahrgenommen wird. Die Botschaft eines Mediums ist also das, was es mit Menschen macht und nicht etwa, wie das Alltagsverständnis suggeriert, der Inhalt desselben. Der "Programminhalt" der

---

[15] Marshall McLuhan: The Mechanical Bride. Folklore of Industrial Man, New York, 1951, deutsch: Die mechanische Braut. Volkskultur des industriellen Menschen, Amsterdam 1996.

Medien, Fernseh- und Radiosendungen oder die Story in der Zeitung, sind medientheoretisch irrelevant (1992, S. 69). Das Beispiel des elektrischen Lichts stützt diese These, denn das quasi "inhaltslose" Medium verdeutlicht die wahre message: Welche Tätigkeiten oder Ereignisse beleuchtet werden, ob ein Krankenhaus oder ein Fußballstadion hell erleuchtet wird, ist im einzelnen unerheblich. Den Medientheoretiker interessiert allein die Tatsache, daß das elektrische Licht die Formen des menschlichen Zusammenlebens erheblich verwandelt hat (1992, S. 18). Der "Inhalt" eines Mediums ist nach McLuhan ein anderes Medium: Sprache ist der Inhalt der Schrift, diese wiederum Inhalt des Buchdrucks und der ist der Inhalt des Telegrafen (ebd.). Dieser "Inhalt" verschleiert die Wirkungsweise der Medien, lenkt von ihren eigentlichen Effekten ab. McLuhan vergleicht sich - nicht eben bescheiden - mit Louis Pasteur, der gezwungen war, seine ungläubigen Zeitgenossen von der Existenz eines unsichtbaren Feindes zu überzeugen (1992, S. 29). Auch die Verwendungsweise einer Technik macht im Hinblick auf ihre Wirkungen keinen Unterschied. Die "Nachtwandlermentalität", die von der Neutralität technischer Mittel ausgeht und allein deren Nutzung bewerten will, verhält sich Medienwirkungen gegenüber ahnungslos (1992, S. 21). Der Einsatz einer bestimmten Technik hat Konsequenzen sowohl für das Selbstverhältnis als auch für die Intersubjektivität, gleichgültig ob eine Maschine "Cornflakes oder Cadillacs produziert" (1992, S. 17).

Das Wesen medialer Botschaften entwickelt McLuhan mit Hilfe physiologischer und wahrnehmungstheoretischer Thesen.

> "Die Auswirkungen der Technik zeigen sich nicht in Meinungen und Vorstellungen, sondern sie verlagern das Schwergewicht in unserer Sinnesorganisation oder die Gesetzmäßigkeiten unserer Wahrnehmung ständig und widerstandslos." (1992, S. 30)

Wahrnehmung funktioniert für McLuhan als Zusammenspiel der verschiedenen Sinne. Die Koordination des Vorgangs

übernimmt das Zentralnervensystem (ZNS). Wird der Funktionszusammenhang durch körperlichen Streß, Überlastung
oder Überreizung gefährdet, so reagiert das ZNS mit "Amputation oder Absonderung" des betroffenen Körperteils (1992,
S. 58). Das Rad zum Beispiel stellt eine Absonderung des Fußes dar. Es muß als Produkt eines Prozesses begriffen werden,
den die Medien Schrift und Geld in Gang brachten. Sie erweiterten und beschleunigten Handel und Verkehr enorm, was zur
Überlastung des Fortbewegungs- und Transportmittels Fuß
führte. Die anschließende Amputation ergab die "Erfindung"
des Rades (ebd.). Jede neue Technik ist, wie schon im Titel
"Understanding Media: The Extensions of Man" gesagt, eine
Ausweitung des menschlichen Körpers.

   Technik in bezug auf den Körper zu erklären hat durchaus
geisteswissenschaftliche Tradition. Ernst Kapp, der 1877 in
Deutschland die erste systematische Philosophie der Technik
vorlegte, versteht den Körper als Basis jeder technischen Erfindung.[16] Vom Werkzeug bis zur komplizierten Maschine
geht die Entwicklung von Artefakten auf "Organprojektion"
zurück. Der Mensch projiziert Organe, Glieder oder Funktionen seines Leibes in die Außenwelt und vergegenständlicht
sich selbst in den Objekten. Aus der Vorstellung der "Erfindung" wird bei Kapp die der Nachahmung, denn Technik re-
sultiert aus der Imitation des Körpers. So sind Axt oder Hammer Nachbildungen der Hand oder des Armes, optische Apparate in Anlehnung an das Auge konstruiert, und der Telegraph
kopiert das Nervensystem. Kapps Hypothese wirkte in vielen
Theorien weiter. Sigmund Freuds Bild vom "Prothesengott"
Mensch geht von Technik als Organverlängerung aus.[17] Auch
Arnold Gehlen versteht in seiner Anthropologie Technik als

---

[16] Ernst Kapp: Grundlinien einer Philosophie der Technik, Braun-
    schweig 1877.
[17] Sigmund Freud: Das Unbehagen in der Kultur, Frankfurt am Main
    1972.

leibbezogenes Phänomen.[18] Für Gehlen ist Technik notwendige Folge der biologischen Ausstattung des Menschen. Im Vergleich zum Tier, dessen Instinkte es in die Umwelt integrieren, erweist sich der Mensch als "Mängelwesen". Er ist durch das Fehlen sicherer Instinkte, aber auch besonderer Angriffs- oder Fluchtorgane körperlich schlecht ausgerüstet. Technik stellt die überlebensnotwendige Kompensation dieser Mängel dar und folgt dabei drei Prinzipien: Organersatz, Organverstärkung und Organentlastung. Waffen zum Beispiel treten an die Stelle nicht vorhandener Organe, Hammer oder Mikroskop überbieten die Leistungen verschiedener Organe, und das Rad entlastet den Körper, erspart die Anstrengung der Fortbewegung.[19]

Für McLuhan sind Körperausweitungen jedoch nicht Ergebnis der bloßen Projektion oder Entlastung bestimmter Organe, sondern Resultat einer "Amputation". Die brutalere Terminologie deutet auf ein wichtiges Kennzeichen des Vorgangs hin: Er bleibt unbewußt. Die Ausgrenzung eines Organs stellt einen schweren Eingriff in den Körper dar und verursacht einen Schock. Automatisch wird die Wahrnehmung blockiert, der so gelähmte Mensch ist keiner Erkenntnis fähig. "Selbstamputation schließt Selbsterkenntnis aus" (1992, S. 59). McLuhan erläutert diesen Umstand mit Hilfe des Narziß-Mythos: Das Wort "Narziß" kommt von "narkosis", Betäubung. Narziß, durch die Ausweitung seiner selbst betäubt, war nicht in der Lage, sein Gegenüber im Spiegel zu identifizieren (1992, S. 57). Der Mensch erkennt sich in seiner Technik nicht wieder, sondern sieht in ihr eine fremde Erscheinung. Damit bleibt auch unbewußt, daß die Ausweitungen des Körpers als dessen Bestandteile existieren und ihn ebenso bestim-

---

[18] Arnold Gehlen: Anthropologische und Sozialpsychologische Untersuchungen, Reinbek 1986.

[19] Die genannten Theorien wurden zur Verdeutlichung der körperbezogenen Technikauffassung herangezogen. Da McLuhan sich nicht auf sie bezieht, ist es unwahrscheinlich, daß sie ihm bekannt waren.

men wie seine natürlichen Organe. Unfähig zur Selbsterkenntnis, ist der Mensch ihren Wirkungen ausgeliefert.

"Das Sehen, Verwenden oder Wahrnehmen irgendeiner Erweiterung unserer selbst in technischer Form heißt notwendigerweise auch, sie einbeziehen. Radiohören oder eine bedruckte Seite lesen heißt, diese Ausweitungen unserer selbst in unser persönliches System aufzunehmen und die »Schließung« oder die Verdrängung der Wahrnehmung, die darauf automatisch folgt, mitmachen. Gerade die dauernde Aufnahme unserer eigenen Technik in den Alltag versetzt uns in die narzißtische Rolle unterschwelligen Bewußtseins oder der Betäubung in bezug auf diese Abbilder von uns selbst." (1992, S.62)

Jean Baudrillard geht es ebenfalls um den Zusammenschluß von Technik und Körper, wenn er schreibt:

"Durch die virtuellen Maschinen und die neuen Technologien jedoch bin ich keineswegs entfremdet. Sie bilden mit mir einen integrierten Schaltkreis (dies ist das Prinzip des Interface). Groß- und Mikrocomputer, Fernsehen und Video und selbst der Fotoapparat sind wie Kontaktlinsen, durchsichtige Prothesen, die derart in den Körper integriert sind, daß sie fast schon genetisch zu ihm gehören, (...)."[20]

Baudrillard wendet die Idee allerdings negativ, wenn er als Folge der Integration einen grotesken Zustand postuliert, der über Entfremdung hinausgehend den Menschen zum Teil der Apparatur macht. McLuhan dagegen behandelt die Verbindung von Körper und Technik als anthropologische Tatsache. Im Ergebnis der Kombination sieht er keine Entmenschlichung, sondern konstatiert neutral und grundsätzlich eine Veränderung des körperlichen Zustandes und damit der Wahrnehmung.

---

[20] Jean Baudrillard: "Videowelt und fraktales Subjekt", in: Philosophien der neuen Technologie, ARS ELECTRONICA (Hrsg.), Berlin 1989, S. 125.

"Jede Erfindung oder neue Technik ist eine Ausweitung oder Selbstamputation unseres natürlichen Körpers, und eine solche Ausweitung verlangt auch ein neues Verhältnis oder neues Gleichgewicht der anderen Organe und Ausweitungen der Körper untereinander." (1992, S. 61)

Das Zusammenspiel der Sinne, das die Wahrnehmung ausmacht, besteht nach McLuhan nicht konstant, sondern kann unterschiedlichen Mustern folgen. Er vergleicht dies mit dem Phänomen der Farbe. Die Sinnesempfindung ist wie eine Farbe immer "hundertprozentig", aber das Verhältnis der einzelnen Komponenten, die beide enthalten, "kann unendlich variieren" (1992, S. 61). Verschiedene Rottöne sind rot, sie sind jedoch unterschiedlich zusammengesetzt. Ebenso kann die Komposition differenter Empfindungen in der Wahrnehmung verschieden gewichtet sein. Verstärkt etwa eine an das Ohr gerichtete Technik den Schall, betrifft dies gleichzeitig auch Tast-, Geschmacks-, Gesichtssinn und verändert das Verhältnis untereinander. Auf diese Weise erzeugt jede neue Technik ein anderes Wechselspiel der Sinne und ein neues Wahrnehmungsmuster. Technik bestimmt die Art und Weise, in welcher der Mensch die Welt wahrnimmt und erfährt. McLuhan bezeichnet Medien als "Metaphern", weil sie wie diese den Erfahrungen eine Form geben (1995, S. 6). Indem sie immer neue Varianten der Perzeption hervorbringen und bestimmen, wie gesehen, gehört und gefühlt wird, übertragen sie Erfahrungen in neue Formen (1992, S. 74). Wahrnehmung geschieht demnach nie unmittelbar, sondern immer schon technisch strukturiert und präformiert.

McLuhan unterscheidet in diesem Zusammenhang grundsätzlich zwei Arten von Medien - heiße und kalte. "Heiße" Medien erweitern nur einen Sinn, und zwar "detailreich" (1992, S. 35). Dem einzelnen Sinn wird eine Fülle von Daten und Einzelheiten geboten. "Kalte" Medien dagegen liefern quantitativ und qualitativ weniger Information, denn zum einen stellen sie weniger Daten zur Verfügung, und zum anderen sind diese eher unspezifischer denn präziser Art. Die Gegenüberstellung von Photographie und Karikatur macht die

Differenz deutlich: Erstere gilt als heißes Medium, weil das Photo für den Betrachter optisch "detailreich" ist, während die "kühle" Karikatur dem Auge wenig Information bietet, weil sie nur mit Andeutungen und Umrissen arbeitet (ebd.). Heiße Medien, wie Buch, Radio und Film, geben dem jeweils angesprochenen Sinn große Mengen an Material, das eher passiv aufgenommen werden kann. Die Detailarmut kalter Medien verlangt Ergänzung und Vervollständigung der Mitteilung vom Rezipienten, diese Medien erfordern "persönliche Beteiligung" des Publikums. Dazu gehören Sprache und Telefon, beide bieten dem Ohr wenig Eindeutiges oder klar Definiertes, das Gelingen der Kommunikation hängt daher von der Partizipation der Beteiligten ab. Gemäß ihren Eigenschaften wirken heiße und kalte Medien unterschiedlich auf den Menschen. Es findet sich bei McLuhan keine explizite Bewertung, die Vor- oder Nachteile, positive oder negative Folgen gegeneinander abwägt. Seinem Konzept der Wahrnehmung liegt jedoch die Idee eines harmonischen Zusammenspiels der Sinne zugrunde. Dies leistet der "Tastsinn", den er nicht als einzelnen Sinn unter anderen betrachtet, sondern als dynamische Einheit der Empfindung.

> "Unser Wort »erfassen« oder »begreifen« selbst schon weist auf die Art und Weise hin, wie wir eine Sache durch eine andere verstehen, wie wir viele Seiten gleichzeitig durch mehr als einen Sinn zur selben Zeit manipulieren und aufnehmen. Es beginnt nun klarzuwerden, daß das »Tastgefühl« nicht die Haut ist, sondern das Wechselspiel aller Sinne, und beim »In-Fühlung-bleiben« oder »Fühlungaufnehmen« handelt es sich um eine fruchtbare Verbindung aller Sinne, um Gesichtseindrücke, die in Schallempfindungen und Schallempfindungen, die in Bewegungen und Geschmacks- und Geruchsempfindungen übertragen werden." (1992, S. 78)

Taktilität steht für "Synästhesie", die Gesamtheit sinnlicher Empfindungen (1995, S. 52). Zwar bilden die verschiedenen Sinne eigene Bereiche mit eigenen Regeln, wie Optik und Akustik, aber erst die taktile Verbindung aller Teile macht

Perzeption aus. Damit ist nicht bloße Addition der einzelnen Komponenten gemeint, es handelt sich vielmehr um einen komplexen Vorgang des Transfers von Eindrücken. Das Wechselspiel der Sinne, aus dem die Wahrnehmung der Welt hervorgeht, kombiniert und kontrastiert sinnliche Impressionen aller Art. Dies erhellt nochmals die Bedeutung der "Mosaikmethode" McLuhans. Auch das Mosaik stellt ein Zusammenspiel verschiedener Facetten her, die einander ergänzen und erklären. Es ermöglicht eine mehrdimensionale Auffassung des jeweiligen Sachverhalts, wie die Sinnesorgane eine vielschichtige Wahrnehmung der Wirklichkeit erlauben. Eine streng logisch lineare Argumentation in der Theorie würde - ähnlich wie die Dominanz eines Sinnes - in der Praxis zur Verengung des Blickfeldes führen. Für McLuhan setzt die uneingeschränkte, komplexe oder ganzheitliche Wahrnehmung der Welt eine maximale Beteiligung aller Sinne voraus.

Die Vorstellung einer Harmonie der Sinne führt von der These der Körperausweitung zu einem historischen Modell der Technikentwicklung. Denn McLuhan sieht im Streben nach Gleichgewicht ein biologisches Prinzip: Organismen sind ständig bemüht, einen "inneren Gleichgewichtszustand" aufrechtzuerhalten, das heißt, Krankheit zu bekämpfen und Veränderungen der Umwelt abzufangen (1992, S. 119). So reagiert der menschliche Körper auf Überlastung mit der "Amputation" eines Körperteils. Diese verändert aber das Ganze der sinnlichen Empfindung und führt daher zu neuen Belastungen (1992, S. 85). Jede Entlastung bringt neue Belastung mit sich. Mit anderen Worten: Hat die Ausweitung des Körpers einmal begonnen, wird der Prozeß zum Selbstläufer.

"Physiologisch wird der Mensch bei normaler Verwendung seiner technischen Mittel (oder seines vielseitig erweiterten Körpers) dauernd durch sie verändert und findet seinerseits immer wieder neue Wege, um seine Technik zu verändern. Der Mensch wird sozusagen zum Geschlechtsteil der Maschinenwelt, wie es die Biene für die Pflanzenwelt ist, die es ihnen möglich macht, sich zu befruchten und immer neue Formen zu entfalten." (1992, S. 63)

Die Ausweitung des menschlichen Körpers gleicht einem Teufelskreis, der immer neue Technologie produziert. Der Mensch selbst, betäubt und narkotisiert, macht sich zum "Servomechanismus" seiner Objekte. McLuhan nennt den Indianer "Servomechanismus" seines Kanus und den Beamten Anhängsel seiner Uhr (ebd.). In Unkenntnis der Wirkungen der Technik dient der Mensch seinen Produkten wie Göttern. Dieser Dienst wird durch die Verbesserung der Lebensverhältnisse und die Annehmlichkeiten der Zivilisation belohnt (ebd.). Das mögliche Ende des Teufelskreises ergibt sich für McLuhan erst im Zeitalter der Elekrizität.

McLuhans Reflexionen über Medien sind im Kern wahrnehmungstheoretisch. Diese Herangehensweise macht sie aktuell, denn heute ist auch über die Medientheorie hinaus das Problem der Weltwahrnehmung zu einem zentralen Thema der Wissenschaft geworden. Es kann geradezu von einer theoretischen Renaissance der Wahrnehmung gesprochen werden. So stimmen zum Beispiel systemtheoretische (Niklas Luhmann), kybernetische (Heinz von Foerster) und konstruktivistische (Siegfried J. Schmidt) Theorien darin überein, das Produkt der Wahrnehmung nicht mehr als Abbild einer gegebenen Realität zu behandeln. Wahrnehmung gilt nicht länger als passiver Akt, sondern als Tätigkeit des Gehirns und der Sinne, die aktiv die Erfahrungswirklichkeit hervorbringt. Wirklichkeit wird demnach nicht passiv aufgenommen, sondern konstruiert, das Bild der Welt, das so entsteht, ist kein Abbild, sondern eine Konstruktion. "Konstruktion" bezeichnet dabei keine intentionale Handlung, sondern einen kulturell vermittelten vorbewußten Vorgang. Wie die Welt erfahren wird, hängt somit wesentlich von den kulturellen Bedingungen der Wahrnehmung ab. Die genannten Ansätze beziehen daher - auf unterschiedliche Weise - Medien als konstitutive Faktoren der Wahrnehmung in ihre Untersuchungen ein. Ähnlichen Motiven folgen aktuelle Entwicklungen im Bereich der ästhetischen Theorie. Eine neue Richtung stellt zur Diskussion, Ästhetik wieder in der ursprünglichen Bedeutung von aisthesis (Wahrnehmung) zu konzipieren. Das heißt, die Wissenschaft der Ästhetik soll nicht länger auf den Gegenstand Kunst beschränkt bleiben, sondern als übergreifende Disziplin, als eine Art Grundlagenforschung neu entworfen werden. Notwendig wird diese Erneuerung laut Wolfgang Welsch, weil sich in den Wissenschaften zunehmend das Bewußtsein des ästhetischen Charakters des Erkennens durchsetzt.[21] Die mittlerweile verbreitete Einsicht, daß Wissenschaft auf keinem letzten Fundament ruht, sondern mit Konstrukten und Modellen arbeitet, führt nach Welsch zu der weitergehenden Annahme, daß die theoretischen Mittel des Denkens letztlich fiktionalen Ursprungs sind. Nietzsches Ansicht, Erkenntnis basiere überhaupt auf ästhetischen Elementen wie Anschauungsformen, Projektionen, Phantasmen, Bildern und Metaphern, versetzt den Wissenschaftler in die Lage des Künstlers, der Wirklichkeit nicht bloß deutet, sondern kreiert. Damit legitimiert sich eine Ästhetik im ursprünglichen Sinne, die das ehemalige Stiefkind der Philosophie, die Wahrnehmung, wieder ins Zentrum stellt. Auch in aisthetischen Ansätzen spielt die Untersuchung medialer Wirkungen eine wichtige Rolle.[22] Diese Beispiele zeigen Anknüpfungspunkte für eine heutige McLuhan-Lektüre.

Klar erkennbar sind allerdings auch die Schwächen des Konzepts der Körperausweitung. Ein zentraler Mangel liegt in dem unklaren Medienbegriff. Die Ausweitung des Körpers umfaßt vom Rad bis zum Computer Technik ganz allgemein, eine Unterscheidung zwischen Medien und Technik ist in diesem Rahmen kaum zu treffen. McLuhan verwendet "Medium" und "Technik" häufig synonym. Der Umfang des Begriffs geht noch darüber hinaus, in "Understanding Media" werden Stra-

---

[21] Wolfgang Welsch: "Ästhetische Grundzüge im gegenwärtigen Denken; Ästhetik außerhalb der Ästhetik - Für eine neue Form der Disziplin", in: Ders:, Grenzgänge der Ästhetik, Stuttgart 1996, S. 62-106; S. 135-181.

[22] Vgl. dazu: Aisthesis. Wahrnehmung heute oder Perspektiven einer anderen Ästhetik, Karlheinz Barck, Peter Gente, Heide Paris, Stefan Richter (Hrsg.), Leipzig 1990.

ßen, Häuser, die Mode und das Geld als Medien behandelt. Dies wirft die Frage auf, ob die undifferenzierte Terminologie nicht zwangsläufig zu Pauschalurteilen führt. Tatsächlich finden sich im Text nicht wenige unplausible Verallgemeinerungen, wie die Unterscheidung zwischen England und Amerika einerseits und Europa andererseits: Die angelsächsische Kultur sei vollständig vom Alphabet geprägt, während Europas "erdhaftere" Völker noch starke Anteile oraler Kultur aufwiesen (1992, S. 340). Karl Marx' Theorie wird mit dem Hinweis abgetan, sie verkenne die Bedeutung des Telegraphen als Beginn einer neuen Ära der Kommunikation (1992, S. 53). Weniger komisch ist McLuhans Bemerkung, Hitler habe seine "politische Existenz nur (sic) dem Radio und den Lautsprecheranlagen" zu verdanken (1992, S. 343). Diese und ähnliche Urteile sind Resultat einer hypertrophen Medienauffassung. McLuhans Betrachtung von Kultur und Gesellschaft läßt keinen Raum für soziale, politische oder ökonomische Faktoren und erhebt somit implizite einen universalistischen Anspruch für die Medientheorie. Auch Umberto Eco kritisiert die unklare Terminologie, wenn er schreibt, viele Thesen McLuhans folgten aus der fehlenden Binnendifferenzierung seines Medienbegriffs. Wichtig sind für Eco die Unterscheidungen zwischen Sende- und Empfangsgerät, dem Kanal, durch den ein Signal gesendet wird, dem verwendeten Code und der Botschaft. Das elektrische Licht wäre demzufolge "Medium" in mindestens drei Bedeutungen: es kann als "Informationssignal", als "Botschaft" oder als "Kanal" vorkommen. Eco betont, daß die Wirkung eines medialen Phänomens nur beurteilt werden kann, wenn seine spezielle Rolle im Kommunikationsprozeß berücksichtigt wird.[23] In dieser Hinsicht erweist sich auch die Formel "the medium is the message" als vage und vieldeutig. Denn sowohl der Code - die Struktur des Kommunikationssystems - als auch der Kanal - die Materialität der techni-

---

[23] Umberto Eco: "Für eine semiologische Guerilla", in: Ders:, Über Gott und die Welt. Essays und Glossen, München 1988, S. 149, 150.

schen Geräte - könnten die Botschaft ausmachen.[24] Eco weiß, daß seine Kritik im Namen einer linearen, logischen Argumentation glatt an McLuhans Denkungsart vorbei zielt und, so angebracht sie auch sein mag, den Zauber der Assoziation zerstört:

> "Ideen, auch wenn sie wild durcheinander daherkommen, gute mit schlechten vermischt, wecken andere Ideen, und sei' s auch nur, um sie zu widerlegen. Also lest McLuhan, aber dann geht hin und versucht, euren Freunden davon zu erzählen. So werdet ihr gezwungen sein, eine Reihenfolge zu wählen, und werdet die Halluzination überwinden."[25]

III. The Gutenberg Galaxy

McLuhan teilt die Geschichte in vier Epochen ein: die orale Stammeskultur, die literale Manuskript-Kultur, die Gutenberg-Galaxis und das elektronische Zeitalter. Für die Zäsur zwischen den Zeitabschnitten ist jeweils das Auftreten eines neuen Mediums verantwortlich, die Schrift beendet die orale Phase, der Buchdruck und die Elektrizität revolutionieren anschließend Kultur und Gesellschaft. Die Periodisierung behauptet keine Notwendigkeit des historischen Ablaufs, denn auch heute existieren noch orale Kulturen. "The Gutenberg Galaxy: The Making of Typographic Man" behandelt hauptsächlich die Zeit des Umbruchs zur Ära des Buches.

Orale Kultur beschreibt McLuhan als eine "Welt des Ohres", denn der Mensch, der nur über das Medium der gesprochenen Sprache verfügt, lebt im akustischen Raum. Sowohl die Kommunikation als auch die Überlieferung des Wissens finden sprachlich statt, somit ist das Ohr wichtigstes Sinnesorgan. Die Wahrnehmungswelt des Ohres zeichnet sich durch

---

[24] Umberto Eco: "Vom Cogito interruptus", in: a.a.O., S. 261.
[25] A.a.O., S. 265.

Dynamik, Diskontinuität und Simultaneität aus: Geräusche und Klänge treten zunächst als chaotisches Wirrwarr auf und sind im Vergleich zu optischen Eindrücken schwerer zu identifizieren und klassifizieren. Im Bereich der Akustik gibt es kein Zentrum und keine festen Grenzen, Töne sind schwer lokalisier- und definierbar (1995, S. 22, 23). Die Orientierung anhand des Gehörsinnes richtet sich daher nach anderen Regeln als den visuellen Prinzipien der Kausalität. Den Stammesverband oraler Kulturen charakterisiert McLuhan als Geflecht totaler gegenseitiger "Abhängigkeit und Wechselbeziehung", das Individualität ebensowenig zuläßt, wie das Gehör einen einzelnen Ton aus Geräuschen isolieren kann (1995, S. 27). Die Überbeanspruchung des Ohres läßt kein Wechselspiel der Sinne zu, statt dessen erzeugt sie eine "Tyrannei" des Ohres (1995, S. 34).

"Der Terror ist in jeder oralen Gesellschaft der Normalzustand, denn in ihr wirkt allzeit alles auf alles ein." (1995, S. 40)

Das Auftauchen des Mediums Schrift erzeugt eine einschneidende Veränderung, denn es führt den Menschen aus dem Stammesdasein in die Zivilisation, gibt ihm "ein Auge für ein Ohr" (1995, S. 33). Dies leistet nach McLuhan jedoch erst das phonetische Alphabet, piktographische, ideographische oder hieroglyphische Schriften hatten keine derartigen Auswirkungen (1995, S. 27). Die Hieroglyphe oder das Ideogramm sind komplexe "Gestalten", die alle Sinne zugleich ansprechen. Sie erfordern eine taktile Entschlüsselung (1995, S. 43). Im phonetischen Alphabet dagegen wird das einzelne Zeichen bedeutungslos. Diese Abstraktion bewirkt, daß es nur noch das Auge anspricht (1995, S. 54). Die phonetische Schrift beseitigt die Dominanz des Ohres in der Wahrnehmung, da sie die visuelle Komponente betont. Das Auge nimmt, anders als das Ohr, diskrete Erscheinungen in räumlicher Ordnung wahr. Optische Eindrücke bieten nach McLuhan eher als andere sinnliche Empfindungen eine Grundlage für das Erkennen von Regel- und Gesetzmäßigkeiten.

"Das Visuelle begünstigt das Explizite, das Uniforme und das Kontinuierliche, sei es in der Malerei, der Dichtung, in der Logik und der Geschichte." (1995, S. 71)

Ist der Wandel vom "sakralen nicht-alphabetisierten" zum "zivilisierten alphabetisierten oder profanen" Menschen geschehen, beginnt die Kultur des handgeschriebenen Buches, die nach McLuhan vom 5. Jahrhundert v. Chr. bis zum 15. Jahrhundert n. Chr. andauerte (1995, S. 92). Während die orale Kultur Wahrnehmung auf das Ohr reduzierte und der Buchdruck viel später das Auge zur Herrschaft über die anderen Sinne brachte, steht die Manuskript-Kultur zwischen beiden für Synästhesie und Taktilität. Sie fördert "das Einfühlungsvermögen und die Beteiligung aller Sinne" (1995, S. 34). Diese These vertritt McLuhan unter Berufung auf die Eigenschaften des Manuskriptes und die Wissenschaftspraxis, die es begünstigt. Zur Zeit des handgeschriebenen Buches entsprach "Lesen" lautem Lesen, was einen eher oralen und taktilen Wortgebrauch ausmachte. Akustisches Lesen hieß, gesprochenen Worten zuhören, somit stellte diese Technik ein Zusammenspiel von Gesichtssinn und Gehör her (1995, S. 112). Sie war einerseits Teil der fortbestehenden oralen Tradition, denn noch im Mittelalter fand Literatur wenige Leser, dafür aber um so mehr Zuhörer (1995, S. 110). Zum anderen verlangte das Manuskript selbst nach akustischer Lektüre, denn es war nur schwer zu entziffern. Bis zum späten Mittelalter wurden einzelne Wörter nicht getrennt, die Texte variierten in Orthographie und Grammatik beträchtlich und oft fehlte jegliche Interpunktion (1995, S. 105). Bei der Auffassung des Inhalts mußte das orientierungslose Auge durch Stimme und Ohr ergänzt werden.

Im Vergleich zur Rezeption gedruckter Bücher schildert McLuhan die frühere Lesepraxis als aktiven sinnlichen Vorgang, der in den zeitgenössischen Kontext eines beweglichen intellektuellen Lebens paßte. Er nennt die Manuskript-Kultur eine "Do it yourself-Kultur", die sich nicht an Konsumenten, sondern an Produzenten richtete (1995, S. 164). Manuskripte, häufig einmalige Wertgegenstände, mußten zur Benutzung kopiert werden, was Lektüre fast notwendig mit Abschrift verkoppelte. Da die Texte nur in Ausnahmefällen datiert oder einem bestimmten Verfasser zugerechnet wurden, ermöglichte und motivierte das Abschreiben ein Weiterschreiben (1995, S. 165). Das Wissen der Manuskript-Kultur sieht McLuhan als Fluß, an dem unzählige anonyme Produzenten teilhatten. Das Ergebnis hatte selten einheitliche Form: Manuskriptbände enthielten oftmals Schriftstücke unterschiedlicher Herkunft und unterschiedlicher Thematik, selbst Texte eines Verfassers waren dem Duktus nach heterogen. Ständiger Wechsel in Tonfall, Stil und Standpunkt war die Regel (1995, S. 169), und Stilmittel der Rhetorik überwogen die logische Argumentation. Wissen und Wissenschaften hatten demzufolge eine weitgehend offene, unabgeschlossene Struktur.

Gutenbergs Erfindung schuf mit dem gedruckten Buch ein neues Medium, das grundsätzliche Veränderungen in Gang setzte, welche die Sphären des Wissens, des Staates, der Produktion und des Individuums gleichermaßen ergriffen. McLuhans Beschreibung der Entstehung der Gutenberg-Galaxis stellt deren Elemente im Sinne der Mosaikmethode phänomenologisch zusammen. Im Zentrum steht die Typographie; Eigenschaften, die er ihr, ihrem Produkt oder dem ihr zugeordneten Sinn zuspricht, tauchen als Charakteristika der ganzen Epoche wieder auf. Der Druck selbst, die "Mechanisierung der Schreibkunst", war nach McLuhan die vermutlich erste Mechanisierung einer "Handfertigkeit". Erstmals gelang es, eine Bewegung in eine chronologische Abfolge "statischer Momentaufnahmen" zu übersetzen (1995, S. 156). Der dynamische Ablauf wurde "visuell arretiert und aufgespalten", analytisch zerlegt und maschinell umgesetzt. Diese erste "Übersetzung" konnte im Anschluß auf andere Handlungen übertragen werden und stellt den Ausgangspunkt der industriellen Me-

chanisierung dar (1995, S. 188).[26] Das Produkt des "Fließ-
bands beweglicher Typen", das gedruckte Buch, war anders
als das Manuskript ein "Massenprodukt". Der Druck lieferte
das erste uniforme und wiederholbare "Konsumgut" (1995,
S. 156). McLuhans Vokabular hebt deutlich die Beziehung
zum Bereich der Optik hervor, dem er im Gegensatz zur
Akustik Begriffe wie Statik, Kontinuität, Homogenität und
Wiederholbarkeit zuordnet (1995, S. 73). Das heiße Medium
des Drucks bezieht sich ausschließlich auf das Auge und führt
die vom Alphabet eingeleitete Betonung des Visuellen weiter,
bis hin zur Dominanz des Gesichtssinns. Typographische Kultur drängt die Vielfalt der Sinnesempfindung in den Hintergrund, indem sie die Wahrnehmung "visuell homogenisiert"
(1995, S. 157).

"Diese Art von Verzerrung oder Reduktion unserer gesamten Sin-
neserfahrung auf den Bereich eines einzigen Sinnes ist in der Tendenz jedoch die Auswirkung der Typographie auf die Künste und
Wissenschaft wie auch auf das menschliche Empfinden." (ebd.)

Ausdruck dieser Tatsache ist für McLuhan die historisch neuartige "starre Haltung" eines Gesichts- oder Standpunktes
(ebd.). Je mehr der Druck das Schreiben bestimmt, desto eher
beziehen Autoren in Wissenschaft und Literatur einen "Standpunkt", vertreten eine spezielle Auffassung oder These und
nehmen eine dezidierte Haltung zum Gegenstand ein. Auf diese Weise erhalten Persönlichkeit und individuelle Ansicht des
Verfassers immer mehr Relevanz. Im Bereich der Malerei
führt die Entdeckung der Zentralperspektive zur Definition
räumlicher Standpunkte und weist dem Betrachter eine fixe
Blickrichtung zu. McLuhan interpretiert recht unorthodox diese Neuerung als Einschränkung der Sinnlichkeit zugunsten vi-

---

[26] An dieser Stelle zeigt sich McLuhans unbeschwerter Umgang mit
der Geschichte: Er verlegt den Beginn der Industrialisierung um-
standslos 300 Jahre vor. So erscheinen der mechanische Webstuhl
oder die Dampfmaschine gegenüber dem Buchdruck als marginale
technische Entwicklungen.

sueller Statik. Für ihn konnte die mittelalterliche zweidimensionale Malerei einerseits komplexere Beziehungen darstellen und andererseits taktiler rezipiert werden (1995, S. 159). Der "starre Gesichtspunkt", den McLuhan auch für die Prinzipien des Nationalismus und Individualismus geltend macht, bedeutet in jedem Fall die Festlegung auf bestimmte Aspekte und den Ausschluß oder die Nichtachtung anderer (1995, S. 274).

Mit dem Buchdruck entstand ein neuer Wissenstypus, der auf der Übertragung "nicht-visueller Erscheinungen wie der Bewegung und der Energie in visuelle Kategorien" basierte (1995, S. 193). Die Zerlegung von Prozessen in einzelne Segmente erlaubte nicht nur die Rekonstruktion von Handlungen in Gestalt mechanischer Apparaturen, sie ließ sich auch zur wissenschaftlichen Methode systematisieren. War Erfahrung erst im Sinne der visuellen Wahrnehmung vereinheitlicht, konnte sie den Parametern der Quantität untergeordnet werden (ebd.). Räumliche Darstellungen wie Wissenschemata, Diagramme oder auch Maßeinheiten sind für McLuhan Ausdrucksformen, die diese Unterordnung wirksam vollzogen (1995, S. 198). Parallel dazu folgte die Praxis der Präzisierung wissenschaftlicher Terminologie der reduktionistischen Logik der Typographie, denn die Definition von Begriffen raubte den Wörtern jedes Leben und trennte sie von der Vielfalt der Wahrnehmung (1995, S. 205). Wissen wurde zunehmend nach den Kriterien der Nützlichkeit und der Anwendbarkeit beurteilt, und das Wort geriet unter dieselbe Logik. Schließlich verweist "Methode" als regelgeleitetes Denken nach McLuhan auf das Medium Buch: sowohl das Setzen als auch das Verfassen eines fortlaufenden Textes beruht auf einer schematischen räumlichen Anordnung von Teilen (1995, S. 217). Dieser Uniformierungsprozeß der Sprache, des Denkens und des Wissens bildete die Voraussetzung für den neuzeitlichen Fortschritt:

"Ohne eine Technik, die danach strebt, Erfahrungen einem homogenisierenden Prozeß zu unterwerfen, kann es eine Gesellschaft kaum je zu einer Herrschaft über die Naturkräfte oder auch nur zu einer Organisation menschlicher Anstrengung bringen." (1995, S. 204)

McLuhan konstatiert als Fazit des medialen Umbruchs eine nachhaltige Trennung von Gefühl und Verstand. Der wissenschaftliche Wahrheitsbegriff orientierte sich immer mehr an Meßbarkeiten, empirischen Daten exakter Versuche und einer formalisierten Beweisführung, als deren Vorbild die mathematische Logik fungierte. Die Wahrheiten der Kunst, der Religion und der Ethik gerieten zur persönlichen Meinung oder Privatangelegenheit ohne objektive Relevanz (1995, S. 207). Die moderne Wissenschaft schloß alle Arten von Gefühl aus ihrer Sphäre aus und erzielte gewaltige Fortschritte um den Preis einer Engführung des Denkens. Der Charakter dieses Denkens entsprach dem einer logischen Maschine, McLuhan sieht es personifiziert in der Gestalt des Sherlock Holmes (1995, S. 213). Die Logik der Typographie gipfelte also in der Identifikation von Erkenntnis und Ratio, die die sinnliche Wahrnehmung zu ihrem irrationalen Gegenpart erklärte. Eine Auffassung, die sich nach McLuhan als Relikt der Gutenberg-Galaxis bis heute gehalten hat und gegen die sein Ansatz vehement Front macht.

Die Druckerpresse veränderte nicht nur das akademische, sondern auch das öffentliche und private Leben. Für McLuhan ist der Nationalismus, der zur Bildung der europäischen Nationalstaaten führte, eng mit der Typographie verknüpft. Sie bildete den Motor bei der Formierung der verschiedenen Landessprachen und machte Schritt für Schritt das internationale Latein obsolet. Vom 12. bis 15. Jahrhundert wandelten sich die Volkssprachen noch beträchtlich, im 16. Jahrhundert kamen die Umbildungen ins Stocken und 100 Jahre später hatten sich die verschiedenen Sprachen gefestigt (1995, S. 286). Die vereinheitlichende Tendenz des Drucks hatte zu festen Regeln der Orthographie und Grammatik geführt (ebd.). Erst auf dieser Basis konnten Nationalliteratur und Nationalbewußtsein entstehen.

"Vielleicht sind der Buchdruck und der Nationalismus einander
schon einfach deshalb zugeordnet, weil durch den Buchdruck ein
Volk zum ersten Male sich selbst *sieht*. Die Landessprache gewährt, indem sie in hoher Bildschärfe erscheint, einen Einblick in
die gesellschaftliche Einheit, die sich in der Ausdehnung mit den
landessprachlichen Grenzen deckt." (1995, S. 270)

Mit dem Druck wurde aus der jeweiligen Nationalsprache eine
"Lautsprecheranlage" (1995, S. 241). Das heißt, Flugschriften,
Bücher und Presse konnten potentiell alle Menschen erreichen. Dies machte die Landessprache zum "Massenmedium",
zu einem Mittel "der zentralen staatlichen Lenkung der Gesellschaft", das es zuvor in keiner Form gegeben hatte (1995,
S. 293). Für McLuhan ist die Wirkung der Typographie an der
einheitlichen Organisationsform der bürgerlichen Gesellschaft
abzulesen, die das heterogene Feudalsystem ablöste. Diese gesellschaftliche Umwälzung erfolgte im Rahmen eines langwierigen Homogenisierungsprozesses, der erst zum Abschluß
kam, als nicht nur das Buch die Kultur okkupiert hatte, sondern die Buchdruck-Technik in der Industrialisierung auch auf
"Arbeits- und Produktionsmethoden" angewendet wurde
(1995, S. 275). Die historische Entwicklung selbst verlief
nicht homogen, statt dessen rief sie gegensätzliche Effekte
hervor. So ermöglichte Gutenbergs Erfindung einerseits einen
"rigorosen Zentralismus" und beförderte andererseits das Prinzip des "Individualismus" (1995, S. 276). Das Buch stellte
dem Individuum eine Bühne zur Verfügung, seine Persönlichkeit schöpferisch auszudrücken. Es schuf den modernen "Autor", während es gleichzeitig die Gleichschaltung des Lebens
und der Einzelnen vorantrieb. McLuhan betrachtet beide Tendenzen als Seiten einer Medaille, die auf die Regeln der visuellen Quantifizierung zurückgehen.

"Freiheit, Gleichheit und Brüderlichkeit fanden ihren natürlich-
sten, wenn auch phantasielosesten Ausdruck in der Uniformität
der revolutionären Bürgerheere. Sie waren genaue Wiederholungen nicht bloß der Druckseite, sondern des Fließbandes." (1995,
S. 277)

Die Errungenschaften der Französischen Revolution sind aus der Sicht McLuhans in Wahrheit Effekte des Buchdrucks. Dieser macht die Menschen frei, aber auch gleich. Die Freiheit aller und die Garantie gleicher Rechte für alle setzen die Subsumption der Einzelnen unter ein Schema voraus. Konsequenterweise ergibt sich die Alternative zwischen der Ausgrenzung von Individuen oder der entfremdenden Anpassung (1995, S. 263). Als Produkte des Buches stehen einander zwei Menschentypen gegenüber: der "Außenseiter oder Rand-Mensch" und der "Stadtmensch oder Bourgeois" (1995, S. 265). Ersteren - in dem unschwer der Künstler zu erkennen ist - beschreibt McLuhan als "feudal, aristokratisch, integral, unabhängig" und "oral". Der freie Bürger dagegen ist "individuell, uniform, gleichgeschaltet, angepaßt" und "visuell" (ebd.).

Obgleich McLuhan - immer bemüht, Medienwirkungen nur zu beobachten - im Vorwort ankündigt, sich jeder "moralischen Wertung" zu enthalten (1995, S. 10), ist seine Abneigung gegen die Gutenberg-Galaxis offenkundig. An diesem Punkt zeigt sich die Widersprüchlichkeit seines Denkens, denn die Kritik der Moderne ist nicht zu überlesen. Explizit wird sie, wenn er schreibt:

"Das Unbewußte ist eine direkte Schöpfung der Buchdruck-Technik, der ständig wachsende Schlackenhaufen eines verdrängten Bewußtseins."(1995, S. 304)

Da der Druck das Auge zum Herrscher über die anderen Sinne erhebt, müssen diese "sich nach anderen Heimstätten umschauen" (1995, S. 303). Das heißt, der Großteil der sinnlichen Erfahrung wird gemäß der typographischen Logik vom Bewußtsein abgelehnt und ins Unbewußte verdrängt. Dieser Bereich wächst im Kontext einer am Druck orientierten Bildung kontinuierlich an (1995, S. 316). In der Folge sieht McLuhan die gebildete Welt "hypnotisiert" und auf einen Primitivismus, "ein Afrika in uns" zurückgeworfen (ebd.). Eine auf Rationalität und Visualität ausgerichtete Kultur verdrängt die Fülle der sinnlichen Wahrnehmung und erzeugt durch die

Ausgrenzung erst ihren erklärten Feind: Irrationalität und
Dunkelheit. McLuhan erkennt im westlichen zivilisierten
Menschen ein Wesen, das nur als Schatten oder Bruchteil sei-
ner selbst existiert und in der Enge der Uniformität und dem
Dunkel des Unbewußten haust.[27]

IV. The Global Village

Die Gutenberg-Galaxis endet mit dem Auftritt des Mediums
"Elektrizität"; eine historische Zäsur,[28] die auch eine qualitativ neue Stufe der Körperausweitung anzeigt. Denn das elektrische Netz stellt nach McLuhan ein "naturgetreues Modell"
des Zentralnervensystems dar, mit ihm verlegt der Mensch die

---

[27] Dieser Gedanke erinnert an die "Dialektik der Aufklärung". Im
      Mittelpunkt des Projektes von Adorno und Horkheimer steht die
      Idee einer Zivilisation, die auf der Unterdrückung zentraler
      Aspekte der menschlichen Natur aufgebaut ist. Odysseus läßt sich
      an den Mast seines Schiffes fesseln, um den Lockungen der Sire-
      nen zu entgehen. Dies dient den Autoren als Sinnbild der abend-
      ländischen Kultur der Selbst-Beherrschung. Dem rationalen
      Selbst gefährliche Anteile werden unterworfen und verdrängt statt
      bewältigt. Die so erzwungene Zivilisation ist janusköpfig, ihr an-
      deres Gesicht bleibt immer die nur zugedeckte Barbarei. Betont
      sei jedoch, daß die Parallelen zu der - McLuhan vermutlich unbe-
      kannten Schrift - nicht weit reichen. Die "Dialektik" basiert einer-
      seits auf einer völlig anderen Systematik als McLuhans teilweise
      grob pauschalisierende Kritik und ist andererseits durch ein ihm
      fremdes politisches Anliegen motiviert. Vgl. Max Horkheimer,
      Theodor W. Adorno: Dialektik der Aufklärung. Philosophische
      Fragmente, Frankfurt am Main 1969.
[28] McLuhans These vom Ende der Gutenberg-Galaxis ist von neue-
      ren Medientheorien weitgehend übernommen worden. Der Bruch
      wird jedoch nicht an der Elektrizität festgemacht, sondern an der
      Entwicklung neuer Speicher- und Übertragungsmedien, die das
      Leitmedium Buch sukzessive ablösten. Vgl. dazu Norbert Bolz:
      Am Ende der Gutenberg-Galaxis. Die Neuen Kommunikations-
      verhältnisse, München 1993.

seine Sinne koordinierende Instanz nach außen (1992, S. 59). Während es sich bei allen früheren Ausweitungen des Körpers - der Hand, des Fußes, des Auges - um einzelne Segmente handelte, die in separate Apparaturen umgesetzt wurden, stellt die Elektrizität einen Zusammenhang her. Gegenüber der "beschränkten" und "atomistischen" mechanischen Technik, die aus der Zerlegung von Bewegungsabläufen hervorging, ist die elektrische "total und umfassend" (1992, S. 75). Sie schafft eine "organische Einheit von ineinandergreifenden Abläufen", einen organischen Funktionszusammenhang (1992, S. 395). Revolutionär sind diese Veränderungen für McLuhan, weil sie dem Menschen ermöglichen, erstmals das Wesen der Technik und damit seine eigene Lage zu erkennen. Seit Beginn der Körperausweitung hatten die Medien den Menschen narkotisiert und ihm "Gefängnisse ohne Mauern errichtet" (1992, S. 32). Nunmehr ist eine Wende möglich:

"Aber es (das Zeitalter der Elektrizität, A.S.) ist bezeichnenderweise auch das Zeitalter, in dem wir uns des Unbewußten bewußt sind. Mit unserem systematisch betäubten Zentralnervensystem wird die Aufgabe des bewußten Erfassens und Ordnens auf das physische Leben des Menschen übertragen, so daß er zum erstenmal die Technik als eine Ausweitung seines natürlichen Körpers bewußt erlebt. Offenbar hätte es dazu vor dem Zeitalter der Elektrizität, das uns die Möglichkeit eines augenblicklichen Erfassens des Gesamtfeldes gab, nicht kommen können." (1992, S. 64)

Diese Sätze lassen zwei Deutungen zu, die sich (mosaikartig) ergänzend eine Erklärung ergeben. Gemeint sein könnte, daß das durch die Amputation betäubte ZNS keine Koordination mehr leisten kann und dieselbe daher das Bewußtsein übernehmen muß. Denkbar wäre auch, daß - wie schon beim Buchdruck - ein Analogieschluß vorliegt, der Medium und Erkenntnis parallelisiert: Die Elektrizität erzeugt ein organisches Ganzes, mit dem konfrontiert das Denken nicht länger bei analytischen Trennungen und Abgrenzungen stehen bleiben kann, sondern die Wechselwirkungen zwischen Mensch und Technik begreifen muß (1992, S. 22, 125). Diese Einsicht ist jedoch nicht mit einer Befreiung von Technik gleichzusetzen, denn die Verknüpfung der sinnlichen Wahrnehmung mit technischen Medien ist unauflösbar (1992, S. 75). Die Chance der Erkenntnis liegt nicht in der Überwindung der Medienwirkungen, sondern im bewußten Umgang mit ihnen. Zuerst gilt es jedoch, diese Chance zu ergreifen.

Das 20. Jahrhundert ist für McLuhan eine Zeit des Übergangs. Es befindet sich an der Grenze zweier Kulturen, denn die Gutenberg-Galaxis wurde zwar abgelöst, aber Wahrnehmungsschemata verschwinden nicht ad hoc, sondern überleben die eigene Gültigkeit (1995, S. 3). Phasen kultureller Umbrüche sind schwer zu bewältigen, denn der Zerfall der tradierten Kultur wirkt bedrohlich, ruft Verwirrung, Desorientierung und Hilflosigkeit hervor, das Neue erzeugt Angst (1969, S. 8). In dieser Situation tritt Konservatismus auf, weil das starre Festhalten am Alten scheinbar Sicherheit bietet (1995, S. 3). McLuhan sieht seine Zeit vollständig von einem "Rückspiegeldenken" beherrscht, das versucht, "die Aufgaben von heute mit den Werkzeugen von gestern und den Vorstellungen von gestern zu lösen" (1969, S. 9). Die "offizielle Kultur" zwinge die neuen Medien unter die Maßstäbe der alten: so werde das Fernsehen nach überholten Kriterien, nach seinem Inhalt beurteilt und zu Zwecken eingesetzt, die noch der Ära des Buches entstammen (1969, S. 94). Aus dieser Perspektive wären heute verbreitete kulturkritische und -pessimistische Theorien der neuen Medien, die auf dem höheren Wert der Buch-Kultur beharren, nutzlos und anachronistisch. Neil Postmans Ansatz zum Beispiel wäre demnach auf dem erkenntnistheoretischen Boden der Gutenberg-Galaxis zu verorten. McLuhan bezeichnet das rückwärts gewandte Denken als gefährlich, denn es verstärkt die Angst und enthält den Menschen das entscheidende Wissen über Medien vor (1969, S. 94, 100). Die Chance der Erkenntnis, die die neue Form der Technik bietet, kann nur erfolgreich genutzt werden, wenn die Herausforderung des Neuen auch angenommen wird. Dementsprechend ist es McLuhans Anliegen, in seinen Schriften Kenntnisse über die Wirkungsweisen alter und neuer Technologie zu vermitteln, eine Anleitung zum emanzipativen Mediengebrauch zu geben und damit die "Autonomie" des Menschen zu fördern. Ganz in der - eigentlich abgelehnten - Tradition der Aufklärung stehend, will er seinen Zeitgenossen zum "richtigen" Bewußtsein und so zu mehr Freiheit verhelfen (1992, S. 27, 68, 82; 1995, S. 4). Dieser missionarische Impetus wird vom Großteil seiner aktuellen Interpreten unterschlagen, weil er eher zum gegnerischen Lager der Technikkritiker paßt.[29]

Das "Rückspiegeldenken" steht im Gegensatz zu der durch die Elektrizität umstrukturierten Lebenswelt. Einzig der Jugend billigt McLuhan in den sechziger Jahren eine dem Neuen angemessene Haltung zu. Ihre Ablehnung der veralteten Form der Bildung und ihr "totales Engagement" entsprächen den Erfordernissen der Zeit (1969, S. 100).

"Das Streben unserer Zeit nach Ganzheit, Einfühlungsvermögen und Erlebnistiefe ist eine natürliche Begleiterscheinung der Technik der Elektrizität." (1992, S. 13)

Die Elektrizität ersetzt das mechanistische Prinzip der "Explosion" durch die "Implosion", die die Welt zu einem Dorf zusammenzieht. Die elektrische Vernetzung des Globus hat den Raum und die elektrische Geschwindigkeit die Zeit überwunden, beide Faktoren haben zur Aufhebung von Distanzen aller Art beigetragen. In der Folge werden Individualismus und Nationalismus, Erscheinungsformen der Buchdruck-Kultur sukzessive abgeschafft. An die Stelle der spezialisierten und atomisierten Zivilisation tritt das organische Ganze des globalen Dorfs (1992, S. 113). Der fragmentierte westliche "Augenmensch" wird so in die Form der oralen Stammesorganisation versetzt, in ein Netz "gegenseitiger Abhängigkeit", das die Dominanz des Gesichtssinns untergräbt (1992, S. 67). Dieser

---

[29] Vgl. dazu das McLuhan-Kapitel in: Norbert Bolz: Theorie der neuen Medien, München 1990. Einer der wenigen, die McLuhan als Aufklärer lesen, ist Frank Hartmann: Cyber. Philosophie. Medientheoretische Auslotungen, Wien, 1996, S. 111ff.

Rahmen begünstigt eine taktil ausgerichtete Wahrnehmung und trägt zur Rehabilitation zuvor verdrängter Gefühle bei, denn die "elektrische Schaltungstechnik verstrickt die Menschen tief ineinander" (1969, S. 63). Die gegenseitige Abhängigkeit fordert nach McLuhan Engagement und Anteilnahme am anderen, denn damit "sind wir aneinander beteiligt und füreinander verantwortlich geworden" (1969, S. 24). Auf diese Weise ist auch eine Öffentlichkeit, die sich aus der bloßen Addition im wesentlichen passiver Individuen ergibt, überholt. Möglich wird eine neue Form der Politik, die auf aktiver Teilnahme aller am öffentlichen Geschehen beruht (1969, S. 22). Das Medium, das diese Partizipation erlaubt, heißt Fernsehen.

> "Beim Fernsehen wird der aktive, erforschende Tastsinn erweitert, der alle Sinne zugleich und nicht bloß den Gesichtssinn einbezieht. Man muß »dabei« sein." (1969, S. 125)

Das "kühle" Medium Fernsehen verlangt nach McLuhan eine aktive Rezeption. Das Fernsehbild besteht im Unterschied zu Photographie und Film aus einem "mosaikartigen Maschennetz von hellen und dunklen Punkten" (1992, S. 358).[30] Es ist zweidimensional und unvollständig, so muß der Zuschauer selbst den Punkten eine Gestalt verleihen, indem er die "Lükken" des Netzes schließt und das Bild komplettiert (1992, S. 358). Da dieser Vorgang nicht visuell, sondern taktil stattfindet, bringt das Fernsehen ein "optimales Wechselspiel der Sinne mit sich" (1992, S. 379). Es beteiligt die "Gesamtperson" am Gezeigten und bietet daher optimale Bedingungen für eine neue Politik (1969, S. 125). Diese These befremdet nicht erst heute, McLuhans Schüler und Biograph Philip Marchand nennt sie "pseudoscientific" und berichtet, unter den Kollegen in Toronto habe der Scherz kursiert, McLuhan besitze ein sehr schlechtes Fernsehgerät.[31] Vermutlich sind seine Ideen auf die damalige Neuheit des Mediums zurückzuführen, als von der

---

[30] McLuhan hatte das Schwarz-Weiß-Fernsehen vor Augen.
[31] Marchand, 1989, S. 122, 123.

heutigen routinierten Behandlung als Möbelstück und "Null-medium" noch keine Rede sein konnte.

Trotz seiner hoffnungsvollen Einschätzung der medialen Situation des 20. Jahrhunderts gibt McLuhan keine eindeutigen Zukunftsprognosen ab. Für ihn bleibt offen, ob das vorhandene Potential positiver Entwicklungsmöglichkeiten zur Entfaltung kommen wird. Er malt jedoch aus, wie eine bessere zukünftige Welt aussehen könnte:

> "Denn es ist jetzt möglich, die Verhältnisse der Sinne untereinander so zu programmieren, daß sie dem Zustand des Bewußtseins nahekommen. (...) Wenn wir einmal unser Zentralnervensystem zur elektromagnetischen Technik ausgeweitet haben, ist es nur mehr ein Schritt zur Übertragung unseres Bewußtseins auch auf die Welt der Computer." (1992, S. 79)

Elektrische Technik bedeutet gleichzeitig Informationstechnik, denn die Elektrizität formte die Welt der Maschinen und Geräte nicht nur zu einem organischen Ganzen um, sondern transformierte das mechanische System auch zum Informationssystem (1992, S. 75). Der Computer könnte mithin die allgemeine Steuerung übernehmen.[32] Gemäß der Logik der Körperausweitung ist das Medium Computer als Ausweitung des Gehirns zu verstehen und stellt, obgleich McLuhan dies nicht explizit sagt, ihren Abschluß dar. Diese letzte Stufe der Entwicklung läßt die Interpretation ihrer Vollendung zu: Der Komplex der Technik tritt nun als komplettes Gegenstück des Menschen auf. Demzufolge wäre Ergebnis der Körperausweitung, daß der organische Zusammenhang der Technik nun gleich seinem Vorbild qua Gehirn lenkbar wird. Auch ohne die Annahme eines Telos oder einer Vollendung der Technikentwicklung steht McLuhans Denken im Gegensatz zu Me-

---

[32] Verglichen mit heutigen Standards befand sich die Computertechnologie in den sechziger Jahren in ihren Anfängen. McLuhan hat daher - gegenüber aktuelleren Medientheorien - unklare Vorstellungen vom Medium Computer und nur eine diffuse Idee des Programmierens.

dientheorien, die heute die Verselbständigung oder Übermacht der Technik beklagen. In dieser Richtung argumentieren zum Beispiel Virilio, der von der technischen "Kolonialisierung" des Körpers spricht,[33] oder Baudrillard, der den Menschen zum "ex-orbitanten" Wesen erklärt, von den technischen Prothesen aus seinem Leib vertrieben.[34] Nach McLuhan verhält es sich gerade umgekehrt, weil erst der technische Forschritt den Horizont eines selbstbestimmten Körpers eröffnet. Die Utopie der Programmierbarkeit zielt gerade darauf, den Körper von den nicht intendierten Einflüssen der Medien zu erlösen: programmiert werden soll das mediale "Klima". Die im 20. Jahrhundert entstandene Medienpluralität setzt die Wahrnehmung einer Vielfalt von Wirkungen aus. Die Effekte heißer oder kalter Medien sind unterschiedlich und variieren je nach Kontext. Ein heißes Medium kann in einer "kühlen Zivilisation" völlig andere Folgen haben als in einer "heißen" (1992, S. 45). Die Idee der Lenkung dieser Erscheinungen lautet:

> "Wir kommen sicher noch in den vorstellbaren Bereich einer Welt, die soweit automatisch gesteuert wird, daß wir sagen könnten: »Sechs Stunden weniger Radioprogramm nächste Woche in Indonesien, oder es kommt zu einem starken Nachlassen des Interesses an Literatur.« (...) Ganze Kulturen könnten so programmiert werden, um ihr emotionales Klima zu stabilisieren (...)." (1992, S. 42)

Der gezielte Einsatz verschiedener Medien soll der Neutralisierung ihrer Wirkung dienen und die sinnliche Wahrnehmung in einem taktilen Gleichgewicht halten. Als Programmierer kämen nur Künstler in Frage, die aufgrund ihrer speziellen Sensibilität allein für diese Aufgabe taugen. Sie ergreift die mediale Narkose nicht so stark wie andere Menschen, weil das Wissen der Kunst gerade auf dem Experimentieren mit der Wahrnehmung beruht (1992, S. 84). Künstler sind es auch, die mit Hilfe experimenteller Kombinationen verschie-

---

[33] Vgl. den Beitrag zu Virilio in diesem Band.
[34] Baudrillard, 1989, S. 115.

dener Medien die allgemeine Betäubung stellenweise aufheben
können. "Medienbastarde" brechen Routinen auf und führen
so zu einer bewußteren Wahrnehmung (1992, S. 71). Ein
"Schiffbruch der Gesellschaft" kann nach McLuhan verhindert
werden, wenn der Künstler seinen Elfenbeinturm verläßt und
den "Kontrollturm der Gesellschaft" übernimmt (1992, S. 83).
Seine Utopie macht letztlich jeden zum Künstler. Er antizi-
piert einen Zustand, genannt "Automation", in dem das Dasein des Menschen von "Lernen und Wissen" bestimmt sein
wird. Denn die Programmierung der Technik setzt dann Wissen und nicht etwa Arbeit voraus (1992, S. 76). In der Vision
vom automatisierten Weltdorf stellen Menschen Produkte ausschließlich durch Programmierung her (1992, S. 399). Diese
aus Informationen bestehende technische Welt hätte die Determinanten der Natur bezwungen, in ihr könnten alle Stoffe
beliebig transformiert oder produziert werden. Der Mensch
würde nicht mehr arbeiten, sondern erschaffen.

> "Es ist das Bild des Goldenen Zeitalters als einer Welt der voll-
> ständigen Metamorphose oder Übertragung der Natur in mensch-
> liche Kunst, die sich unserem Zeitalter der Elektrizität nun eröff-
> net." (1992, S. 77)

Parallelen zu dieser Utopie finden sich bei Vilém Flusser, dessen Idee einer "telematischen Gesellschaft" gerade auf der
freien Entfaltung des Menschen im Rahmen virtueller Welten
basiert.[35] Beide Positionen sind sich nahe, wenn sie den Homo
ludens dem Homo faber vorziehen. Für sie ist der spielende,
kreative Mensch, dem die Technik zur Realisation seiner rein
geistigen Produkte verhilft, wahrhaft frei, während der Homo
faber immer dem Naturzwang verhaftet bleibt. McLuhan und
Flusser geben so der Möglichkeit den Vorrang vor der Wirklichkeit; statt das technikinduzierte Verschwinden der Wirklichkeit zu beklagen, begrüßen sie das Aufscheinen virtueller
Möglichkeiten.

---

[35] Vgl. den Beitrag zu Flusser in diesem Band.

McLuhans Schüler und heutiger Nachfolger an der Universität Toronto, Derrick de Kerckhove, widmet in seinem Buch "Schriftgeburten" ein Kapitel der Frage nach der Bedeutung des Katholizismus für McLuhans Werk.[36] Er war im Alter von 25 Jahren zum Katholizismus konvertiert und nach Kerckhove ein tief gläubiger Mensch. Vielleicht erklärt dies seinen unerschütterlichen Optimismus:

> "Zeichen unserer Zeit ist die Auflehnung gegen aufgezwungene Schemata. Wir sind plötzlich darauf aus, daß Dinge und Menschen sich uns restlos erklären. Es liegt ein tiefer Glaube in dieser neuen Haltung - ein Glaube, der auf eine schließliche Harmonie aller Kreatur gerichtet ist." (1992, S. 13, 14)

A.S.

---

[36] Derrick de Kerckhove: "Marshall McLuhans Glaube an die Kirche", in: Schriftgeburten. Vom Alphabet zum Computer, München 1995.

Telematik. Vilém Flusser

Vilém Flusser ist ein Medienphilosoph, der seine Auffassungen aus einer unglaublichen Fülle von Bezügen entwickelt. Er argumentiert auf eine originelle Weise außerhalb jeder bloß fachspezifischen Sicht, läßt verbindliche Standards nicht gelten, operiert vielmehr frei mit aus unterschiedlichsten Wissensgebieten stammenden Termini, Begriffen und Theoremen. Natur- und Geisteswissenschaftliches (Sozialwissenschaftliches) durchdringen und überfluten sich. Nicht ohne Grund hatte auch die Festschrift zu seinem 70. Geburtstag, den er 1990 beging - im Herbst des folgenden Jahres verunglückte er bei Prag tödlich - den ironisch-verehrenden Titel "über flusser".[1] Er gehört zu jenen Denkern, die sich mit dem Vorsatz des "nach" - wie in "nachgeschichtlich" - als nicht mehr eindeutig lokalisierbar verstehen, sich vielmehr in einem nicht zielgerichteten, einem "unsystematischen" Prozeß offenen Denkens ständig an ihren Gegenstand annähern. Der Terminus "nachgeschichtlich" meint das Ende der (bisherigen) Geschichte. Mehrere Jahrhunderte gültige und verbindliche Auffassungen von (linearer) Entwicklung, oft "Fortschritt" genannt, sind an ihre Grenzen gelangt.

Flussers Annäherung an diesen heutigen Zustand besteht nun im Herausarbeiten einer Welt-, Menschen- und Gesellschaftssicht, die die Kommunikation ins Zentrum der Aufmerksamkeit rückt. Es geht ihm um Analyse und Wertung des Umgangs mit Informationen, der die Kultur der Kommunikation wie die Struktur der Medien prägt. Ausgehend von dieser Diagnose entwickelt er Szenarien, welche mögliche Tendenzen einer Menschheits- und Zivilisationsentwicklung umrei-

---

[1] Volker Rapsch (1990): über flusser. Die Festschrift zum 70. von Vilém Flusser. Düsseldorf 1990.

ßen und in Form besagter "offener Näherungen" erfaßt und
gestaltet werden könnten.

Die technischen Bilder

Die Nachgeschichtlichkeit, das "Ende der Geschichte" macht
Flusser vor allem an den Veränderungen der Wahrnehmungs-
und Vermittlungsweisen von Informationen aus. Er entwickelt
ein - wie er selbst eingesteht - stark vereinfachendes, aber dennoch schlüssiges Stufenmodell der Kulturgeschichte der Medien. Es ist vor allem ein Modell, das die "Entfremdung" des
Menschen vom Konkreten zum Abstrakten zu erfassen versucht. Der Mensch als Gattungswesen entfernt sich - begin-
nend als Vormensch vor etwa zweimillionen Jahren auf der
"Stufe des konkreten Erlebens" - aus der ihn direkt umgeben-
den, ihn "badenden Lebenswelt". Über eine Phase, die vom
Interesse an Gegenständen (dreidimensional) geprägt ist - der
bisher längsten, von vor zweimillionen bis vor vierzigtausend
Jahren während Epoche -, gelangte er auf die Stufe der "traditionellen Bilder" (zweidimensional). Diese Bilder, zum Beispiel die Höhlenmalerei, sind anschaulich und "imaginär". Sie
schieben sich zwischen die Lebenswelt und den Menschen,
sind die erste mediale Vermittlung. Mit dem Entstehen linearer Texte vor etwa viertausend Jahren schuf sich dann der
Mensch eine Vermittlungstechnik von Informationen, die bis
heute seine gesamte Kultur prägt. Es ist dies die Phase des
Begreifens mittels Begriffen, des Geschichte(n) Erzählens und
damit auch eines auftauchenden Geschichtsbewußtseins, das
ein linear gerichtetes, "eindimensionales" Medium - eben die
Schriftsprache - voraussetzt. Heute jedoch erreicht der Mensch
durch die technische Entwicklung die vorläufig letzte Stufe,
nämlich die der "technischen Bilder". Die Schriftkultur ist
aufgrund ihrer Unanschaulichkeit an ihre Grenzen gekommen, erlaubt keine weiteren Vermittlungen mehr. Die technischen Bilder dagegen sind im Begriff,

"(...) in Form von Fotos, Filmen, Videos, Fernsehschirmen und Computerterminals eine Funktion zu übernehmen, welche bislang von linearen Texten eingenommen wurde, (...) nämlich, die für die Gesellschaft und den einzelnen lebenswichtigen Informationen zu tragen." (1989a, S. 9)

Sie sind im Unterschied zu den traditionellen Bildern "nulldimensional", punktuell, weil sie aus Punktelementen synthetisiert werden. Die technischen Bilder entstehen als "Nachkömmlinge" der abstrakten Begriffe des "Schriftuniversums". Nicht mehr das Gesehene - oder sonstwie sinnlich Wahrgenommene - erzeugt das technische Bild, sondern ein auf der Grundlage begrifflicher Abstraktion entstandener Apparat. Die eigentlichen Produzenten der technischen Bilder sind aber jene Menschen, die den Apparat als eine "black box" bedienen: Sie wissen nicht, was im einzelnen in diesen Geräten vor sich geht, können sie aber in Gang setzen, "auslösen", um an der gewünschten Stelle diesen automatisch ablaufenden Prozeß zu unterbrechen. So entsteht Information in Gestalt des technischen Bildes. Diese Erzeuger nennt Flusser "'Einbildner". Es sind jene schöpferischen

"(...) Menschen, welche automatische Apparate gegen die Automation umzudrehen versuchen. Sie können ohne automatische Apparate nicht einbilden, denn das einzubildende >Material<, die Punktelemente, sind ohne Apparat-Tasten weder sichtbar noch faßbar, noch begreifbar." (a.a.O., S. 20f.)

Das "Ende der Geschichte", das mit dem Zuendegehen des linearen Schriftzeitalters zu tun hat, und das Auftauchen der "ungerichteten", ungeschichtlichen technischen Bilder - die "apokalyptisch" sind, weil sie dieses Ende anzeigen - haben aber für Flusser nichts Bedrohliches. Im Gegensatz zu "klassischen" Philosophen, Kultur- und Medienkritikern, die auf die Verluste innerhalb oder der ganzen "abendländischen" Kultur verweisen, bedauert er diese Veränderungen nicht. Er ist in dieser Hinsicht - obwohl er grundsätzlich einen existentialistischen Pessimismus vertritt - kein Pessimist. Er ist aber auch niemand, der im bloß automatischen Fortgang des heutigen Zustandes der Zivilisation eine lebbare und menschenwürdige Zukunft erblickt. Er gehört weder zu den "Apokalyptikern" noch zu den "Integrierten". Er verkörpert vielmehr eine dritte Möglichkeit neben den von Umberto Eco skizzierten kulturellen Antagonisten der Gegenwart. Flusser betont, daß - anstatt dem Zerbrechen und Verschwinden der alten Schriftkultur nachzutrauern - dem neu Auftauchenden unsere ganze Aufmerksamkeit zu widmen ist. Wenn ein lebbares Leben in Zukunft möglich sein soll, das heißt für ihn die Erhaltung der menschlichen Freiheit und Würde, dann muß man sich engagiert mit diesen gravierenden Veränderungen einlassen, um die Zukunft "heranzuholen" und sie zu gestalten. Flusser sieht vor allem in der Gestalt des "Einbildners" jenen "unspektakulären Revolutionär", der dies leisten kann. Dieser folgt nicht mehr, wie die bisherigen revolutionären Veränderer, irgendwelchen austauschbaren "großen Ideen", sondern widmet sich mit großer "Einbildungskraft" der Hervorbringung echter Informationen in Form der technischen Bilder.

Die Grundlage einer solchen zukünftig-zukunftsträchtigen Praxis ist die illusionslose Konstatierung des jetzigen Zustandes menschlicher Kommunikation. Flusser benutzt hierfür einen kulturanthropolgisch-epistemologischen (erkenntnistheoretischen) Ansatz. Die für den aktuellen Zustand der Zivilisation wichtigste menschliche Verhaltensweise, die "Geste des Suchens", ist in eine Krise geraten. Sie hat uns an die Schwelle des "Universums der technischen Bilder" gebracht, ist aber nicht mehr die geeignete Art und Weise um dieses ohne Beschädigung der menschlichen Freiheit und Würde zu betreten. Es ist eine Krise der modernen "geschichtlichen" Wissenschaft, der "Geste des revolutionären Bourgeois", die vor über fünfhundert Jahren begann. Diese "bourgeoise Geste des Suchens" ist mechanisch, also menschlich "uninteressant", da sie auf unbelebte Gegenstände zielt, um diese - laut Flusser - zu "informieren", in eine Form, eine Struktur zu bringen, um diese schließlich ökonomisch zu verwerten. Es ist dies auch die Geste der "reinen" Forschung: Ein erkennendes Subjekt pro-

duziert "objektive" Erkenntnis, um unbelebte Objekte zu ma-
nipulieren. Die Verbindung von Wissenschaft und Technik
hat in Form bisher außerordentlich erfolgreicher Technologien
einen neuen Gesellschaftszustand hervorgebracht, der als
"Technokratie" mittlerweile an seine Grenzen stößt. Die
"Geste des Suchens" ergreift nämlich nicht mehr nur die unbe-
lebten, sondern auch die belebten "Objekte"! Was an dieser
Geste in die Krise geraten ist, erkennt man spätestens bei den
"Rückkopplungen" moderner Großtechnologien, die eben primär auf wissenschaftlicher Grundlage entstanden sind: Nukle-
ar- und Gentechnologien, Telekommunikation und elektroni-
sche Informationsverarbeitung, die sogenannte Informatik.
Diese Technologien sind "vorurteilslos" und "wertfrei" durch
die "Geste des Suchens" entstanden - doch aufgrund besagter
Rückkopplungen geht dies in die existentiellen Bereiche des
Menschseins. Hierzu Vilém Flusser:

"Die Technokratie ist eine Gefahr, denn sie funktioniert. Die Gesellschaft wird in der Tat gegenständlich, wenn man sich ihr mit
einer ethisch neutralen Einstellung nähert. Sie wird ein objektiv
erkennbarer und manipulierbarer Apparat, der Mensch ein objektiv erkennbarer und manipulierbarer Funktionär. (...) Aber das ist
Wahnsinn. So eine Gesellschaft ist nicht jene Gesellschaft, die
uns interessiert, und so ein Mensch ist nicht jener Mensch, der
mit uns in der Welt lebt. (...) Die Geste des Suchens selber zeigt
gegenwärtig, daß die Objektivität verbrecherisch ist. Sie ist preis-
zugeben. Aber das allein kann die Struktur dieser Geste noch
nicht ändern. Denn sie ist ihrem Wesen nach Angleichung des
Subjekts an ein Objekt." (1991b, S. 261f.)

Für Flusser ist dieses "aufklärerische" Verhalten, das bis in die
Moderne dominant geblieben ist, die methodologische Grundlage der Krise. Die Annahme autonomer Subjekte wie autonomer Objekte führt zu Reduktion und Isolation von Wirk-
lichkeitsverhältnissen, zu Herstellung linearer Zweck-Ziel-
Relationen, zu mechanischer Kausalität - und zum Übersehen
von komplexen, nicht objektiv vollständig erfaßbaren Situa-
tionen. Subjekt und Objekt sind Extrapolationen aus einer

prinzipiell unauflösbaren Beziehung: Erst ein Subjekt macht ein Objekt zu diesem und erst ein Objekt entwirft ein Subjekt. Dies erst macht die Begriffe "Subjekt" und "Objekt" sinnvoll. Hierin folgt Flusser der Phänomenologie Husserls.

Nomadisches Denken

Der für Flusser - und für alle "nachgeschichtlichen", nicht-klassischen, nachstrukturalistischen, postmodernen, postrationalen, posthumanistischen usw. Denkhaltungen - typische Ansatz (um aus diesen blockierenden, sich selbst aufhebenden Diskursen, Wertordnungen und Strategien herauszukommen) ist die Aufgabe des Anspruchs auf "absolutes Wissen", auf eine knebelnde Sprachverbindlichkeit, ist eine Umkehrung klassischer Bedeutungen. Es ist der Übergang zu "epistemischen", sogenannten antirealistischen Wahrheitstheorien, welche "Wahrheit" mit Evidenz (etwas, das ein Urteil unmittelbar besitzt), mit Kohärenz (Gruppen von Aussagen stützen einander) und/oder mit Konsens (der pragmatischen Auffassung, daß eine "Wahrheit" langfristig von Vorteil ist) in Verbindung bringen. Es wird ein nomadisches, ein schweifendes Denken bevorzugt, ein Denken der Abweichung, der Differenz, der "Überschreitung" (Georges Bataille). Das heißt auch, daß Sprache einen mehr literarischen, einen engagierten, mitunter fast leidenschaftlichen Charakter bekommt und nur wenig mit der regulierten, terminologisch exakten, trockenen und starren Fachsprache von Spezialwissenschaften - inklusive der akademischen "klassischen" Philosophie - zu tun hat. Flussers Texte sind somit auch keine direkt nutzbaren Handlungsanweisungen. Es sind Näherungen ("Proximationen") an einen medial oft mehrfach gebrochenen Sachverhalt, Aussagen über Aussagen, Informationen von Informationen. Er weiß jedoch auch um die "Unschärfe", die bei diesen theoretischen Näherungen an komplexe Systeme auftritt: Das Nötige und das Unmögliche sind Pole, die nie erreicht werden, zwischen denen sich aber das Mögliche bewegt nach dem universellen Prinzip der

Neigung vom Unwahrscheinlichen zum Wahrscheinlichen hin - eine Tendenz und ein Verhältnis, das auch seinen Informationsbegriff und seine Auffassung von der Funktionsweise der Medien prägt. Verbindliche, klassisch wissenschaftliche, in sich ruhende und schlüssige Definitionen (als statistisch-paragraphisches Anwendungswissen), wird man bei Flusser vergeblich suchen. Sein Selbstverständnis als Medienphilosoph, als "unspektakulärer Revolutionär" und "Einbildner" geht in die Richtung des Bilder-und Metaphernprägens, des Provozierens, Desillusionierens, aber auch des Neugier-und Hoffnungmachens. Seine fließende Mehrsprachigkeit - zwischen Deutsch, Englisch, Französisch, Portugiesisch, Tschechisch pendelnd: Flusser als ein in Prag geborener deutschsprachiger Jude, der über London nach Brasilien emigrierte, dort mehrere Jahrzehnte lebte, dann nach Südfrankreich übersiedelte - läßt ihn sowieso als philosophischen Nomaden par excellence auftreten. Es ermöglicht ihm hinter der starren Struktur einzelner Worte verschiedener Sprachen dennoch den gemeinsamen aber auch differenten, von Kontexten und spezifischen Kulturkreisen überformten und "informierten" Sinnbezug zu entdekken und freizusetzen. So ist vieles an seinen Bedeutungsherleitungen etymologisches Spiel, das aber wieder sehr streng und verbindlich, mitunter fast dogmatisch aber auch willkürlich werden kann. So wirkt er "geistig", von der sprachkulturellen und intellektuellen Attitüde her, oft wie ein "klassischer" Philosoph - oder vielmehr: Philosophiehistoriker -, wenn er beispielsweise mit den "alten Griechen", vor allem Platon, um sich wirft, oder auf Kant, Hegel bis Husserl, Heidegger rekursiert. Andererseits wird er aber wieder sofort unkonventionell durch das Flechten zahlreicher "interdisziplinärer" Querverbindungen sowohl zu Kunst und Literatur, aber auch - und während seiner Entwicklung immer häufiger - zu Naturwissenschaft und Technik. Entscheidend ist für ihn dabei, daß Lebensprozesse- und Haltungen in Kulturformen erscheinen, die zwar immer komplexer bestimmt sind, aber gleichzeitig durch stärkere Technisierung vereinfacht, kodifiziert, normiert werden.

Aus dieser offenen phänomenologischen Haltung entsteht bei ihm zuerst ein sehr ambivalentes Verhältnis zu den auftauchenden Möglichkeiten. Die auf eine "nachgeschichtliche" Informationsgesellschaft hinführenden, "deutenden" Medientechnologien können sowohl die Gesellschaft zerstören, sie kollabieren, in einer sinnlosen Informationsflut ersticken lassen; sie können aber auch das menschliche Bewußtsein, seine ästhetische Erlebnisfähigkeit zu ungeahnten Höhen führen - etwas Unerwartbares und Unwahrscheinliches geschehen lassen. Das heißt in der Flusserschen Utopie, den Menschen erst seine wirkliche, seinen Möglichkeiten tatsächlich entsprechende Freiheit erreichen lassen, was für ihn philosophisch heißt, dem Tod widerstehen, unsterblich werden, indem das "Vergessen" überwunden wird. Diese scheinbar phantastischen, irrealen Möglichkeiten widersprechen aber keineswegs der in den verschlungenen Gedankengängen aufblitzenden Klarheit und Hellsichtigkeit. Sie sind vielmehr ein Element der als Szenarien "auf uns zueilenden Zukünfte" - wie sie Flusser in den beiden 1989 erschienenen Schriften "Vampyroteutis infernalis" und "Angenommen" entwickelt hat. Sie enthalten sowohl Bedrohung und Untergangsstimmungen als auch eine unüberschaubare Menge neuer Möglichkeiten, die, symbiotisch verknüpft, ungeheure Bewußtseinssprünge mit sich bringen könnten. Sein darin sich äußerndes Sendungsbewußtsein, das vom hohen Rang der technischen Revolutionen in der menschlichen Kulturgeschichte ausgeht, untermauert Flusser jedoch immer mit der sezierend genauen Darlegung ihrer Elemente und Grundlagen. An erster Stelle steht hierbei der Begriff der "Information", den er ganz spezifisch wie elementar zu fassen versucht.

Information und Entropie

Da Flusser an einer bloß fachspezifischen Beschreibung und anwendungsorientierten technischen Sicht auf Medien, Kommunikation und Information nicht interessiert ist, statt dessen das Wesentliche will und es zu durchdringen sucht, "überschreitet" er weit die Grenzen herkömmlicher Informatik und Kommunikationstheorie. Er will Gründe erfassen und an die Wurzel der Phänomene heran. So betreibt er folgerichtig seine Philosophie als eine Art Grundlagenwissenschaft, versucht nicht weiter hinterfragbare Grundkenntnisse eines aktuellen Wissenstandes als Ausgangspunkt und "roten Faden" seiner Argumentation zu nutzen. Das ist erst einmal nichts Außergewöhnliches, haben doch gerade besagte nachmoderne Theorieansätze - in Philosophie, Semantik, Kommunikationstheorie, Soziologie und Kunstkritik vor allem - ihre Originalität aus einer solchen interdisziplinären "heterologen" (Bataille) Anleihe. Beispielsweise machten innerhalb aktueller Kommunikations- bis Kunsttheorien und Kultursoziologien die ursprünglich aus der Evolutionsbiologie stammenden Begriffe "Autopoiesis" und "Kontingenz" (Selbstorganisation und "Selbstähnlichkeit") Furore und wurden als Erklärungsmuster gesellschaftlicher Phänomene herangezogen. Bei Flusser ist das Erklärungsbemühen zugleich noch elementarer wie universeller. Zunächst geht er dem Zentralbegriff Information sowohl phänomenologisch als auch etymologisch auf den Grund, indem er Information als eine elementare - und nicht bloß menschliche, sondern überhaupt universell-natürliche - Verhaltensweise und Qualität zu fassen versucht. Informieren heißt für ihn zunächst schlichtweg "Form in etwas zu bringen". Der Schuhmacher "informiert" den Schuh. Der Benutzer des Schuhs bekommt die Information, das heißt er dekodiert sie, ist der verstehende Empfänger, indem er den Schuh als Schuh nutzt. "Informieren" ist menschlich gesehen (fast) gleichzusetzen mit Arbeiten, Herstellen, Ordnung in ein amorphes Material bringen, es so in ein brauchbares Ding umzuformen, also etwas verfügbar werden zu lassen, indem es dem Chaos der Unverfügbarkeit der Stoffe, der bloßen Rohmaterialien entrissen wird. Dazu ist immer und in jedem Fall Energie vonnöten, wird Energie verbraucht.

Hier bietet sich nun der Schritt zu einer "grundlagenwissenschaftlichen" Anleihe fast von selbst an und Flusser bemüht einen Begriff, der in der Wissenschaftsentwicklung der letzten etwa dreißig Jahre eine immer größere Rolle zu spielen begann, dem immer mehr Beachtung geschenkt wurde, denn er ist so elementar wie universell zugleich; nämlich der Begriff der Entropie. Dieser Begriff meint etwas sehr Einfaches, "Evidentes", und dennoch handelt es sich bei dem, was er benennt, um etwas außerordentlich Komplexes und Verborgenes - eine nur an ihren Auswirkungen erkennbare Grundtatsache der Natur, allen uns zugänglichen Seins. Der Begriff wurde vor über einhundert Jahren auf einem speziellen Gebiet der Theoretischen Physik entwickelt - der sogenannten Wärmelehre - und im "Zweiten Hauptsatz der Thermodynamik", dem sogenannten Entropiesatz, von Rudolf Clausius formuliert. Er benennt in einem strengen Sinne die elementare Tatsache, daß es ein "Perpetuum mobile zweiter Art" nicht geben kann, das heißt, daß eine einmal in mechanische Leistung umgewandelte Wärmemenge nicht wieder im selben Umfang verfügbar ist. Energie geht zwar nie "verloren" (erster Hauptsatz der Thermodynamik - sogenannter Energieerhaltungssatz), aber sie ist nicht wieder in der gleichen Menge in denselben Prozeß, an derselben Stelle rückführbar; sie ist "zerstreut" im Gesamtgefüge der Welt vorhanden. Entropie meint also den irreversiblen Vorgang der Zerstreuung von Energie bei ihrer Nutzung und zugleich die grundlegende Eigenschaft der Makrowelt - der Welt, in der wir leben - in eine Richtung zu verlaufen. Entropie ist somit für das "verantwortlich", was wir als ablaufende, in eine einzige, unumkehrbare Richtung verfließende Zeit beobachten. In Physik, Kosmologie - und überhaupt allen Wissenschaften, die sich mit realen Prozessen beschäftigen - spricht man deshalb vom "entropischen Zeitpfeil". Da die Entropie eine solch simple wie faszinierende Grundtatsache ist, kann sie nun auch scheinbar problemlos in allen anderen neuen (oder reformierten alten) Wissensdisziplinen angewandt werden. Für Vilém Flusser ist sie informationstheoretisch das Basisargument und er benutzt diesen Begriff fast spielerisch durchgängig - um sowohl den medialen Grundzustand unserer Gesellschaft zu erläutern als auch um zukünftige Szenarien wie die "telematische Gesellschaft" zu begründen.

Da Entropie so elementar, letztlich begriffsunabhängig ist, wird sie - neben ihrer Nutzung beispielsweise sogar bei einer Neufassung des ökonomischen Wertes - auch in zahlreiche, scheinbar voneinander unabhängige Begriffspaare übersetzt, ohne von ihrem Sinn zu verlieren. Auf der einen Seite stehen solche Begriffe, die die "niedrige Entropie" benennen: Ordnung, Bestand, Verfügbarkeit, Unwahrscheinlichkeit und - für Flusser am bedeutsamsten - Information. Auf der anderen Seite in der Richtung, in welcher der entropische Prozeß verläuft, der "hohen Entropie", stehen folglich: Unordnung, Zerfall, Zerstreuung, Auflösung, Nichtverfügbarkeit, Wahrscheinlichkeit und Desinformation. Das eröffnet zahlreiche Formulierungsmöglichkeiten für entropische Prozesse: In einem geschlossenen physikalischen Realsystem - und man kann das ganze Universum als solches betrachten (muß aber nicht!) - verwandelt sich Ordnung (verfügbare Energie) in Unordnung (nichtverfügbare Energie). Dieser Vorgang ist "wahrscheinlich" - umgekehrt wäre er "unwahrscheilich". Daran knüpft Flusser seinen Informationsbegriff: "Information ist das Auftauchen des Unwahrscheinlichen". Desinformation - Kitsch, Rauschen, Begriffsmüll, Unsinn - wäre das Wahrscheinliche. In der Kosmologie - und das ist eine Formulierung, die Flusser gesellschafts- wie informationstheoretisch nutzt - spricht man deshalb vom wahrscheinlichen "Wärmetod" des Universums, der irgendwann einmal eintretenden völligen Verstreuung ehemals verfügbarer Energie. Es wäre das Stillstehen der Zeit, der Punkt der Zeitlosigkeit als Ende auch der Naturgeschichte. Der "Wärmetod" im informationstheoretischen Sinn ist dann so etwas wie die "Redundanz", die Null- oder Desinformation, die psychisch als Langeweile empfunden wird. Aber, so Flusser,

> "der Mensch ist ein Wesen, das gegen die sture Tendenz des Universums zur Desinformation engagiert ist. Seit der Mensch seine Hand gegen die ihn angehende Lebenswelt ausstreckte, um sie aufzuhalten, versucht er auf seinen Umstand Informationen zu drücken. Seine Antwort auf den >Wärmetod< und den Tod schlechthin ist: >informieren<." (1989a, S. 19)

In dieser informationstheoretischen Sicht des Menschen zeigt Flusser den Zusammenhang von Bedrohung und Rettung (der Möglichkeit des Überlebens der Zivilisation wie der gesamten Gattung Mensch - und zwar in "Freiheit und Würde") auf entropischer Grundlage. Er geht dabei von einer "Negentropie" allen Lebens aus - eines Begriffs, den der Physiker Erwin Schrödinger 1931 prägte. Lebendige Wesen sind auf ihrer Daseinsebene scheinbar gegen eine "positive" Entropie gerichtet: Sie schaffen aus sich selbst - aus ihrem eigenen Programm, das in ihrer genetischen Disposition steckt - "Ordnung", bilden einen kompliziert strukturierten Organismus aus mit dem bisherigen "Höhepunkt" der menschlichen Gattung und ganz speziell dem menschlichen Gehirn. In dieser Tatsache sieht Flusser die eigentliche Verheißung, die Chance zum Überleben in jeder Hinsicht. Diese Möglichkeit muß jedoch vom Menschen - je mehr er sich selbst sozial organisiert, eine von ihm strukturierte Gegenwelt (zur Natur) hervorbringt, die wieder der Entropie unterworfen ist - gestaltet werden. Hierauf fußt seine hypothetische Theorie einer "telematischen Gesellschaft". Der Mensch ist aufgrund seines Bewußtseins, der Befähigung zur Abstraktion in viel höherem Maße als alle anderen Lebewesen zur Umkehrung der Entropie in der Lage. Er ist nicht mehr in einer "Lebenswelt", sondern steht ihr gegenüber, wehrt sich gegen die Wirkung der Entropie, indem er immer mehr Informationen gegen diese richtet. Gerade die technischen Bilder, die in ihrem Grundcharakter synthetisch sind, wirken "(...) als Staudämme von Informationen, die im Dienste unserer Unsterblichkeit stehen." (a.a.O.) Der Mensch

verkörpert eine multiplizierte, von seinen Apparaten exponen-
tial verstärkte Negentropie, hat somit die Chance dem Vergessen und damit - informationstheoretisch - dem Tod zu entrin-
nen.

Neben dem Begriff der Entropie nutzt Flusser noch zwei weitere Grundauffassungen der aktuellen "nachklassischen" Physik, um seine medien- und informationstheoretischen Überlegungen zu begründen. Sie sind sehr eng miteinander verbunden, setzen sich teilweise gegenseitig sogar voraus. Es sind
dies die Korpuskel- und die Feldtheorie. Beide interpretiert
Flusser mehr oder weniger strukural, das heißt "vernachlässigt" einige, für weitreichende Schlußfolgerungen unüber-
windlichen Grenzen, so vor allem die Grenze der uns direkt
zugänglichen Makrowelt (die "Welt der großen Körper und
kleinen Geschwindigkeiten", wie Albert Einstein das aus-
drückte) und der subatomaren Mikrowelt (in welcher die eigentlichen energetischen Wechselwirkungen stattfinden und
die Stabilität dessen begründet ist, was wir "Materie" nennen).
Flusser nutzt nun mehr oder weniger dieses strukturale Prinzip, wenn er in seiner "Korpuskel"-Theorie die Quantelung
der Energiewirkung in Strahlungsfeldern, die Ausbreitung von
Photonen, Elektronen usw. als Vorbild für informatische Prozesse bemüht. Wir leben in einem zerstreubaren, aber auch
synthetisier- und in sich integrierbaren "Punkteuniversum".
Das ist seine Schlußfolgerung aus den hochgradig unanschau-
lichen, eigentlich "strukturalistisch" nicht weiter interpretier-
baren Auffassungen vor allem der Quantenmechanik. Unmittelbar damit verknüpft ist die Variante der Physik des 20.
Jahrhunderts die Welt als verschiedene, einander sich überla-
gernde Felder anzusehen. Reale Ereignisse und Erscheinungen
- vom Elementarteilchen bis zum massereichen Himmelskör-
per - sind nur "Verdichtungen" oder "Knoten" in diesen Ener-
giefeldern (den elektromagnetischen, Gravitations- usw. Fel-
dern). Da diese Auffassung auch in den naturwissenschaftli-
chen Nachbardisziplinen von der Biologie bis zur Psycholgie
(und sogar bis in nichtnaturwissenschaftlichen Bereichen (wie

Soziologie, Ökonomie oder eben Informatik)) mit Erfolg angewandt wurde, nutzt Flusser sie grundlegend zur Erklärung seiner Medien- und Kommunikationsmodelle. "Relationsfelder", "Beziehungsnetze", "Streuungsfelder" sind die Organisationsformen und Wirkungsstrukturen sowohl der technischen Bilder - die ja im Unterschied zu traditionell-imaginären Bildern aus Punktelementen synthetisiert, das heißt bei Flusser "kalkuliert" und "komputiert" werden - als auch der "telematischen Gesellschaft". (Eine ironisch-surrealistische Variante der Feldtheorie bietet er im vierzehnten Szenario seiner Schift "Angenommen" unter dem Titel "VIEHZUCHT"!). "Punktuell" ist aber auch der Vorgang des "Kalkulierens" (von calculi, Steinchen) und erst recht der des "Komputierens" selbst. Diese für das "Universum der technischen Bilder" - in dem wir langsam ankommen - typischen Gesten sind charakterisiert als Zerstreuung eines Vorganges in diskrete Schritte. Wir bearbeiten keine Gegenstände mehr (dreidimensional), machen keine traditionell-imaginären Bilder (zweidimensional), sondern berühren mit den Fingerspitzen die Tasten, Schalter, Druckknöpfe u.ä. von Apparaten. Das wird auch durch den Begriff "Digitalisierung" (von digitalis, mit den Fingern) deutlich. Diese Handhabung des Punktuellen ist sowohl durch die Apparatestruktur vorgeschrieben als auch durch diese hindurch - beispielsweise auf die zu "informierende" Software - gerichtet.

Die ersten Apparate, die dieses Prinzip verwirklichten, entstanden völlig unabhängig voneinander in der ersten Hälfte des 19. Jahrhunderts. Erst heute, auf elektronisch-digitaler Grundlage, kann man laut Flusser erkennen, daß diese nur zwei Seiten ein und der selben Medaille sind, also auch ohne weitere Probleme ineinander umgewandelt werden können; nämlich der Photoapparat und der Telegraph.

"Beide (...) beruhen auf einer Programmierung von Punktelementen, die sie zu Symbolen verschlüsseln (der Fotoapparat zu zweidimensionalen Einbildungscodes, der Telegraf zu linearen vom Typ Morse). Daher werfen beide Apparate die historischen Kategorien des sich in der Zeit entfaltenden Raums über den Haufen, und damit auch die Struktur der geschichtlichen Gesellschaft von räumlich und zeitlich voneinander getrennten Gruppen. Beide, Foto- und Telegrafen, stellen neue Gesellschaftsstrukturen her, dank denen alle Menschen überall zugleich sind. (...) Und doch ist es den Leuten damals nicht eingefallen, daß Fotografien telegrafiert werden können. (...) Die Konvergenz von Bildern und Telekommunikationsmethoden ist so neu, daß wir sie noch nicht als ein kulturelles, sondern als ein technischen Phänomen erleben. (...) Die technischen Bilder empfangen, sie synthetisieren und weitergeben wird in Kürze zu einer programmierten Geste des Tastendrückens werden." (1989a, S. 67f)

Damit plädiert Flusser für ein offensives Benutzen der Apparate, die aber selbst immer "unduchsichtiger" werden und letztlich im Typ Computer aufgehen können. Die Apparate bleiben zwar immer "Idioten", da sie stur den in ihnen "informierten" Programmen folgen - Rechenmaschinen sind, die dem Nutzer nur das geben, was sie können -, aber sie eröffnen nicht zuletzt durch die Möglichkeit weltweiter Vernetzung Chancen, auf ein hinter ihnen Stehendes zu weisen und ihre "Einbildner" in einem globalen Dialog zu vernetzen. Damit aber diese Möglichkeit im "Universum der technischen Bilder" Realität wird, ist ein neuer Typ von Gesellschaft notwendig.

Die telematische Gesellschaft

Vom Standpunkt der Kommunikation aus gesehen, kann - laut Flusser - jede Gesellschaftsstruktur als ein Zusammenspiel von Diskursen und Dialogen betrachtet werden. Letztere erzeugen Informationen, eine Funktion der sogenannten Autoren in den bisherigen Gesellschaften. Erstere verbreiten diese, sind die Weitergabe und Zerstreuung dieser Informationen - des "Unwahrscheinlichen", das durch die Verbreitung immer "wahrscheinlicher" wird. Nach diesen "kommunikologischen Kriterien" ergeben sich vereinfacht drei Typen von Gesellschaft, die jeweils andere epistemologische, ethische, politische und ästhetische Folgen haben. Die ideale Gesellschaft war in der

Vergangenheit - besonders der der Schriftkultur - jene gewesen, die zwischen Dialogen und Diskursen eine Balance herstellen konnte. Sie ließ beispielsweise einen öffentlichen politischen Raum zu, in den man sich begibt um Informationen frei zu erhalten, um diese dann im privaten Dialog zu hinterfragen und neue Informationen herzustellen. Der Gesellschaftstyp, in dem die Diskurse dominieren, ist dagegen starr und autoritär, da weitgehend die Dialoge fehlen, welche die Diskurse verändern und speisen könnten. Diese unterliegen dadurch voll der Entropie. Es sind die katholischen, totalitären, faschistischen Gesellschaften, die die Entstehung von Informationen in Dialogen unterbinden. Sie sind beharrend und konservativ. Im informationstheoretischen, aber meist auch im politisch-ideologischen Sinne sind sie monostrukturell "für alle" - was ja "katholisch", kat holon, bedeutet - und gebündelt - von fasces, Bündel (von einem zentralen Sender gehen Strahlenbündel aus, an deren Enden die voneinander isolierten Empfänger sitzen, die somit kontrollierbar sind und nicht miteinander in einen Dialog treten können!). Die dialogischen Gesellschaften sind dann in den meisten Fällen die revolutionären, in denen die alten Diskurse zerbrochen werden und dialogisch das Neue auftaucht.

Der jetzt aufscheinende Gesellschaftstyp, der durch das Vorhandensein der technischen Bilder möglich wird, ist charakterisiert durch das Prinzip der Telematik. Telematik ist ein Kunstwort aus Telekommunikation und Informatik und meint eine neuartige kommunikative Komplexität, die auf dem Prinzip des Apparates und der Automation von Medien beruht. Bereits in ihrer gegenwärtigen Form macht sie zahlreiche gewohnte Dinge und Verrichtungen überflüssig: Informationen auf Papier (inklusive Bargeld), die persönliche Anwesenheit auf Ämtern (letztlich diese selber), beim Einkauf, bald auch bei politischen Wahlen (letztlich ebenfalls diese selbst) usw.. Dennoch bleibt die eigentliche Verwirklichung der Telematik, die echte "Informationsgesellschaft", bislang Utopie - und wird es in letzter Konsequenz auch immer bleiben. Der kommunikative Zustand der heutigen Gesellschaften ist ein sehr labiler. Die technischen Bilder verbreiten sich rasant, bestimmen mittlerweile Wahrnehmungsweisen und soziales Verhalten, sind nicht mehr Ausdruck, Abglanz, Imagination, sondern Quelle, Muster, haben "Einbildungskraft". Sie sind aber weitestgehend (noch) diskursiv geschaltet. Dieser "Schaltplan" verhindert die Entfaltung der Telematik, da er eine dialogische Vernetzung der Menschen selbst nicht zuläßt oder gar erfordert; die Menschen sind fast ausschließlich nur Empfänger, werden, da sie am Ende der von den Sendern ausgehenden Strahlenbündel Information erwarten, "zerstreut" und vermasst. Es handelt sich

"(...) um eine Strategie der Sender, die dialogische Funktion der technischen Bilder den imperativen Diskursen der Sender unterzuordnen. Die dialogischen Netze sollen die diskursiven Strahlenbündel stützen." (1989a, S. 68)

Was sind heute die Sender, laut Flusser? Es sind erst einmal "Gesellschaftszentren". Sie werden aber nicht mehr von einer klassischen Autorität erfüllt, sondern gehorchen der Automatik ablaufender Programme. Es "(...) sind Wattebäusche, in welchen Apparate und Funktionäre laut Vorschrift Vorschriften kalkulieren und komputieren." (a.a.O.S. 62) Das ist allerdings ganz "natürlich", denn diese zirkuläre Verkettung gehorcht der Entropie, ist also das Wahrscheinliche. Die Bilder in dieser Struktur vermitteln nichts, was die Entropie aufhalten könnte, nämlich echte Information. Es gibt jedoch in den derzeitigen Gesellschaften noch einen starken Konsens zugunsten der "Zerstreuung", der bloßen Unterhaltung - gegen die Information, die "Sammlung". Es ist der Konsens zwischen Mensch und Bild:

"Der Verkehr zwischen Bild und Mensch ist das Zentralproblem der von technischen Bildern beherrschten Gesellschaft. Er ist der Punkt, von dem aus es möglich ist, die emportauchende >Informationsgesellschaft< umzustrukurieren und menschenwürdig zu gestalten." (a.a.O., S. 52)

Das Problem liegt - so meint Flusser - also nicht bei den Apparaten. Die ließen sich technisch gesehen "problemlos" "(...) so umbiegen, daß sie der Gesellschaft dienen. Sie lassen sich technisch zu einer >demokratischen Funktion< umformen." (a.a.O., S. 66) Was allerdings dann eine eindeutige politische Frage wäre, das heißt, einen neuartigen Konsens verlangen würde und die Bereitschaft und Fähigkeit zum kritischen Empfang der technischen Bilder - nicht mehr ihrer Faszination ausgeliefert zu sein - voraussetzen müßte. Dieser unentschiedenen heutigen Situation setzt Flusser nun - als ein für die Telematik engagierter "Einbildner" - eine furiose, aber nie ins technische Detail gehende Utopie einer telematischen Weltgesellschaft entgegen. Sie ist in der Form gehalten, die Flusser selbst als "Philosophiefiktion" bezeichnet, eine "science fiction von hohem Niveau" (Abraham Moles).[2] Sie hat phantastische Züge, ist von frei schweifenden Wunschbildern geleitet - die meines Erachtens durchaus und verständlicherweise auch sehr persönliche Züge besitzen -, verbindet unorthodox und ungewöhnlich unbesorgt Anleihen aus den verschiedensten Wissensgebieten, unterwirft aber zugleich komplexe Theorien sehr knappen, mitunter holzschnittartigen schlichten eigenen Definitionen. Dabei fällt auch immer wieder auf, daß er so gut wie keine Bezüge zu "benachbarten", dem gleichen Thema verplichteten Theorien und Denkansätzen herstellt. Sein eigener Text ist so auch alles andere als "dialogisch". Es ist ein Monolog aus einer sich kreisenden Fülle "zufälligen", unsystematischen, aphoristischen, kurz: postmodernen Wissens heraus. Der Entwurf einer telematischen Gesellschaft erscheint somit auch nicht als "wahrscheinliche" (an konkrete, empirische ermittelte Daten rückgekoppelte) Vision, sondern vielmehr als ein Glaubensbekenntnis und eine Hoffnung, die ihre Faszination aus ihrer "Unwahrscheinlichkeit" bezieht. Aber auf diese Unwahrscheinlichkeit als initiative Kraft zielt ja Flussers ganzes argumentative Bemühen.

---

[2] Vgl. ders. in: Rapsch (1990), S. 53-62.

Was sind nun einige fixierbare Merkmale und Eigenschaften einer zukünftigen telematischen Gesellschaft? Beginnen wir mit den nachvollziehbar näher am Möglichen liegenden Charakteristika:

- "Eine telematische Gesellschaft wäre ein dialogisches Spiel in methodischer Suche nach neuen Informationen. Diese disziplinierte Suche kann "Freiheit" genannt werden und die Richtung der Suche >Absicht<.(...) Der Mensch wird zum erstenmal in der Lage sein, methodisch, nach einer auf Erkenntnis fußenden Technik (...), Informationen zu erzeugen. Die Informationen werden sich wie eine sich steigernde Flut gegen die Entropie ergießen. Wenn man den Menschen als negativ entropische Tendenz definiert, dann wird dort der Mensch zum erstenmal tatsächlich Mensch sein, nämlich ein Spieler mit Informationen; und die telematische Gesellschaft (...) die erste tatsächlich freie Gesellschaft." (a.a.O., S. 80)

- Die telematische Gesellschaft hat eine völlig undurchsichtige, weil völlig vernetzte dialogische Struktur. In ihr gibt es deshalb auch keine "herrschenden" und sonstigen Autoritäten mehr. Diese Gesellschaft lenkt sich selbsttätig, "kybernetisch". Sie funktioniert wirtschaftlich, indem sie "nur" ihr Gesamtinteresse verfolgt. "Schaffen" und sogar "Entscheiden" sind automatisiert.

- Sie führt einen "inneren Dialog" aller Gesellschaftsmitglieder untereinander. Es ist ein "verantwortungsvolles Wechselspiel", in dem jeder potentiell und augenblicklich überall und jederzeit sein kann. Telematik ist eine Art "kosmisches Hirn". Die biologisch vergänglichen Körper werden immer unwichtiger. Alles Voluminöse wird schrumpfen. Die Apparate miniaturisieren immer mehr. Das Erleben zerebralisiert sich, wird dadurch immer reicher, schneller, intensiver. Der Mensch wird "un-bedingt" sein. Es ist ein endgültiges Verneinen des Objektiven, was eine "reine Ästhetik" entfalten läßt als die tasächliche Würde des "Geistes".

- Schule (als die Ideen, die echte Informationen anschauende Muße) und Feier, Akademie (im ursprünglichen Sinne) und Sabbat (der "Tempel aus Zeit") verbinden sich und ver-

schwimmen ineinander. Es ist die "(...) Telematik, welche erlaubt, zwecklos, müßig, feierlich durch Bilder hindurch uns
im anderen zu erkennen. (...) Daher wird, wenn einmal die
telematische Gesellschaft tatsächlich da ist, nicht mehr von
>Eigenprogramm< zu sprechen sein, sondern von >Anderpro-
gramm<". (...) Wir sind vielleicht daran, auf dem seltsamen
Umweg über die Telematik zum >eigentlichen< Menschsein,
das heißt zum feierlichen Dasein für den anderen, zum zweck-
losen Spiel mit anderen für andere zurückzufinden." (1989a,
S. 129-132)

Eine sachliche, durch wahrscheinliche Technologieentwick-
lung begründete Vision mündet hier bei Flusser in eine fast
hymnische Preisung der telematischen Gesellschaft. Die religiösen Komponenten dieser Gesellschafts- und Kulturvision
unterstreicht dabei Flusser selbst. Uns im anderen zu erkennen
ist für Flusser, der im traditionellen konfessionsgebundenen
Sinne nicht religiös ist, die Erkenntnis Gottes. Das Begreifen
des "Mit-andern-in-der-Welt-Seins" ist die Voraussetzung für
praktizierte Nächstenliebe, auf der Flusser auch seinen Kommunikationsbegriff aufbaut, indem er bemerkt, daß "Ohne die
Geste des Liebens (...) jede kommunikative Geste ein Irrtum"
ist (1991b, S. 98). Kommunikation ist das wechselseitige Ge-
meinsam-mit-anderen-sein. Das begreift Flusser als Wert an
sich und als eine Voraussetzung für menschliche Freiheit und
Würde. Aus dieser Haltung erwächst auch sein Grundver-
ständnis der Medien.
    Sie sollen im Sinne des Wortes Mittel mit der Fähigkeit zur
Vermittlung sein. So ist - wie gezeigt - seine Wertung des gegenwärtigen Zustandes der Kommunikation als spezifische
Nutzung von Medien prinzipiell kritisch. Er sieht diesen Zustand als Krise, die den Moment darstellt, in dem Neues auf-
zutauchen beginnt, das es zu entfalten gilt. Er sah seine Aufgabe darin, desillusioniert-hoffend für dieses Neue neugierig
zu machen, eine Ahnung der ungeahnten Möglichkeiten beim
Betreten des "Universums der technischen Bilder" zu wecken.
Philosophisch dabei für Flusser ist, daß er seine Einsichten auf

sich selbst anzuwenden versuchte. Nicht zuletzt deshalb - und wegen der Präferierung von Spiel, Kunst und Ästhetik als Bezugsgrößen eines Lebensstils und wegen seiner literarischen Sprache - galt er seit spätestens Anfang der 80er Jahre als wichtiger Anreger im intellektuellen Kunstbetrieb. Mit der Thematisierung eines nomadischen Denk- und Lebensstils (so in seiner Schrift "Bodenlos") plädierte er für kommunikative Beweglichkeit. Die hat er natürlich schon aufgrund seiner - hier nur angedeuteten - "bewegten" Lebensgeschichte fast "automatisch" verinnerlicht. Wahrnahme von sich mitunter fast gegenseitig ausschließenden Wissens- und Arbeitsbereichen gehörte ebenso dazu wie ein von ihm selbst auch unüberschaubares Universum an Bekanntschaften, Freundschaften, "dialogischen Beziehungen". Das entsprach auch vollständig seiner theoretischen Auffassung, daß das einzelne Individuum eigentlich nur "eine Schnittstelle", "ein Knotenpunkt" in einem Netz von Beziehungen und Bezügen sein kann und von daher auch seine persönliche Identität erhält. Flusser betrachtet die lebendige Kommunikation als ein aus sich heraus entstehendes und seiner Eigendynamik folgendes wesentliches Verhalten des Menschen. In der Möglichkeit dies frei und selbstbestimmt zu gestalten, sah er eine elementare Voraussetzung für die Aufrechterhaltung der menschlichen Würde. Im Auftauchen der neuen elektronischen Medien, der Computerisierung und der sich entfaltenden Synthetisierung völlig neu strukturierter "technischer Bilder" entdeckte er keine essentielle Beeinträchtigung dieser Würde. Die Gefahr meinte er vielmehr im Verpassen der Chancen der telematischen Technologien wahrzunehmen. Die unaufhaltsame Eigendynamik technologischer Forschung und Entwicklung macht es geradezu notwendig, sehr wach und mit einem unverstellten, unmittelbaren und nicht ängstlichen Zugriff "einbildend" und "informierend" einzugreifen. Eine große Hoffnung setzte Flusser hierbei auf die mit der Entfaltung der Telematik einhergehende Aufhebung der Trennung von Wissenschaft, Politik und Kunst. In diesem "Feld von Möglichkeiten" erkannte er auch die von telematischen Apparaten - hochleistungsfähigen Re-

chenmaschinen - erzeugte neue Konkretheit, die nicht mehr
an die Trägheit materieller Grundlagen geknüpft ist. Das syn-
thetisierte technische Bild ist eine Rückkehr zum Konkreten,
die Flusser utopisch weiterzuträumen versuchte, indem er der
inneren Logik dieser technischen Bilder und der letztlich hinter ihnen stehenden Engagiertheit des Menschen gegen die
Entropie, gegen Verfall, Auflösung, Zerstreuung folgte. Diese
Suche im utopischen Sinne setzte er mit Freiheit gleich:

"Aber im neuen Denken stellt sich die Freiheit ganz anders, nämlich als Möglichkeit, aus einem chaotischen Feld von Möglichkeiten Wirkliches herzustellen. Die Frage heißt dann nicht mehr
Freiheit wovon, sondern Freiheit wofür. Und der Gegensatz zu
Freiheit ist dann nicht mehr Bedingung, sondern Zufall. Das ist
eine vollkommen neue, besser: neu ins Bewußtsein gedrungene
Fragestellung nach der Freiheit. Freiheit als kreatives Engagement, Freiheit als die Möglichkeit, Virtualitäten zu realisieren,
nicht nur draußen in der Welt, sondern auch in mir." (über flusser
S. 46)

Bernd Rosner

Infotainment. Neil Postman

Medienökologie

Neil Postman, der im deutschsprachigen Raum durch die beiden Bücher "Das Verschwinden der Kindheit" und "Wir amüsieren uns zu Tode" bekannt geworden ist, versteht sich als Medienökologe. Grundlegend hierbei ist der Gedanke, daß Medien immer eine ganz bestimmte (Um)welt hervorbringen. Sie können die öffentliche Kommunikation und die sie umgebende "Landschaft" verschmutzen (1992b, S. 41), ein ökologisches Gleichgewicht stören bzw. es umgekehrt auch erst produzieren. Unabhängig davon, wie einzelne Menschen Medien nutzen, üben sie auf das gesellschaftliche Klima eine Wirkung aus. Will man also eine Kultur untersuchen, das bedeutet für Postman ihre Stärken und Schwächen beurteilen, so muß man sich mit den Werkzeugen ihres kommunikativen Austauschs beschäftigen. Der Autor knüpft hier an Marshall McLuhan und Harold Innis an, deren Forschungsschwerpunkt darin lag, die Medien selbst zu untersuchen, ihre Symbole und ihre Formen freizulegen. Diese Betrachtungsweise stand in scharfem Gegensatz zu den bis in die späten 60er Jahre und heute wieder aktuell gewordenen Ansätzen der Massenkommunikationsforschung, nämlich dem "Stimulus-Response" und dem "uses-and-gratifications"[1] Ansatz. Demgegenüber vertritt Postman das McLuhan Diktum "das Medium ist die Botschaft", wobei er folgende Korrektur hinzufügt:

---

[1] Fragt der Stimulus-Response-Ansatz: "Was macht das Medium mit dem Menschen?", beschäftigt sich der uses-and-gratifications-approach mit der Frage: "Was machen die Menschen mit den Medien?" Zur Wirkungs- und Nutzungsforschung vgl. ad 1 u.a.: Klaus Merten (1991, S. 35-55) und ad 2 u.a.: Jay Blumler & Elihu Katz (1994).

"Eine Botschaft macht eine bestimmte, konkrete Aussage über die Welt. Die Formen unserer Medien und die Symbole, durch die sie einen Austausch ermöglichen, machen jedoch keine derartigen Aussagen. Eher gleichen sie Metaphern, die ebenso unaufdringlich wie machtvoll ihre spezifischen Realitätsdefinitionen stillschweigend durchsetzen." (a.a.O., S. 19/20)

Die Medien-Metaphern gliedern die Welt, ohne daß wir es recht merken, nehmen sie Einfluß auf unser Leben. In ihnen verbirgt sich eine "Epistemologie"[2], indem sie eine ganz bestimmte Beschaffenheit der Wirklichkeit und der Wahrheit vermitteln. Was Postman als Metapher bezeichnet, heißt bei Ernst Cassirer, der in diesem Zusammenhang auch zitiert wird, Symbol.

"Er (der Mensch, D.K.) lebt so sehr in sprachlichen Formen, in Kunstwerken, in mythischen Symbolen, daß er nichts erfahren oder erblicken kann, außer durch Zwischenschaltung dieser künstlichen Medien."[3]

Die Medien prägen demnach (heimlich) nicht nur die gesamte Kultur und das soziale Milieu einer Gesellschaft, sondern der Mensch selbst ist nicht denkbar ohne Medien, in und mit denen er seine Erfahrungen macht und diesen Ausdruck verleiht. Vor der Schrift, dem Buchdruck, den optisch-elektronischen Medien und den Computern ist das bedeutendste Medium die Sprache. Sie bestimmt ursprünglich die menschliche Wahrnehmung, schafft Bedeutungen, kodifiziert Ein- und Zuordnungen, strukturiert die Beziehung der Dinge, der Welt, die uns umgibt. Postman erwähnt im Zusammenhang dieser Überlegungen gerne die "Sapir/Whorf Hypothese". Sapir und Whorf, zwei Anthropologen, kamen auf der Grundlage ethnologischer Studien zu dem Ergebnis, daß jede Sprache ihrer-

---

[2] "Die Epistemologie ist eine komplexe, einigermaßen undurchsichtige Wissenschaft, die sich mit den Ursprüngen und der Natur von Wissen und Erkenntnis beschäftigt." (1992b, S. 27)

[3] Cassirer, 1960, S. 39.

seits eine einmalige Art der Wahrnehmung von Realität hervorbringt. In diesem Sinne produziert jedes Sprachsystem eine eigene "Sprach-Welt", so daß wir letztendlich innerhalb der Schranken unserer sprachlichen Spielräume leben.

> "Sprache ist reine Ideologie. Sie lehrt uns nicht nur, welche Namen die Dinge haben, sondern auch - und dies ist noch wichtiger -, welche Dinge überhaupt benannt werden können." (1992a, S. 134)

Mit ihrer Hilfe werden Dinge kulturell sichtbar gemacht oder verborgen. Damit kommt der Autor 1992 zu dem zurück, was er bereits 1969 in seinem Buch "Teaching as a Subversive Activity"[4] ausgeführt hat. Nach feststehenden grammatischen Regeln Sätze zu bilden, nach einer definierten Logik Fragen zu stellen, sind "Funktionsweisen" einer jeweiligen Sprache, die unsere Erkenntnis unbewußt bestimmen. Postman, der sich hier wie auch in seinem jüngsten Buch "The End of Education" ausdrücklich an pädagogisch Arbeitende richtet, bezieht sich deutlich auf John Dewey, der davon ausging, daß wichtiger als der Lerninhalt die Art und Weise sei, wie gelernt wird. Der Modus der Vermittlung wird hier als die entscheidende Komponente für die soziale und psychologische Bedeutung einer Botschaft verstanden, er determiniert ihren Inhalt. Dieser Gedanke wird jedoch von Postman radikalisiert, indem er ihn auf die Gesellschaft als Ganze bezieht. Das, was wir denken, fühlen und tun, die Organisationsform unserer politischen und sozialen Systeme, unsere Vorstellungen über Raum und Zeit müssen in eindeutiger Abhängigkeit von Medien begriffen werden. Denn die Medien sind der bestimmende Faktor dafür, wie in einer Kultur Wissen und Erfahrungen kommunizierbar gemacht werden. "Unsere Sprachen sind unsere Medien. Unsere Medien sind unsere Metaphern. Unsere Metaphern schaffen den Inhalt unserer Kultur" (1992b, S. 25).

---

[4] Deutsch: Fragen und Lernen - Die Schule als kritische Anstalt, zs. mit Charles Weingartner, 1972.

Ein Medium ist folglich sowohl ein Behälter/Vehikel/Werk-
zeug (eine Form, in der Information "verpackt" und vermittelt
wird, vgl. 1995a, S. 178) als auch eine Ersatzsprache (Buchdruck, Telegraphie, Photographie, Radio, Film, Fernsehen,
Computer sind Ersatzsprachen, a.a.O., S. 117f.), die einen Inhalt auf eine ganz bestimmte Art und Weise übersetzt. Postman macht hiermit keine klare Trennung zwischen einem
physikalischen Medienbegriff (Transport) und einem gramma-
tikalischen Medienbegriff (Übersetzung/Kode).[5] Diese sogenannte Ersatzsprache läßt je nach ihrer "Art" bestimmte Möglichkeiten des Denkens und Fühlens zu oder eben nicht. Damit
wird jedem Medium eine innere Tendenz zugeschrieben,

> "(...) eine Neigung, die Welt so und nicht anders zu konstruieren,
> bestimmte Dinge höher zu bewerten als andere, einer bestimmten
> Auffassung, einer bestimmten Fertigkeit, einer bestimmten Ein-
> stellung mehr Gewicht beizumessen als anderen." (1992a, S. 21)

Medien sind also niemals neutral, in ihrer materiellen *Form*
sind ganz bestimmte Nutzungs- und Deutungsmöglichkeiten
angelegt. Das bedeutet jedoch nicht, daß die Art ihrer Nutzung
ein für allemal feststünde oder daß es keine Mitsprache gäbe,
stets werden sie auch durch das soziale, politische und ökonomische System bestimmt, in das man sie einführt (vgl. 1992c,
S. 21). Dieser Aspekt bleibt allerdings in den Ausführungen
Postmans marginal.

Medien nicht als neutrale Übermittler von Informationen zu
verstehen war die Idee von Harold Innis. Er schuf die Grundlage für diesen damals ganz neuen Ansatz im Verständnis der
Medien.[6] Innis untersuchte den Zusammenhang zwischen
bestimmten Macht- und Kontrollmechanismen (Wissensmo-
nopolen) vor dem Hintergrund der Art der materiellen Träger
von Kommunikation und das Verhältnis der Medien zu Raum
und Zeit.

---

[5]   Vgl. hierzu Umberto Eco, 1988, S. 259f.
[6]   Vgl. Ders: The Bias Of Communication (Toronto, 1951)

"A medium of communication has an important influence on the dissemination of knowledge over space and over time and it becomes necessary to study its characteristics in order to appraise its influence in its cultural setting." (1951, S. 33)

Sein Ergebnis war, daß eine Verbindung, ein "bias", existiert zwischen entweder raum- oder zeitbezogegen Medien und den die sozialen und politischen Bereiche bestimmenden Strukturen. "Time biased" Medien wie beispielsweise Hieroglyphen führten zu kleinen, räumlich begrenzten Gesellschaften. Demgegenüber erlaubte ein "space based" Medium wie Papyrus den Römern die Ausdehnung ihres Reiches. Die Erkenntnis, daß die Einführung neuer Medien stets zu gravierenden gesellschaftlichen Veränderungen geführt hat, wird von Marshall McLuhan übernommen, der seine 1962 veröffentlichte "Gutenberg-Galaxy" als Fußnote zu Innis verstanden wissen wollte. McLuhans Interesse lag darin deutlich zu machen, daß einzelne Medien die Sinnesorganisation, die Synästhesie - verstanden als ein Zusammenspiel der Einzelsinne - des Menschen beeinflussen und damit ihr Bewußtsein verändern. Doch Postman interessieren weniger die Wirkungen der Medien auf einzelne menschliche Sinne als vielmehr deren Einfluß auf bestimmte Bereiche des sozialen Lebens. Hier lassen sich deutliche Bezüge zu Joshua Meyrowitz herstellen, ohne daß auf diesen verwiesen würde. Meyrowitz, der bei Postman promovierte, veröffentlichte 1985 sein Buch, das im englischen Original den doppelsinnigen Titel "No Sense of Place" trägt. Es beschreibt die Umstrukturierung menschlichen Verhaltens bezogen auf das Fernsehen. Dieses schafft eine neue "bühnenartige" Informationsumwelt, bewirkt eine ungeheure Veränderung des "Orts-Sinns", bzw. letztendlich dessen totale Auslöschung. Vor allem aber macht seine Untersuchung deutlich, daß soziologische Kategorien (Sozialisation, Gruppenzugehörigkeit, Geschlechterverhältnis und Wissenshierarchien) für eine Gesellschaftsanalyse nicht ausreichen, wenn sie nicht die kulturbestimmenden Medien mit berücksichtigen. Allein diesen widmet Postman seine Ausführungen.

Seine "Methode" besteht nun darin, auf der Grundlage der hier skizzierten Gedankenlinien Geschichten zu erzählen. Geschichten über die Geschichte der Menschheit, die der Vergangenheit Bedeutung zuschreiben, die Gegenwart erklären und für die Zukunft eine Orientierung liefern. Postman geht es darum in einer Zeit, die an KulturAIDS (Anti-Information-Defekt-Syndrom) und "Multikulturalismus"[7] leidet, an Hand von einfach verständlichen Erzählungen, Probleme deutlich zu machen und Lösungen aufzuzeigen. So schreibt er:

> "Die Medienökologie speziell dient dem Zweck, Geschichten über die Folgeerscheinungen von Technologien zu erzählen; zu schildern, wie Medienumwelten neue Kontexte hervorbringen, (...) die uns besser oder schlechter, klüger oder dümmer, freier oder versklavter machen können." (1988a, S. 31)[8]

Medienrevolutionen

Postman begreift Medienwirkungen nicht als singulär, sondern als die Gesellschaft und den Menschen gleichermaßen fundamental beeinflussend. Sie verändern sowohl die für eine Kultur relevanten Inhalte, als auch "das Wesen der Gemeinschaft", "die Arena, in der sich Gedanken entfalten" (1992a, S. 28), denn jedes Medium ist wiederum von ganz bestimmten Institution eingebunden, deren Aufbau und Existenz die von der jeweiligen Medientechnologie propagierten Weltsicht widerspiegelt. Wie sich diese Mutationen vollziehen, ist Postmans Thema. Seine Bücher beschreiben in welchem Sinn und in welcher Weise jeweils neu auftauchende Medien das Individuum (die Familie), besonders aber die Gesellschaft und die

---

[7] Postman versteht unter "Multikulturalismus" eine extrem dogmatische (amerikanische) Bewegung, die die Geschichte Amerikas als eine Historie von Rassismus, Ungerechtigkeit und Gewalt verstanden wissen will (1995a, S. 78ff.).

[8] Vgl. zum deutschsprachigen Medienökologie-Ansatz: Kurt Lüscher u. Michael Wehrspaun (1985, S. 187ff.).

Politik bedingen bzw. umstrukturieren. Sind die Auswirkungen der durch die neu auftauchenden Medien in Gang gebrachten Veränderungen so fundamental, daß bestehende soziale und politische Gegebenheiten umgestürzt werden, spricht Postman von Medienrevolutionen. Drei verschiedene Medienrevolutionen, die auf jeweils einer zentralen Medientechnologie basieren, sind für die Geschichte der letzten fünfhundert Jahre relevant: die des Buchdrucks, die der optisch-elektronischen Medien und die der Computer.

Obwohl Europa bereits eine zweitausend Jahre alte Alphabetschrift und eine reiche Handschriftenüberlieferung besaß, führte Gutenbergs Erfindung für Postman zu den radikalsten Umwandlungen des geistigen und sozialen Lebens in der abendländischen Kultur. Sie indizierte das Ende des "dunklen" Mittelalters. Denn durch die Typographie entstanden ein neues Bewußtsein - nämlich das einer auf Vernunft gründenden Individualität -, die modernen Wissenschaften und ein auf Disziplin und Unterweisung beruhendes Sozialgefüge.

Der Zusammenhang zwischen der Typographie und dem Bewußtsein von Individualität bestand zunächst darin, daß die Buchdruckerwerkstätten eine bis dahin unbekannte Form von Texten, nämlich Zeitungen und Bekenntnisliteratur, produzierten. Bis zu diesem Zeitpunkt hatte es keine Tradition individuell autorisierter schriftlicher Kommentare und Offenbarung gegeben, keine als persönlich markierten Aussagen, die ein breiteres Lesepublikum fanden. Die handschriftliche oder Manuskript-Kultur hatte keine Vorstellung von geistigen Eigentumsrechten und damit von geistiger Individualität. In der Bekenntnisliteratur wurden erstmals unser Selbst, unsere unverwechselbare Persönlichkeit, zu einem Gegenstand des Nachdendenkens. Montaignes Schriften sieht Postman beispielhaft hierfür. Intimste Gedanken und innerste Empfindungen werden artikuliert, reflektiert und veröffentlicht. Der zum Autor gewordene Schriftsteller inszeniert sich auf eine bis dahin unbekannte Art und Weise als "Propagandist seiner selbst" und reflektiert sich als "Individuum, das im Gegensatz zur Gemeinschaft steht" (1983, S. 37). Zeitgleich mit dem bei den Schriftstellern durch die Druckerpresse freigesetzten gesteigerten und ungehemmten Selbstbewußtsein erzeugte sie eine ähnliche Haltung auch bei den Lesern. Vor der Zeit der Druckerpresse war die zwischenmenschliche Kommunikation in feste, soziale Kontexte eingebunden und funktionierte in weiten Teilen auf dem Prinzip der Mündlichkeit. Denn da, wo gelesen wurde, existierte ein Vorleser und ein Publikum, das zuhörte. Das heißt: Lektüre war mündlich, Lektüre war in einen sozialen Kontexkt eingebunden und Lektüre war dialogisch organisiert. Erst mit dem gedruckten Wort, der damit steigenden Verbreitung von Büchern und der zunehmenden Literalität setzte sich das isolierte Lesen im privaten Raum durch. Plötzlich wurde eine individuelle Rezeption und Interpretation von Informationen möglich, während die von Oralität (von Kommunion) bestimmten Kommunikationsverhältnisse des Mittelalters allmählich verschwanden. Postman setzt hier eine radikale Zäsur. Das Buch trat seiner Meinung nach an die Stelle des gesprochenen Wortes, die Mündlichkeit verstummte und der Leser zog sich schweigend in seinen eigenen Kopf zurück. Damit erzeugte der Buchdruck in der Produktion wie im Gebrauch

> "(...) eine Umwelt, in der die Ansprüche der Individualität unwiderstehlich werden. Damit will ich nicht sagen, daß die Druckerpresse den Individualismus erzeugt hat, wohl aber, daß der Individualismus jetzt zu einer regulären, akzeptierten psychischen und psychologischen Struktur wurde." (a.a.O., S. 38)

Bezogen auf das Sozialgefüge war ein Effekt der individuell lesbar gewordenen Texte der Zusammenbruch der alten Wissensmonopole. Der Protestantismus zeigt diese Veränderungen paradigmatisch auf. Die Autorität der (katholischen) Kirche geriet ins Wanken. Für Postman ist der Protestantismus selbst logische Konsequenz des Buchdrucks.

> "Denn wenn es je einen Fall gegeben hat, in dem ein Medium und eine Botschaft ihrer Tendenz nach genau übereinstimmen, dann

die Beziehung zwischen Druckerpresse und Protestantismus."
(a.a.0., S. 45)

Die Bibel wurde vom Lateinischen in die jeweiligen Landessprachen übersetzt und gedruckt, so daß das Wort Gottes nun
jeder Familie auf den Küchentisch (a.a.O.) kam. Damit war
man nicht länger auf die Deutung des Papsttums oder einer
Priester-Elite angewiesen. Die Bibel wurde das direkte Instrument, über das und mit dem jeder einzelne autonom nachdenken konnte. Erst das reproduzierbar gewordene Buch ermöglichte die Loslösung von (kirchlichen) Autoritäten. Ergebnis
des Zusammenbruchs dieser alten Wissensmonopole, sowie
einer zunehmenden Existenz von Büchern und einer schnelle-
ren Kommunikation zwischen den Wissenschaftlern, waren
die Texte von Kopernikus, Galilei, Bacon, Kepler und Descartes. Sie schufen die Grundlagen für die modernen Naturwis-
senschaften und entfachten die Hoffnung die Welt sei, jenseits
von religiösen Vorstellungen, verstehbar, berechenbar und be-
herrschbar (1992b, S. 69).
  Auch die Texte selbst veränderten sich durch die Typographie. Eine neue Methode Inhalte zu organisieren, Kapitel,
Verzeichnisse, Paginierung (die Einführung arabischer Zahlen, um die Seiten zu numerieren), eine standardisierte Orthographie und Grammatik brachten eine enorm verbesserte Lesbarkeit. Klarheit und Logik der Anordnung von Gedanken, ein
deutlich strukturierter Aufbau führten dazu, daß sich ein neuer
Denkstil herausbildete, der für den modernen Menschen maß-
gebend werden sollte. Denn der Lesende ist für Postman per se
konzentriert, analytisch, diszipliniert und logisch denkend. Er
erfaßt Bedeutungen ohne ästhetische Ablenkungen, er ist außerdem in der Lage, sich unvoreingenommen, objektiv zum
Text zu stellen, um die entscheidenden Argumente beurteilen
zu können.

"Und wenn man sich ein Urteil über ein Argument bildet, dann
muß man fähig sein, mehreres gleichzeitig zu tun: Man muß das
endgültige Urteil aufschieben, bis das Argument vollständig entfaltet ist; man muß Fragen im Kopf behalten, bis man geklärt hat,

ob, wo und wann der Text sie beanwortet; man muß die eigenen
einschlägigen Erfahrungen auf den Text anwenden und seine Behauptungen an ihnen überprüfen." (a.a.O., S. 38)

Intelligenz innerhalb einer Buchkultur bedeutet also, sich in
der Sphäre der Begriffe und Verallgemeinerungen auszuken-
nen und ein logisch-diszipliniertes, methodisches Vorgehen zu
entwickeln.

Die zunehmende Verbreitung und Vereinfachung von Texten führten jedoch vor allem zu einer Demokratisierung von
Wissen. Der "literatus", der des Lesens und Schreibens Kun-
dige, war geschaffen worden und erfuhr Dinge, mit denen er
bisher nicht in Berührung gekommen war, von denen er nichts
geahnt hatte. Eine "Wissensexplosion" war die Folge, die jedoch - und dies ist der entscheidende Punkt für Postman im
Unterschied zur "elektronischen Wissensexplosion" - durch
Institutionen aufgefangen wurde. Die Schule entstand als
(neuer) Ort der Informationsselektion und Hierarchisierung
von Informationen, und die Aufgabe der Familie änderte sich
dergestalt, daß die Eltern nun die Rolle von "Wächtern, Be-
schützern und Pflegern" zur Regulierung und Organisation
von Information erhielten (1992a, S. 85). Erst mit der Typographie entstehen Kindheit und Erwachsensein als soziale
Kategorien, denn erst mit der Druckerpresse war eine neue Art
der Erwachsenheit[9] entstanden: Sie wurde erworben mit der
Alphabetisiertheit.

"In einer literalen Welt müssen Kinder erst zu Erwachsenen *wer-*
den; in einer nicht-literalen Welt dagegen ist es unnötig, zwischen
Kindern und Erwachsenen genau zu unterscheiden, denn es gibt
nur wenige Geheimnisse, und die Kultur braucht ihre Angehöri-
gen nicht erst darin zu unterweisen, wie sie selbst zu begreifen
ist". (1983, S. 23)

Die Schriftkultur trennt die Welt derjenigen, die das Lesen
und Schreiben und damit auch das richtige Denken beherr-

---

[9] Deutsche Übersetzung von "adulthood".

schen, ab von denjenigen, die diese Technik nicht beherrschen. Die literalisierten Erwachsenen (Pädagogen/Eltern) bestimmen ab diesem Zeitpunkt, was gut und was richtig ist zu wissen. Literalität wird institutionell verankert (Schule) und garantiert sowohl Bildung als auch "civilité", was für Postman besonders heißt Herausbildung eines Schamgefühls.

Die Typographie war folglich mitnichten ein neutraler Informationsträger. Es entstand, verglichen mit dem auf Oralität beruhenden Mittelalter, in dem laut Postman weder alt noch jung lesen konnten, und das Leben aller sich im Hier und Jetzt, im Unmittelbaren und Lokalen abspielte, eine völlig neue Kommunikationswelt. Denn die Information wurde unabhängig von der direkten, zwischenmenschlichen Kommunikation. An die Stelle der gesprochenen Sprache trat der gedruckte Text. Er fing die Zeit ein, wurde verläßlicher Erinnerungsspeicher, verknüpfte die Gegenwart mit der Vergangenheit und der Zukunft. Das Individuum war informationstechnisch unabhängig geworden und trat sich selbst und der Welt gegenüber in kritische Distanz. Vernunft und Urteilsvermögen, Wissen und Intelligenz wurden durch entsprechende Institutionen gefördert. Der Mensch, seine Seele, seine Wunsch- und Glaubensvorstellungen, seine Utopien etc. wurden Thema von Literatur. Beobachtbare und meßbare Phänomene wurden Gegenstand der modernen Wissenschaften. Und das Gemeinwesen, "die Arena", in der sich Gedanken entfalteten, veränderte sich durch die "Printing Revolution" dergestalt, daß der moderne Nationalstaat entstand - denn auch "Muttersprache" war ein Produkt der Druckerkunst (1983, S. 44) - und die Demokratie. Wie die Idee einer funktionstüchtigen Demokratie abhängig ist von einer durch Bücher, Lese- und Schreibfähigkeit dominierten Kultur, zeigt Postman am Beispiel der amerikanischen Geschichte.

Amerikas Gründerväter waren Intellektuelle. Für sie bedeutete die Fähigkeit mit dem gedruckten Wort umgehen zu können die Voraussetzung für die Teilnahme am öffentlichen Leben. Menschen, die nicht lesen konnten, wurden von Wahlen ausgeschlossen. Reifes Staatsbürgertum ohne entwickelte Bil-

dung, ohne Literalität erschien unvorstellbar. Postman erwähnt in diesem Zusammenhang die hohe Dichte an Lese-
und Schreibschulen, an Bibliotheken, an Vortragssäälen und
die hohen Auflagen der ersten politischen Schriften und Bücher. So wurden beispielsweise hunderttausend Exemplare von
Thomas Paines "Common Sense" innerhalb von zwei Monaten
im Jahre 1776 verkauft, was heute (1985) einer Stückzahl von
acht Millionen verkaufter Bücher entspräche, um prozentual
einen gleich großen Anteil der Bevölkerung zu erreichen. Das
brennende Interesse an politischen Büchern, und zwar in allen
Gesellschaftsklassen, zeigt für Postman an, wie hoch das Bil-
dungsniveau der damaligen Bevölkerung war. Dieser Zustand
hielt sich bis weit ins 19. Jahrhundert, solange das Buch das
Informationsmonopol hatte, denn alle öffentlichen Angelegenheiten wurden über Bücher bzw. Zeitungen kanalisiert.
Neben dem Gedruckten existierte kein anderes Massenmedium, kein Film, kein Radio, kein Fernsehen. So konnte einzig
das geschriebene und gedruckte Wort das Muster und der
Maßstab für jede öffentliche Äußerung sein. Doch welche
Auswirkungen hatte dies nun auf den öffentliche Diskurs?
Welche Denk- und Wahrnehmungsstile fördert es?

Texte, und die Redekunst der Politiker der ersten Stunde
beruhte auf Texten, haben für Postman grundsätzlich einen
Inhalt, einen semantischen, mit anderen Wörtern wiederzuge-
benden, aussagekräftigen Inhalt. Texte zeichnen sich - seiner
Meinung nach - durch einen argumentativen Stil, eine inhä-
rente Logik und eine grundsätzliche Kohärenz aus. Sie implizieren eine eigene Stellungnahme, indem man sie verstehen
muß und sie erzeugen einen Kontext, der die Frage wahr oder
falsch, logisch oder unlogisch zuläßt. Postman zeigt anhand
von Beispielen, daß die Ansprachen und Diskussionen eines
Lincoln oder Douglas eine Sprache pflegten, die klar und analytisch ist, die mit großem Verständnis auf Probleme verweist
und komplizierte Sachverhalte klar und nachvollziehbar zur
Darstellung bringt (1992b, S. 62ff.). Seiner Meinung nach ist
überall da, wo die an der Strenge des Buchdrucks orientierte
Sprache eine Kultur dominiert, ein klarer Gedanke, eine Tat-

sache, eine überprüfbare Behauptung das unvermeidliche Ergebnis von politischen Überlegungen.

"Infolgedessen ist ein sprachbestimmter Diskurs, wie er im 18.
und 19. Jahrhundert für Amerika charakteristisch war, in der Regel mit Inhalt befrachtet und ernsthaft (...)" (a.a.O., S. 67)

Jeder geschriebene Text und jede Rede will verstanden werden, ist ein Appell an die Vernunft des Individuums. Der Leser ist mit intellektueller Wachsamkeit gewappnet, indem er
sein eigenes Wissen mobilisiert, um einen Text auf seine
Wahrhaftigkeit, seine Logik und seine argumentative Stärke
hin zu überprüfen. Da Lesen für Postman den direkten Zugang
zum Verstand impliziert, ist es eine genuin ernsthafte und rationale Tätigkeit.

Ein weiteres Argument für den vernunftbestimmten Grundcharakter der Bücherwelt ist die Tatsache, daß Lesen immer
ein Akt der Konzentration ist. Früher allerdings in weit stär-
kerem Maße als heute, da das Lesen streng ritualisiert war und
zielorientiert funktionierte. Der Farmerjunge, der mit einem
Buch in der Hand dem Pflug folgt, die Mutter, die ihrer Familie Sonntags etwas vorliest, der Kaufmann, der die neusten
Meldungen über zuletzt eingetroffene Waren studiert, sind für
Postman die Idealleser.

"Für sie war das Lesen sowohl ein Modell der Welt wie auch die
Verbindung zu ihr. Wort für Wort, Zeile für Zeile, Seite für Seite
zeigte das Buch oder die Zeitung, daß die Welt ein ernsthafter,
kohärenter Ort war, der sich mit Vernunft einrichten und durch
verständige, angemessene Kritik verbessern ließ." (a.a.O., S. 81)

Und so konnten Amerikas erste Politiker ihre Ideen in einem
ernsthaften öffentlichen Austausch vor einem Auditiorium er-
örtern, das qua Wissen und qua Konzentrationsfähigkeit in der
Lage war, stundenlange Diskussionen mit höchstem Engagement zu verfolgen. Denn die Buchdruckkultur hatte in Amerika die Intelligenz hervorgebracht, die dem objektiven, rationalen Gebrauch des Verstandes Vorrang gab und einen öffentli-

chen Diskurs förderte, der auf ernsthaften logisch-geordneten Inhalten basierte. Politik ist somit für Postman unabdingbar verknüpft mit einem am gedruckten Wort orientierten öffentlichen Diskurs. Das gedruckte Wort ist *das* Medium des Urteilsvermögens, welches abhängig ist vom Bildungsgrad. Der Bildungsgrad aber wiederum bemißt sich am Bücherwissen. Postman nennt diese Zeit das "Zeitalter der Erörterung", das allein durch den Buchdruck ermöglicht, gestärkt und kultiviert wurde. Doch dieses "Zeitalter der Erörterung" ist vorüber. Neue Medien setzten sich durch, es kamen andere Kommunikationsformen und -inhalte zum tragen, und das Wesen der Gemeinschaft änderte sich.

Die Erfindung des Telegraphen durch Samuel Finley Bresse Morse und die der Photographie durch Louis Daguerre brachten eine neue Informationsumwelt, die im Laufe des 20. Jahrhunderts die Buchkultur an die Peripherie der Kultur drängte. Mit der Telegraphie veränderten sich sowohl die Zeit- als auch die Raumdimensionen der Kommunikation total. Elektronische Botschaften transportieren Nachrichten in einer bis dahin nicht bekannten Geschwindigkeit. Fakten drängten sich ins Bewußtsein und wurden von anderen wieder verdrängt und zwar in einem Tempo, das eine eingehende Prüfung weder zuläßt noch fordert. Die Sprache der Telegraphie ist die des schnellen Stakkato, der Inkohärenz, der zerbrochenen Zeit und der zerbrochenen Aufmerksamkeit. Nachrichten kommen irgendwo aus dem nirgendwo. Bis dato war jede Informationsvermittlung an einen Körper, an einen materiellen Träger gekoppelt, nun war sie körperlos, immateriell geworden. Nachrichten hatten keine identifizierbaren Quellen mehr. Aus der persönlichen (autorisierten) Information war eine anonyme Ware geworden. Damit entstand ein Publikum - der Massenmensch, dessen Identität in einem kollektiven Ganzen verschwimmt - und ein Markt für aufgesplitterte, zusammenhanglose und im großen und ganzen belanglose Nachrichten. Da Auslese und Kontrolle der rasant produzierten Informationen unmöglich geworden war, gab es auch keine sinnvollen bzw.

durchschaubaren Organisationsprinzipien der Informationsselektion mehr.

Parallel zum Auf- und Ausbau der elektronischen Kommunikation vollzog sich die "optische Revolution". Sie stellte eine noch mächtigere Bedrohung des Gutenberg-Universums dar, da sie *die Form* der Information selbst verändert. Sie brachte die "Umschmelzung der Welt der Ideen" in eine Welt ">lichtgeschwinder< Symbole und Bilder" (1983, S. 87). Diese Entwicklung hat für Postman eine noch größere Bedeutung, denn während die Übermittlungsgeschwindigkeit der elektronischen Informationen deren Handhabung unmöglich machte, veränderte sich durch das in Massenproduktion gefertigte Bild die Information selbst: vom Diskursiven zum Nicht-Diskursiven, von der Satzform zur Bildform, von der Abstraktion zur Konkretion, von der Logik zur Emotionalität. Mit den massenhaft auftretenden Bildern kommt in die Gesellschaft ein alles durchdringendes Moment der Irrationalität.

"Man kann es nicht oft genug wiederholen: anders als der gesprochene oder geschriebene Satz ist das Bild unwiderlegbar. Es stellt keine Behauptung auf, es verweist nicht auf ein Gegenteil oder die Negation seiner selbst, es muß keinerlei Plausibilitätsregeln und keiner Logik genügen.

In einem gewissen Sinne kann man daher Bilder und andere visuelle Darstellungen (...) als >in kognitiver Hinsicht regressiv< bezeichnen, zumindest wenn man sie mit dem gedruckten Wort vergleicht." (a.a.O., S. 87)

Das Fernsehen, das sich spätestens ab 1950 einen festen Platz in den amerikanischen Haushalten erobert hat, ist für Postman das Medium, in dem die elektronische und die optische Revolution aufeinanderstoßen. Es hat sich gegenüber allen anderen Medien durchgesetzt, das Informationsmonopol "erkämpft" und ist damit kulturbestimmend geworden. So wie die Druckerpresse das Europa des 16. Jahrhunderts fundamental prägte, wirkte sich nun das Fernsehen gravierend auf die Gesellschaft aus.

"Nach dem Aufkommen des Fernsehens waren die Vereinigten Staaten kein Amerika plus Fernsehen, vielmehr gab das Fernsehen jedem Wahlfeldzug, jedem Zuhause, jeder Schule, jeder Kirche und jedem Industriezweig eine neue Färbung." (1992a, S. 26)

Wie veränderten sich nun die Symbole, die Kommunikationsstrukturen und -inhalte? Welche Auswirkungen hatte dies auf die Politik? Der wichtigste Punkt in diesem Zusammenhang ist, daß Fernsehen für Postman ein bildbestimmtes Medium darstellt. Denn in erster Linie dadurch kommt es zu einer Neubestimmung dessen, was vormals unter einem vernünftigen, politischen Urteil verstanden wurde. Wo das Fernsehbild regiert, wird der Zuschauer gänzlich von nicht-verbaler Information in Anspruch genommen, ja überwältigt. Die Aufmerksamkeit wird nicht wie bei der Schrift auf eine Abfolge logisch, abstrakter, distanzierter und komplexer Gedanken gelenkt, sondern auf bildgewordene Ereignisse und Informationen, besonders aber auf konkret anschauliche Personen. Statt einer intellektuellen Erfahrung und Anstrengung als direkte Reaktion auf schriftliche Reden provoziert das Bildmedium Fernsehen ausschließlich ästhetische Reaktionen. Für Politiker bedeutet dies, daß es nur noch darum geht, ob sie gut aussehen und sympathisch wirken. Deshalb haben jene, die sich um politische Ämter bemühen, Image-Manager, die die Bilder planen, die sich im öffentlichen Bewußtsein festsetzen sollen. Sie bestimmen, wie Politiker sich am vorteilhaftesten kleiden, schminken, wie sie lächeln, stehen, zu sprechen haben. "Jene, die Götter sein möchten, verwandeln sich in Bilder, die sie so zeigen, wie die Zuschauer sie sehen wollen." (1992b, S. 166) Fürderhin geht es in der politischen Welt zu wie auf einer Bühne, auf der gutes Aussehen und Prominenz allein entscheidend werden, und so paßt der Ausspruch von Ronald Reagan, der 1966 sagte, die Politik sei genau wie das Show-busineß. Es zählen nicht länger klare Argumentationen, gut geführte Diskussionen, ausgefeilte Gedanken, sondern es geht darum zu beeindrucken und für sich selbst die beste Reklame zu sein. Postman nennt diese Form der Politik "Image-Politik" und er vergleicht sie in ihrer Funktionsweise mit einer Therapie (?), die anscheinend nichts anderes will, als gute Laune vermitteln und das Gefühl, daß alle Probleme lösbar sind.

"So wie die Fernsehwerbung ist auch die Image-Politik eine Form von Therapie, und deshalb besteht sie in so großem Maße aus Charme, gutem Aussehen, Prominenz und persönlicher Offenbarung. Der Gedanke ist ernüchternd, daß es von Abraham Lincoln keine Fotos gibt, auf denen er lächelt, daß seine Frau aller Wahrscheinlichkeit nach eine Psychopathin war und daß er selbst unter langwierigen Anfällen von Depression zu leiden hatte. Für die Image-Politik hätte er sich wohl kaum geeignet." (a.a.O., S. 166/167)

Die Vernunft, die in einer Buchkultur die konzentrierte Wahrnehmung und das logische Denken garantiert, ist entlassen. Mit den elektronischen Bildern treten an ihre Stelle Emotionalität und Oberflächlichkeit. Bilder sind direkt, konkret, anschaulich und wollen affektive (spontane) Reaktion. Deshalb sprechen sie so leicht das Emotionale und Unbewußte der Zuschauer an, deshalb können Politiker im Fernsehen so leicht beeindrucken, so verführerisch sein. Politik unter dem Leitmedium Fernsehen ist nicht mehr logisch, sondern psychologisch. Damit verliert sie jede authentische Substanz.

"Man läßt uns nicht herausfinden, wer als Präsident, als Gouverneur, als Senator der Beste wäre, statt dessen können wir in Erfahrung bringen, wessen Image die Tiefenschichten unserer Unzufriedenheit am ehesten erreicht und diese Unzufriedenheit am ehesten beschwichtigt. Wir schauen auf den Bildschirm und fragen uns genauso unersättlich wie die Königin in *Schneewittchen und die sieben Zwerge*: >Spieglein, Spieglein an der Wand, wer ist am schönsten im ganzen Land?< Und wir neigen dazu, unsere Stimme denen zu geben, deren Persönlichkeit, deren Familienleben und deren Lebensstil, so wie sie uns auf dem Bildschirm gezeigt werden, uns eine erfreulichere Antwort geben, als die Königin erhielt." (a.a.O., S. 166)

Postman nennt das Fernsehen auch ein "Medium der totalen Enthüllung", weil es alles, was vormals in den privaten und intimen Bereich des Menschen gehörte, schonungslos offenlegt. Auf der Suche nach bildgerechtem Stoff wird im Privatleben der Politiker eine fast unerschöpfliche Quelle gefunden. Kein Thema bleibt tabu, nichts bleibt verborgen. Nie zuvor hatten Menschen so genaue Einblicke in die sexuellen Vorlieben, die Trink- und Lebensgewohnheiten ihrer Politiker wie heute. Die Berichte über ihre Fehler, Schwächen und Obsessionen führen als Effekt zu einer zynischen, ja gleichgültigen Haltung der Politik gegenüber.

Doch das Fernsehen raubt der politischen Urteilsbildung nicht nur ihren gedanklichen und ideologischen, sondern auch ihren historischen Gehalt. Denn wenn das Buch qua Medium durch und durch Geschichte ist, so ist das Fernsehen per se der Gegenwart verhaftet. Es gewährt keinen Zugang zur Vergangenheit, denn alles was dargestellt wird erlebt man so, als geschähe es jetzt. Das Fernsehpublikum weiß alles über die letzten vierundzwanzig Stunden, aber fast nichts über die letzten Jahrzehnte und gar nichts über die letzten Jahrhunderte. Wie sein Vorfahre der Telegraph kann das Fernsehen für Postman lediglich Informationsbruchstücke anhäufen, es kann sie nicht sammeln und organisieren, es kann sie nicht in einen übergeordneten Kontext stellen. Und genau damit wird die Vorstellung von Vergangenheit und Zukunft unterhöhlt. Fernsehen ist ein rein gegenwartsbezogenes Medium. Damit aber werden wir unfähig gemacht uns zu erinnern. So wie ein Spiegel nur zeigt, was gerade im Moment ist und sich über gestern und morgen ausschweigt, genauso befinden wir uns mit dem Fernsehen in einer inkohärenten Gegenwart, ohne Vorstellungen von Geschichte, ohne inhaltliche Orientierungen, ohne eine Vision, ohne etwas, worin Tatsachen organisiert und Strukturen erkannt werden. Fernsehbilder liefern immer nur Bruchstücke, sie kennen keinen Kontext und keine Kontinuität, sie sind ausgerichtet auf Schnelligkeit, Einfachheit, auf Spannung und Abwechslung. Nachrichtenredakteure beispielsweise werden angehalten, alles möglichst kurz zu halten, die Aufmerksamkeit des Zuschauers nicht zu belasten, statt dessen sollen Abwechslungen, Neuigkeiten, Aktionen und Bewegungen den Zuschauer ständig stimulieren. Kein Begriff, keine Gestalt, kein Problem soll länger als ein paar Sekunden die Aufmerksamkeit des Publikums belasten. Komplexität muß vermieden werden, die Botschaften müssen simpel sein. So stellt das Fernsehen minimale Anforderungen an unser Auffassungs- und Konzentrationsvermögen. Statt dessen will es besonders Gefühle wecken und befriedigen. Die Komposition der Fernsehnachrichten folgt dem Grundsatz, "(...) daß visuelle Stimulierung ein Ersatz für Denken und daß sprachliche Genauigkeit ein Anachronismus ist." (a.a.O., S. 131) Postman nennt die Form der Fernsehinformationen surrealistisch. Damit ist gemeint, daß Ereignisse im Fernsehen ohne tiefere Bedeutung oder größere Folgen geschehen wie in einem fernen Märchenland. Aus diesem Neben- und Durcheinander entsteht ein konfuses Weltbild ohne Richtlinien für die Einschätzung der Wichtigkeit von Entscheidungen, ohne moralische Maßstäbe, ohne Verantwortung, ohne Sinn und Verstand. Doch nicht nur unser (politisches) Urteilsvermögen nimmt Schaden, sondern auch das erwachsene Ich wird suspendiert, wie auch die Idee der Kindheit verschwindet. Wie führt Postman dies nun genauer aus? Was sind seine Argumente?

Genau wie die Gutenberg-Erfindung das logische, disziplinierte vernünftige Bewußtsein des aufgeklärten Menschen hervorbrachte, so schafft das Fernsehen wieder eine neue Form der "Grundstimmung" einer Kultur. Denn die im Fernsehen gezeigte Welt korrespondiert nicht mehr mit den Rationalitätsansprüchen eines Erwachsenen. Indem das Fernsehen eine diskontinuierliche Kunst- und Phantasiewelt zeigt, die Effekte produziert, die uns lachend, weinend oder verblüfft reagieren läßt (1983, S. 124), werden wir infantilisiert. Durch ein ganz und gar auf die Gegenwart bezogenes Bildmedium kommt es bei Erwachsenen zu der kindlichen Bestrebung nach direkter Bedürfnisbefriedigung ebenso wie zu einer kindlichen Gleichgültigkeit gegenüber jeglichen Folgen des Handelns. War ei-

nes der Kennzeichen der erwachsenen Wahrnehmungsfähigkeit beispielsweise zwischen der Welt des Handelns bzw. der
Geschäfte und der spirituellen Welt trennen zu können, so
wird diese Unterscheidungsfähigkeit in erster Linie durch die
Fernsehwerbung ausgehöhlt. Der Fernsehwerbespot arbeitet
mit Symbolen und Gleichnissen aus der Religion, er entfaltet
Vorstellungen von Sünde und Erlösung, von Erleuchtung und
Exstase. Diese Form von trivialisierter Theologie stellt jedoch
keine komplexen Anforderungen an die Zuschauer. Und da
die Mehrheit der Amerikaner durchschnittlich 1000 Wer-
bespots pro Woche sieht (1995b, S. 223), kommt es zu einer
Schwächung intellektueller Deutungsmuster und zu einem
naiven Glauben an schnelle und käufliche Problemlösungen.
Ein erwachsener Mensch, der diese Inhalte der Fernsehrekla-
me "schluckt", unterscheidet sich für Postman nicht mehr von
der Leichtgläubigkeit eines Kindes. So wie die Literalität ein
hohes Ausmaß an Selbstbeherrschung und Befriedigungsauf-
schub forderte als auch förderte - das Buch per se für Postman
ein Medium ist, das die Unterwerfung des Körpers unter den
Geist verlangt - so appelliert das Fernsehen in einem hohen
Ausmaß an unsere körperlichen Befindlichkeiten, an unsere
unbewußten Wünsche, unsere Gefühle und Affekte: kurzweili-
ge Unterhaltung, oberflächliche Informationen und riesige
Mengen an Werbung wollen uns eine schöne, heile Welt vor-
gaukeln und uns glauben machen, daß Konsum von Waren die
absolute Glückseligkeit bedeutet. Sie versetzen uns in einen
Zustand der naiven Hoffnung auf andauernde Bedürfnisbefriedigung. Letztendlich ist das Fernsehen ein narkotisierendes
Medium, das den Verstand ebenso einschläfert wie die Wahrnehmungsfähigkeit.

Die Ideologie des gesamten Fernsehdiskurses ist für Postman Entertainment. Dienten Informationen in der Gutenberg-
Zeit dazu handlungsanleitend und moralisch-ethisch rich-
tungsweisend zu sein, so bringen sie jetzt einzig und allein
Unterhaltung. Gleichgültig um welches Thema es geht, stets
wird es zu unserer Unterhaltung und zu unserem Vergnügen
gezeigt. Der Bildschirm arbeitet der Vorstellung entgegen,

Denken überhaupt und geistige Versenkung seien in der Gegenwart wünschenswert. Die Bilderwelt des Fernsehens ist stets fürs Amüsement verfügbar. Es dient der Vergnügungssucht. Da die Reize immer schärfer werden müssen, bleibt kein Thema verschont. Alles wird gezeigt: Sex, Gewalt, Drogen, Verbrechen, Inzest. Das "Medium der totalen Enthüllung" kennt kein privates, intimes, geheimes Wissen mehr. Damit brechen alle moralischen Verhaltensregeln, besonders aber das Schamgefühl zusammen. Dieses jedoch war für Postman der Mechanismus, der die "civilité" garantierte und die Barbarei eindämmte. Die Idee eines auf Vernunft gründenden Menschen wird genauso obsolet wie die Idee einer Kindheit. Denn die Herausbildung eines Schamgefühls war ein bedeutsamer Teil der schulischen und informellen Erziehung des Kindes. Der Erwachsene bestimmte darüber, Kindern Informationen vorzuenthalten, zu warten, bis sie das richtige Alter und den entsprechenden Verständnishintergrund hatten, um komplexere Dinge zu begreifen. Das Schamgefühl war ein Mittel der sozialen Kontrolle und der Rollendifferenz. Heute jedoch leben wir in einer egalitären Informationsumwelt. Jeder, egal wie alt er ist, kann sich über das Fernsehen Informationen erwerben. Eine Kontrolle ist nicht mehr möglich, und es bedarf keiner Wissensqualifikation mehr als Voraussetzung, um Informationen zu bekommen, denn fernsehen muß nicht gelernt werden.

"So wie die Literalität eine intellektuelle Hierarchie hervorbringt, so erzeugt die Gesittung eine soziale Hierarchie. Kinder müssen die Erwachsenheit erwerben, indem sie sich sowohl Lesen und Schreiben als auch Manieren aneignen. In einer Informationsumwelt aber, in der die Literalität als Metapher für die menschliche Entwicklung nichts mehr taugt, müssen auch die Anstandsformen an Bedeutung verlieren. Die neuen Medien bewirken, daß die Unterschiede zwischen den verschiedenen Altersgruppen überflüssig erscheinen, und arbeiten insofern der Idee einer differenzierten Sozialordnung entgegen." (1983, S. 105)

Fernsehen ist also ein Medium, das Informationen in einer Form präsentiert, die sie versimpelt, sie substanzlos und unhistorisch macht, ein Medium, das sämtliche Sozialordnungen und ethisch-moralischen Vorstellungen zum Einstürzen bringt und das erwachsene Menschen zu kindlich-naiven Konsumenten macht. Fernsehen produziert eine Kultur, die alles, was nicht vergnüglich ist, massiv ignoriert. So leben wir in einer bunten, schönen aber unechten Welt und "amüsieren uns zu Tode". Postman beendet seine Analyse über die Fernsehkultur mit folgenden Worten:

"Wenn ein Volk sich von Trivialitäten ablenken läßt, wenn das kulturelle Leben neu bestimmt wird als eine endlose Reihe von Unterhaltungsveranstaltungen, als gigantischer Amüsierbetrieb, wenn der öffentliche Diskurs zum unterschiedslosen Geplapper wird, kurz, wenn aus Bürgern Zuschauer werden und ihre öffentlichen Angelegenheiten zur Varieté-Nummer herunterkommen, dann ist die Nation in Gefahr - das Absterben der Kultur wird zur realen Bedrohung." (1992b, S. 190)

Das Technopol

Innerhalb von Postmans Theorie sind die durch die Medien Buchdruck und Fernsehen (Telegraphie und Photographie) indizierten politischen und kulturellen Veränderungen als historische Zäsuren erkenn- und benennbar. Heute jedoch ist etwas "Sonderbares" und "Gefährliches" in Gang gekommen: ein schleichender Prozeß vorbehaltloser Akzeptanz gegenüber neuen Technologien, besonders des Computers, in allen Bereichen des gesellschaftlichen Lebens. Dabei verschiebt sich der Fokus der Analyse. An Stelle der Medienökologie tritt nun eine allgemeine Technikgeschichte. Postmans Diagnose ist, daß die Technik zunehmend einen quasi göttlichen Status einnimmt, dadurch daß sie vollkommen unhinterfragt als Garant für eine sichere und gute Zukunft steht. Es fehlt seiner Meinung nach ein öffentlicher Diskurs darüber, ob sie für die Ge-

sellschaft positive oder eher negative Konsequenzen mit sich
bringt. Vor allem aber spricht niemand darüber, wann, wie
und warum sie zu einem "gefährlichen Feind" wird bzw. geworden ist (1992a, S. 28). Nicht zuletzt der erfolgreiche Krieg
der Vereinigten Staaten gegen den Irak 1990/1991, der eine
spektakuläre Demonstration der technologischen Überlegenheit des Westens war, bestätigte scheinbar die katastrophale
Vorstellung, daß die Technik im Frieden wie im Krieg unsere
Erlösung ist. Dieser blinde Technikglaube bringt eine Kultur
hervor, die Postman "Technopol" (engl. Technopoly) nennt.

Nach der "Werkzeugkultur" und nach der "Technokratie"
ist das "Technopol" für Postman die letzte Kulturstufe innerhalb einer Geschichte sich verändernder Technologien. Die
drei Kulturtypen sollen das Verhältnis kennzeichnen, das in einer bestimmten Zeit zwischen den Werkzeugen und dem System der jeweils herrschenden Glaubensüberzeugungen bzw.
der Ideologie besteht. In der Werkzeugkultur waren Leben und
Weltbild von religiösen Inhalten geprägt. Die Werkzeuge sind
hier nicht "Eindringlinge", sondern so in eine Kultur integriert, daß sie in keinem Widerspruch zu deren Weltsicht stehen. Die mittelalterlichen Theologen beispielsweise lehrten,
daß alle Güte und alles Wissen von Gott ausgeht und daß deshalb alles menschliche Streben dem Dienst an Gott gewidmet
ist. Damit war das Verhältnis des Menschen zur Natur, zu anderen Menschen und zu seinen Werkzeugen beschrieben und
festgelegt. In der Werkzeugkultur stellte die Theologie die allein leitende und kontrollierende Ideologie dar. In der zweiten
Kulturphase, in der sogenannten Technokratie, begannen die
Werkzeuge selbst für die Gedankenwelt eine immer größere
Rolle zu spielen. In Keplers "Neuer Astronomie" wird deutlich, wie sich die Trennung von Theologie und Naturwissenschaft, die für Postman eine Trennung von moralischen und
intellektuellen Werten bedeutet, vollzieht. Mythen, Rituale
und Religion traten zunehmend in den Hintergrund. Das Verdrängen von moralischen und ethischen Wertvorstellungen, an
deren Stelle sich eine utilitaristische Auffassung von Wissen
und Erkenntnis durchsetzte, bedeutete, den technischen Fort-

schritt als neues Paradigma einer Kultur zu akzeptieren. Statt Zwecke unter humanistischen oder religiösen Aspekten zu diskutieren, wurden die Meßbarkeit und die Effizienz zur Orientierungsmarke für wissenschaftlichen und ökonomischen (kapitalistischen) Fortschritt. Der Taylorismus betrachtete folgerichtig den Menschen selbst als berechenbaren Faktor, und zwar sowohl arbeitend als auch konsumierend. Es verbreitete sich die Ideologie, daß der Gesellschaft am besten gedient sei, wenn die Menschen für Technik und Technologie verfügbar gemacht werden und daß sie in einem gewissen Sinne weniger wertvoll sind als die Maschinen. Jedoch zerstörte die Technokratie die Traditionen der Werkzeugkultur noch nicht ganz. Diese setzten sich noch fort, denn laut Postman gab es noch "fromme Leute", "eine Vorstellung von Sünde", "Lokalstolz", Familienleben und soziale Verantwortung. Es war noch möglich auf Erfahrung, Vernunft und Weisheit der Älteren zu vertrauen (a.a.O., S. 54). So existierten bis Ende des vergangenen Jahrhunderts zwei entgegengesetzte Weltsichten in einer prekären Spannung nebeneinander bis dann eine dieser Gedankenwelten verschwand. Während sich die spektakulären Triumphe der Technologie häuften, besonders bei der Versorgung der Amerikaner mit Bequemlichkeit, Komfort, Hygiene und Konsumgütern, gerieten die Fundamente älterer Anschauungen und Überzeugungen ins Wanken. Nietzsche verkündete Gott sei tot, Darwin ging nicht so weit, bewies aber andere "unangenehme Dinge", und Marx und Freud zeigten auf, daß weder die Geschichte noch der Mensch mit rationalen Mitteln erkenn- und lenkbar sind.

> "Hundert Jahre Wissenschaft bewirkten, daß wir das Vertrauen in unsere Glaubenüberzeugungen und damit auch den Glauben an uns selbst verloren. Auf dem Trümmerfeld der Begriffe blieb nur eine einzige Gewißheit zurück, auf die man setzen konnte - die Technologie." (a.a.O., S. 63)

Sind letztendlich alle Formen kulturellen Lebens der Vorherrschaft von Technik und Technologie unterworfen, hat sich

"das Technopol" durchgesetzt. Wie läßt sich die Gedankenwelt, der epistemologische Gehalt des Technopols beschreiben? Der wichtigste Punkt in diesem Zusammenhang ist für
Postman die Tatsache, daß an die Stelle des menschlichen
Urteils die technische Kalkulation tritt, die nur einen Zweck
hat, nämlich Effizienz. Den Menschen wird so jede Entscheidung abgenommen, so daß letztendlich die Technik das Denken ersetzt und die Maschine den Menschen. Das Technopol
"will", daß das menschliche Dasein seinen Sinn ausschließlich
in Apparaten und in Technik findet. Dabei ist der Computer
die maßgebliche, perfekte Maschine, die die Ansprüche unserer Natur, unserer Biologie, unserer Emotionen und unserer
Spiritualität negiert. Sein epistemologischer Gehalt ist uns zu
suggerieren, daß wir denkende Maschinen sind, daß er selbst
aber besser und schneller denkt als wir. Dadurch, daß die
Computertechnologie sich in den relevanten gesellschaftlichen
Bereichen durchsetzt, scheint alles unter ihre Logik zu geraten.

Die wissenschaftliche Grundlage für diese Entwicklung lieferte die Forschung über die künstliche Intelligenz (K.I.), die
davon ausgeht, daß Maschinen menschliches Denken kopieren
können. Übersehen wird in diesem Kontext jedoch, so Postman, daß Maschinen niemals verstehen können, Maschinen
wissen nicht, was Fragen bedeuten, sie wissen nicht einmal,
daß sie überhaupt etwas bedeuten.

> "Nach meinem Verständnis umfaßt >Bedeutung< auch jene Kom-
> plexe, die wir Gefühle, Erfahrungen und Empfindungen nennen
> und die nicht unbedingt in Symbole gefaßt sein müssen, sich zu-
> weilen gar nicht in Symbole fassen lassen." (a.a.O., S. 123)

Der Computer aber ist kein Bedeutung schaffendes, verstehen-
des, mit Empfindung ausgestattetes "Geschöpf" und wird es
auch niemals sein. Das Technopol jedoch versucht genau dies
zum Ausdruck zu bringen. Die Konsequenzen aus diesem Irr-
glauben sind fatal, denn die Verantwortung für menschliches
Handeln wird zunehmend auf Computer übertragen. Weil sie

uns vermitteln intelligent und überparteilich zu sein, vertrauen sogar Politiker ihnen immer mehr. Unter dem Technopol ist der Satz "der Computer hat entschieden" zur absoluten Gewißheit geworden. Indem man aber dem Computer soviel Macht und Kompetenzen überläßt, schwindet der Glaube an die menschliche Urteilsfähigkeit immer mehr dahin. Die Einzigartigkeit des Menschen, Dinge in all ihren psychischen, ethischen und moralischen Dimensionen wahrnehmen zu können und zu begreifen, geht verloren.

In einer Welt, in der wir keine ethischen und moralischen Grundlagen für unsere Urteile mehr haben, glauben wir an die Autorität unserer Wissenschaft. Dies hat zur Folge, daß wir permanent mit neuen Fakten und Erkenntnissen konfrontiert werden, ohne diesen jedoch eine Bedeutung, einen Sinn geben zu können. Information selbst erhält so einen metaphysischen Status, wird zum "Geist aus der Flasche", der sich jedoch als Betrüger herausstellt. Denn im Unterschied zu vorangegangenen Jahrhunderten haben wir heute keine funktionierenden Kontrollinstanzen mehr, und so höhlt die Informationsflut unsere Kultur aus.

"Man könnte das Technopol sogar als ein System definieren, dessen Immunsystem gegen die Informationsfülle nicht mehr intakt ist. Das Technopol leidet an einer Form von Kultur-AIDS, wobei diese Abkürzung hier *Anti-Information Deficiency Syndrome* bedeutet, also >Anti-Information-Defekt-Syndrom<. Dieses Syndrom ist die Ursache dafür, daß man fast alles sagen kann, ohne Widerspruch zu erregen, sofern man nur mit den Worten beginnt: >Eine Untersuchung hat gezeigt...< oder >Wissenschaftler sagen uns heute...< Es ist auch, und dies ist noch wichtiger, die Ursache dafür, daß es unter einem Technopol keine transzendenten Orientierungen oder Sinnbestimmungen, keine kulturelle Kohärenz gibt. Information ist gefährlich, wenn es keinen Platz für sie gibt, wenn keine Theorie da ist, auf die sie sich stützt, kein Muster, in das sie sich fügt, kurz, wenn es keinen übergeordneten Zweck gibt, dem sie dient." (a.a.O., S.72/73)

An die Stelle des "wir amüsieren uns zu Tode" tritt das "wir informieren uns zu Tode". Alle Abwehrmechanismen gegen die Masse und das Chaos der Informationen sind zusammengebrochen. Waren früher die Parteien, die Religionen, die Schulen und die Familien die Institutionen, die die Informationsselektion garantierten bzw. Orientierungen lieferten, wie mit Informationen umzugehen sei, oder gab der Staat durch die Erzeugung von Mythen Antworten auf das Chaos der Welt, so ist das Technopol ein Gedankengebäude ohne transzendentale Welterklärung, ohne ethische Basis.

Postman prognostiziert, daß diese Entwicklung in eine total gewordene technische Versklavung mündet. Dieses Moment ist dann erreicht, wenn die Menschen glauben, daß Technik ein Teil der Natur sei. Dann wird die Technik selbst zum Mythos, zu einer tief in unserem Bewußtsein verankerten unsichtbaren Denkfigur, der wir uns freiwillig überantworten. Dann ist das Technopol Kulturzustand und Geisteszustand in einem geworden, denn Zwecksetzung *und* Sinngebung werden auf die Maschinen übergegangen sein.

Die Notwendigkeit von Göttern

Die Frage ist folglich, wie eine Gesellschaft ihre Geschichte, ihre Originalität und ihre Humanität bewahren kann, um sich nicht vollkommen der Vorherrschaft einer technischen Gedankenwelt auszuliefern. Eines ist für Postman gewiß: ohne bewußte Distanzierung gegenüber dem technischen Fortschritt, ohne eine Erzählung von transzendentem Ursprung und transzendenter Kraft kann keine Kultur gedeihen. Da der Mensch aber per se die "götterschaffende Spezies" ist (1995a, S. 19), liegt sein Genie genau darin, Bedeutungen durch Erzählungen zu erzeugen, die dem Leben und der Arbeit Sinn geben. Früher existierten kohärente Weltbilder durch Religionen und Ideologien. Diese waren Orientierungsmarken für menschliches Handeln. Postman versucht so etwas wiederzubeleben. Er schreibt, um ihre Funktion zu erfüllen, müssen diese Erzählungen nicht im wissenschaftlichen Sinne wahr sein, man kann sie auch als Synonym für Gott bezeichen. Ihre Kraft besteht nämlich darin, daß sie von unseren Ursprüngen sprechen und eine Vision einer Zukunft heraufbeschwören, sie stellen Ideale auf, schreiben Verhaltensregeln vor, schaffen Autoritäten und vermitteln ein Gefühl von Kontinuität und Zielbewußtsein.

Die Qualität einer Erzählung mißt Postman zum einen daran, ob sie einen wirklich motivierenden Grund für das Lernen liefert - denn Bildung ist für eine Gesellschaft absolut essentiell, sie ist der Kern der Kultur - zum anderen muß sie in der Lage sein, unterschiedliche Ideen zu integrieren. Eines der deutlichsten Beispiele für eine gelungene Erzählung ist das "Experiment Amerika", in dem Menschen vollkommen unterschiedlicher Herkunft, Hautfarbe und Religion an die folgende gemeinsame Idee glauben konnten: daß ein Staat den Individuen trotz unterschiedlichster Orientierungen und Identitäten ein Höchstmaß an politischer und religiöser Freiheit gewährt. Der Kommunismus, der Nationalsozialismus und der Faschismus stellen auch Erzählungen dar, allerdings Erzählungen, die zum Scheitern verurteilt waren. "Jeder dieser Götter versprach seinen Anhängern den Himmel, führte aber in die Hölle." (a.a.O.) Postman ist der Überzeugung, daß es auch heute Erzählungen gibt, die das Leben und besonders das Lernen bereichern können. Denn viele der schwerwiegendsten gesellschaftlichen Probleme wären einer Lösung näher, wenn es sinnvolle Erziehungskonzepte gäbe. Von fünf Erzählungen soll im folgenden die Rede sein - sie sind der Inhalt des 1995 erschienenen Buches "Keine Götter mehr, das Ende der Erziehung" (engl.: "The End of Education") -, die ein Gefühl der Kontinuität, Erklärungen der Vergangenheit, Klarheit für die Gegenwart und Hoffnung für die Zukunft bieten und genügend Resonanz und Kraft enthalten, um als Gründe für Erziehung ernstgenommen zu werden.

Das Raumschiff Erde

Steven Spielbergs Filme ("Seltsame Begegnungen der dritten Art" und "E.T.") sind für Postman Geschichten darüber, daß wir im Universum nicht allein sind. Sie vermitteln im metaphorischen wie auch im buchstäblichen Sinn, daß die Erde ein Raumschiff ist und wir seine Mannschaft. Die Grundidee hat einen religiösen oder zumindest spirituellen Kern, insofern als an unsere moralischen Verpflichtung appelliert wird. Die Aufgabe, unseren Lebensraum zu erhalten, erfordert Solidarität jenseits nationaler Interessen oder religiöser Anschauungen, denn auch wenn nur ein Teil der Erde vergiftet ist, leiden wir alle. Die Stärke dieser Erzählung liegt für Postman besonders darin, daß sie mit keiner anderen Erzählung in Konflikt gerät und sich hervorragend für Erziehung eignet, da sie eine Geschichte ist, die die wechselseitige Abhängigkeit und globale Zusammenarbeit lehrt.

> "Sie trifft den Kern dessen, was es heißt, ein menschliches Wesen zu sein. Es ist eine Geschichte, die Verschwendung und Gleichgültigkeit als böse stigmatisiert, die eine Vision der Zukunft und eine Verpflichtung gegenüber der Gegenwart erfordert." (a.a.O., S. 91)

Nach diesem Vorbild könnten Methoden entwickelt werden, wie man Jugendliche zur Verantwortung für ihre eigene Schule, ihr Viertel, ihre Stadt motiviert. Was die Curricula in den Schulen betrifft, sollte die Archäologie stärker ins Blickfeld geraten, das heißt die Beschäftigung mit alten Kulturen oder die Anthropologie, die die Mythen und Lebensweisen anderer Völker zum Thema hat. In jedem Fall geht es darum, Ignoranz, Mißtrauen und Intoleranz abzubauen und ein Gefühl der Ehrfurcht gegenüber menschlicher Existenz und gegenüber unserem Planeten zu fördern.

Der gefallene Engel

Menschen, ihre Ansichten, ihre Glaubensinhalte, ihre wissenschaftlichen Erkenntnisse sind Irrtümern und Fehlern ausgesetzt. Die Bedeutung der Metapher des gefallenen Engels liegt darin, daß wir diese Tatsache erkennen und in der Lage sind, unsere Fehler zu korrigieren, vorausgesetzt wir sind ohne Hybris, Stolz und Dogmatismus. Das heißt zu akzeptieren, daß wir niemals "gottgleich" sein können, daß wir niemals die ganze Wahrheit kennen können. Auch die Wissenschaft selbst ist nicht Quelle absoluter Wahrheiten. Deshalb sollte sie immer einem moralischen Imperativ verpflichtet sein und demütig bleiben, denn die Geschichte hat gelehrt, daß wir uns selbst und anderen gefährlich werden, wenn wir der Hybris verfallen. Praktische Möglichkeiten für den Schulalltag, um die eingefahrenen Denk- und Lehrweisen aufzubrechen, sieht Postman darin, kurzfristig Fächer auszutauschen oder alle Lehrbücher aus dem Unterricht zu verbannen. Seiner Meinung nach würde das die Angst vor Fehlern und Irrtümern nehmen, und ganz neue Fragen könnten auftauchen. Überhaupt will Postman die Aufmerksamkeit der Schüler auf die Existenz falscher Annahmen lenken, sie lehren, daß die Beschäftigung mit Irrtümern wichtig ist, da auch sie unser Verständnis der Welt erweitern. Schüler würden dadurch lernen, daß Tatsachen und Wahrheiten sich wandeln, sie würden lernen, wie oft Menschen sich getäuscht haben oder dogmatisch ihre Irrtümer verteidigt haben. Und sie würden begreifen, daß die Geschichte des Lernens ein Abenteuer ist, eine ständige Überprüfung eigener und fremder Annahmen.

Das amerikanische Experiment

Postman schlägt vor, die Geschichte Amerikas als ein Experiment, als faszinierendes Fragezeichen zu lehren, denn die Verfassung sei kein festgesetzter Katechismus, sondern eine

Hypothese, an der beständig gearbeitet wird. Das Prinzip fortgesetzter Streitgespräche und Diskussionen, die sich damit beschäftigen, was Freiheit ist, wo ihre Grenze liegt, hat zur Folge, daß die Geschichte Amerikas in einem permanenten Fluß ist, sich beständig verändert, je nach den besseren Argumenten. Die Schulerziehung muß also dazu dienen, die Jugend mit dem Wissen und dem Willen auszustatten, an diesem großen Experiment zu partizipieren, ihr beibringen, zu argumentieren, zu streiten, besonders aber den Patriotismus als Wert anzuerkennen und sich mit der Geschichte des eigenen Landes zu beschäftigen. Zu dieser Geschichte gehört die Ausdrucksfähigkeit des Individuums, die freie, öffentliche Meinungsäußerung und auch die heftige Diskussion darüber, was Erziehung eigentlich ist. Denn es waren Amerikaner, die die allgemeine Schulpflicht einführten, weshalb sie in den Augen Postmans auch heute noch besonders daran interessiert sind, was in der Schule geschieht. Amerikaner wollen Dinge verbessern und sie glauben an die Zukunft, weil sie grundsätzlich davon ausgehen, bessere Experimente zu machen und bessere Argumente zu finden.

"Das, so scheint mir, ist eine gute Geschichte, und es würde mich nicht überraschen, wenn Schüler sich davon berühren ließen und sie als Begründung des Lernens akzeptierten. " (a.a.O., S. 179)

Das Gesetz der Vielfalt

Der Gedanke der Vielfalt läßt eine reichhaltige Erzählung zu, um die man die Erziehung junger Menschen organisieren kann, denn sie garantiert die Einsicht, daß die "(..) Gleichheit die Feindin von Vitalität und Kreativität ist." (a.a.O., S. 106) Stagnation ist ein Kennzeichen dessen, daß nichts Neues und Unterschiedliches von außen in ein System eindringt. Wo immer Differenz zugelassen wird, entstehen Wachstum, Stärke und Intelligenz. Unter den vielen Ausdrucksformen kultureller Vielfalt gibt es für Postman vier, die von besonderer Bedeutung sind: Sprache, Religion, Gebräuche und Kunst. Jede dieser Ausdrucksformen kann man sich für den Schulunterricht als ein Hauptthema vorstellen. Es könnte darstellen, wie das Zulassen von Verschiedenartigkeit zu einer verstärkten Vitalität des Ganzen und darüber hinausgehend zu einem neuen Gefühl der Einheit beiträgt. Das amerikanische Englisch beispielsweise bietet sich als Sprache besonders an, da die multikulturellen Einflüsse hier besonders sichtbar sind. Schon in der Grundschule müßte es ein Fach geben, daß sich mit der eigenen Sprache beschäftigt, aber auch eine zweite Sprache zu lernen wäre sinnvoll, so daß schon Kinder ein kultivierteres Sprachgefühl bekommen und eine Idee davon entwickeln, daß es noch mehr gibt als nur das, was sie kennen. Auch ein Fach wie vergleichende Religionswissenschaft würde dieses Ziel verfolgen, denn es könnte aufzeigen, wie vielgestaltig die Versuche des Menschen sind und waren, den Sinn des Lebens zu finden und sich selbst zu erklären. Toleranz und Achtung gegenüber anderen würde dadurch gelernt werden. Dies wäre auch Ziel und Zweck solcher Fächer wie "Gebräuche" und Kunst.

Die Wort-Weber. Die Welt-Macher

Mit der Sprache werden wir zu Symbolmachern, Sprache schafft Welt. Und unser Sprachgebrauch bestimmt eine moralische Dimension, denn mit der Sprache entwickeln wir auch eine Vorstellung über gut und böse. Deshalb sollte sich die Schule unbedingt diesem Thema widmen. Im Zentrum einer Pädagogik heute muß die Frage stehen, inwieweit die Sprache den Gebrauch unseres Intellekts kontrolliert. Heute stehen uns in Form der Medien viele verschiedene Ersatzsprachen zur Verfügung, auch diese implizieren einen ganz bestimmten Zugang zur Welt. Da wir laut Postman vor allem aber die Welt-Weber und Wort-Macher sind, müssen wir die sprachlichen Kodes beherrschen. Definitionen, Fragen, Metaphern sind dabei die drei wichtigsten Elemente, aus denen sich eine Weltsicht konstruiert. Ein Schüler kann beispielsweise unmöglich einen Lehrstoff verstehen, wenn er die wichtigsten Metaphern nicht begreift. Denn diese bestimmen die Grundannahmen eines Themas. Ein Fach "allgemeine Semantik" würde Aufklärung darüber bringen, welches Verhältnis zwischen der Welt der Wörter, der Wissenschaft und der Realität besteht.

Postman schließt seine Ausführungen mit den Worten:

> "Ich habe mein bestes getan, um Erzählungen zu finden, zu erklären und auszuarbeiten, welche der Schulbildung nichttriviale Ziele geben und dem Lernen eine spirituelle und ernsthafte intellektuelle Dimension hinzufügen könnten. Das >Ende< im Untertitel kann also auch im fast vergessenen Schillerschen Sinn als >Zweck< gelesen werden. Wenn es uns gelingt, einen Wandel herbeizuführen." (a.a.O., S. 241)

Ohne kohärente Weltbilder, ohne bewußte Distanzierung gegenüber dem sogenannten technologischen Fortschritt, ohne Geschichten, die sinnstiftend sind, die uns ethisch-moralische Orientierungen bieten, drohen der Konsumrausch und die kapitalistische Ökonomie mit ihrer blinden Technikgläubigkeit unser Leben zu zerstören. In diesem Sinne endete ein Vortrag Postmans mit den Worten: "The alternative is to live without meaning - the ultimate negation of life itself.[10]" (1992d, S. 6)

D.K.

---

[10] Die Alternative wäre ein Leben ohne Sinn, also eine radikale Negation von Leben selbst.

Ästhetik der Geschwindigkeit. Paul Virilio

Dromologie

Paul Virilio nennt sein Wissensgebiet Dromologie[1], in das Mediengeschichte, Militärwissenschaft, Urbanistik und Physik einfließen. Da sich das dromologische Moment in jedem Lebenssystem findet und somit als Konstante zu begreifen ist, soll die Dromologie als ein transhistorischer und transpolitischer Versuch verstanden werden, gesellschaftliche Verhältnisse über alle Zeiten hinweg zu analysieren.

> "Man kann sie anwenden auf die verschiedensten Epochen, und auch auf das Tierreich. Die Meute, die Hetzjagd sind wesentliche Elemente bei der Entwicklung von Gesellschaften. Die Schnelligkeit, mit der ein Tier ein anderes angreift, bildet bereits das Kernstück der Tier-"Gesellschaften", und genauso gehört sie zum Wesen der menschlichen Gesellschaft." (1986c, S. 12)

Das 1977 in Frankreich erschienene Buch "Geschwindigkeit und Politik" ist so etwas wie das Manifest der Dromologie. Es stellt zum erstenmal die Frage nach der Geschwindigkeit.

> "Damit führt es in eine völlig neue Welt ein, die noch nie zuvor entdeckt worden ist. (...) Für eine politischere Sichtweise der Geschwindigkeit gibt es Marinetti und die italienischen Futuristen[2]; und dann Marshall McLuhan, der einen Schritt in diese Richtung gemacht hat - das ist schon alles. *Geschwindigkeit und Politik* ist nicht so wichtig durch das, was darin gesagt wird, als dadurch, daß es eine Frage aufwirft." (1984, S. 44)

---

[1] Nach "dromos" Lauf, also die Logik des Laufs bzw. der Geschwindigkeit. Vgl. 1984, S. 45.

[2] Die den Krieg als ästhetisches Abenteuer erlebten.

Virilio stellt die provokante These auf, daß die Geschwindigkeit die verborgene Seite des Reichtums und der Macht ist. Er geht davon aus, daß sie der entscheidende Faktor ist, der im Grunde eine Gesellschaft bestimmt. Geschichtliche Epochen oder politische Ereignisse sind nichts anderes als Erscheinungsformen der Geschwindigkeit, letztendlich also Geschwindigkeitsverhältnisse. Die industrielle Revolution wird beispielsweise als dromokratische Revolution verstanden, insofern als es um technische Innovationen auf dem Gebiet des Transports ging bzw. um die Entwicklung schneller Maschinen. Oder die Macht des bürgerlichen Staates: für den Urbanisten Virilio besteht sie in der Errichtung und Verwaltung von Verkehrsknotenpunkten. Sie konstituiert sich nicht über die Kontrolle von Personen und Waren, sondern über die Kontrolle der Zirkulation von Geschwindigkeiten, heute vor allem von Informationen. Daß Nachrichten bzw. deren schneller Transport historisch schon immer wichtiger gewesen sind als Besitz- oder Produktionsverhältnisse belegt folgendes Beispiel:

"Bereits mit den Brieftauben wurden Informationen wichtiger als Geld.

Denn nicht Gold, sondern die Schnelligkeit der Taube oder des Boten erzielte den Gewinn. Das elektronische Geld setzt lediglich etwas fort, was schon der Finanzberater Karls VII., Jacques Coeur (1395-1456), mit seinem Taubenschlag begonnen hatte. An dieser Stelle möchte ich darauf hinweisen, daß Bauern kein Recht hatten, Taubenschläge zu unterhalten. Der Taubenschlag war sozusagen das Tele-Terminal des Grundherrn." (1993b, S. 20)

So wie das elektronische Geld ist auch die Geschwindigkeit etwas Immaterielles. Nach Virilios Definition ist sie kein Phänomen an sich, sondern eine Beziehung zwischen Phänomenen, anders gesagt, die Relativität selbst (1996, S. 23).

Dromologie ist wesentlich Theorie der Medien, weil jedem Medium eine bestimmte Geschwindigkeit immanent ist, bzw. weil jedes Medium eine bestimmte Wahrnehmung von Geschwindigkeit produziert. Virilios Medienbegriff ist derart weit gefasst, daß er die Frau als erstes Transportmittel (als erstes Fahrzeug) der Gattung begreift, denn sie ist das Mittel, um auf die Welt zu kommen. Vor allem aber ermöglicht sie dem männlichen Jäger und Krieger seine Bewegungsfreiheit. Indem die Frau das Tragen der Nachkommenschaft, der Nahrungsmittel, des Gepäcks besorgt, garantiert sie dem Mann seine Auto-Mobilität, seine Fähigkeit zur Bewegung, zur Ausdehnung und Beschleunigung seines Angriffs. Diese Ausdehnung und Verbesserung von Kriegstaktiken und -strategien schreitet fort mit dem Lasttier, der Reiterei, dem Wagenfahren, der Erfindung von Straßen- und Autobahnnetzen, kurz der Entwicklung des Transportwesens (1978, S. 74ff.). Medien sind somit der Dreh- und Angelpunkt über den die Geschichte sich verändernder Geschwindigkeiten beschrieben und analysiert werden kann. Dabei geht es nicht um ihre Wirkungen als Transporteure oder Übermittler, sondern um ihren informativen Gehalt. Hierbei ist die Geschwindigkeit selbst als Information anzusehen. Für Virilio sind damit Inhalte und Weisungen irrelevant, sondern allein die Geschwindigkeit der Übertragung zählt (a.a.O., S. 22), denn diese verändert unser Da-sein, unser Verhältnis zu Zeit und Raum. Das wichtigste Medium ist für Virilio der menschliche Körper, seine unmittelbare, sinnliche Wahrnehmungsfähigkeit. Diese wurde durch technische Entwicklungen immer weiter beschleunigt, bis hin zu einer total gewordenen maschinellen Perfektionierung, die nichts mehr von einer ursprünglichen Natürlichkeit bestehen läßt. Insofern kann Virilios Medientheorie als eine anthropologische Medientheorie gelesen und verstanden werden.

Virilio unterscheidet mehrere Ordnungen bzw. Epochen der Geschwindigkeit, er spricht auch von drei Revolutionen: der Revolution des Transportwesens bzw. der Verkehrsmittel im 19. Jahrhundert, der Revolution der lichtgeschwinden sogenannten Transmissions- bzw. Übertragungsmedien im 20. Jahrhundert und der künftigen Revolution der Transplantationen. Die Revolution des *Transportwesens* vollzog sich in/mit der industriellen Revolution. Sie brachte Maschinen hervor, die selbst Geschwindigkeiten produzierten und machte die genaue Kontrolle derselben möglich. Der Mensch wurde unabhängig von Zugtieren, von metabolischen Verkehrsmitteln. Und trotzdem: alle alten Gesellschaftsformen, seien es diejenigen, die Rennpferde oder Brieftauben züchteten, oder diejenigen, die den T.G.V. - den französischen Hochgeschwindigkeitszug oder das Superschall-Flugzeug - entwickelten, sind für Virilio noch in der Geschwindigkeitsordnung der relativen Geschwindigkeiten. Die Medien sind noch relativ zu Raum und Zeit, sie beziehen sich noch auf einen im Raum zu verortenden Körper. Erst mit der Revolution der *elektromagnetischen Übertragungsmedien* (Funk, Fernsehen und Video) begeben wir uns laut Virilio in eine völlig neue "Weltordnung". Sie beruht auf Lichtgeschwindigkeit, auf einer absoluten Geschwindigkeit, die für den Menschen alle Entfernungen tilgt und jede physische Bewegung überflüssig macht. Insofern ist sie weniger eine auto-mobile Revolution als eine audio-visuelle. Mit der absoluten Geschwindigkeit (300 000 Kilometer pro Stunde) wird eine weltweite visuelle Umweltkontrolle in Echtzeit möglich, die es unnötig macht, real an einem Ort anwesend zu sein. Der Raum löst sich auf, und die Dinge erscheinen im Verschwinden, alles wird zu schnell für die menschliche Wahrnehmung. Die produktiven und perzeptiven Funktionen und Fähigkeiten des Menschen werden automatisiert, denn sie sind zu langsam, nicht fähig, sich diesen Geschwindigkeiten anzupassen. Aus Virilios Sicht wird - ganz entgegen McLuhan - der menschliche Körper durch die elektronischen Medien nicht mehr verlängert bzw. technisch aufgerüstet, sondern durch die medialen Techniken werden wir ausgeschlossen, unseres Da-seins beraubt. Das Telephon beispielsweise begreift Virilio nicht als eine Verlängerung der Stimme über Distanzen hinweg, sondern als Ausschluß unserer Existenz von einem "Hier und Jetzt", von einem konkret anwesenden Gegenüber, von körperlich-sinnlicher Nähe zu einem anderen. Die audiovisuellen, lichtgeschwinden Medien bringen ein Verhältnis zur materiellen Realität hervor, in dem der Mensch nur noch präsent ist bei Ereignissen, die außerhalb des Ortes seiner Gegenwart stattfinden. Was der Mensch wahrnimmt geschieht nicht mehr in einem realen Raum, sondern nur noch in einer "Echtzeit", der Zeit der Lichtgeschwindigkeit, die nicht weiter beschleunigt werden kann. Damit ist die Geschichte der zunehmenden Geschwindigkeit an ihr Ende gekommen, denn alles ist nun jetzt (1996, S. 57).

Die letzte Revolution kann folglich keine Geschwindigkeitsrevolution mehr sein. Die Revolution der *Transplantationstechniken* wird dazu führen, daß wir selbst, unsere Körper, zu einem endogenen Maschinenbetrieb werden. Das letzte noch ausbeutbare "Territorium", nachdem die Erde schon weitgehend "versteppt" ist und im Weltall kein Leben möglich ist, ist die menschliche Physiologie. Sie wird zum bevorzugten Versuchsfeld für die sogenannten Kommunikations-Mikromaschinen. Bald werden es implantierte Mikroprozessoren möglich machen, daß via Fernbedienung auf unser Verhalten eingewirkt werden kann. Die Informationsmedien werden somit direkt in das Innere der Lebewesen "gepflanzt".

"Weil man unserer natürlichen Biosphäre nicht entkommt, kolonisiert man - wie schon so oft - einen unendlich viel leichter zugänglichen Planeten, den des *seelenlosen Körpers*; der entweihte Körper für eine gewissenlose Wissenschaft, die immer schon den Raum des tierischen Körpers entweiht hat, genauso wie den des Sklaven oder des Kolonisierten der früheren Königreiche. In der Tat war die Beherrschung der geophysikalischen Ausdehnung niemals möglich ohne die noch genauere Kontrolle der Dichte, der mikrophysikalischen Tiefe des unterjochten Wesens: Domestizierung der Gattungen, rhythmische Abrichtung des Verhaltens der Krieger und Diener, Entfremdung des Fließbandarbeiters, Abfütterung des Sportlers mit anabolen Substanzen..." (1994c, S. 124)

Virilios wichtigster Referenzpunkt neben seiner Dromologie ist die Frage nach der Wahrnehmung. "Sein ist wahrnehmen und wahrgenommen werden"[3]. Dabei ist der Blick, die visuelle Perzeption, von besonderer Bedeutung.

---

[3]   So Virilio in einem Interview (Kloock, 1995, S. 222).

"Es zeigt sich also, daß das Wahrnehmen erlernt ist: es ist eine Sprache, und genau das sagt Berkeley. Es ist eine Sprache, die man von einer Gesellschaft beigebracht bekommt. In verschiedenen Gesellschaften sieht man nicht auf die gleiche Weise. In einer primitiven Gesellschaft sieht man anders als durch all die technischen Mittel, die unser Sehen, unsere Optik, unsere Perspektive in Szene setzen - bis hin zur Industrialisierung, deren Opfer wir sind." (1994b, S. 39)

Sehen ist also erlernt. Und: Sehen ist eine Sprache, die in Abhängigkeit von bestimmten Vorstellungen der Optik zu begreifen ist. Denn die Optik konstruiert eine Perspektive, ein bestimmtes Verhältnis von Zeit und Raum. Die menschheitsgeschichtlich entscheidende Zäsur sieht Virilio in den aktuellen Prozessen der Veränderung der (visuellen) Wahrnehmung. Denn heute sind wir dabei die geometrische Perspektive (Optik) des 14. Jahrhunderts - die Perspektive eines festen (Beobachter)standpunktes - zu verlassen und beginnen statt dessen in einer Epoche der Flucht aller Punkte (Bildpunkte, Bits) zu leben, in der zweiten Perspektive (Wellenoptik) der Echtzeit des "Novecento". Dieses "sieht" apparatetechnisch, mittels Automaten, denen sich die Menschen überantworten. Die Medien der Wahrnehmung haben sich verselbständigt, vom Teleskop zur Sehmaschine, sind uns nicht mehr zugänglich - dies vor allem auf Grund einer zu hohen Geschwindigkeit und eines Prozesses der Entmaterialisierung - was über kurz oder lang dazu führt, daß wir zu Atheisten des Glaubens an die Wahrnehmung werden.

Ästhetik des Verschwindens

Anhand der Bildmedien zeigt Virilio auf, wie unser Dasein, unser Bewußtsein - wenn man unter Bewußtsein die unmittelbare Wahrnehmung der Phänomene versteht (1986a, S. 117) - durch Beschleunigungsprozesse der visuellen Wahrnehmung gelähmt bzw. zum Verschwinden gebracht werden. Diese Beschleunigungsprozesse lassen sich jedoch nur dann treffend analysieren, wenn man ihre eigentliche Logik berücksichtigt. Denn hinter allen medientechnischen Entwicklungen verbirgt sich ein militärwissenschaftliches Denken mit dem Ziel den Kriegsschauplatz bzw. feindliche Bewegungen besser und schneller ins Visier nehmen zu können. Für Virilio ist der Kern militärischer Intelligenz mit Hilfe technischer Medien unser Sehen, Wahrnehmen, Erkennen verbessern, beschleunigen bzw. ersetzen zu können. Waffe und Auge sind aneinander gebunden. "Der Krieg ist zuerst ein Voyeur. Er ist eigentlich derjenige, der besser sehen will als die anderen oder schneller als die anderen." (1987, S. 12) So waren bereits die allerersten Massenmedien (Pferde, Hügel, Wachtürme, Architektur) Medien zur Veränderung/Verbesserung der optischen Wahrnehmungsfelder (a.a.O.). Und sie sollten es bis zu dem Zeitpunkt bleiben als das begann, was Virilio die "Ästhetik des Verschwindens" bzw. die "Automatisierung von Wahrnehmung" (1989a, S. 136) nennt. Am Ende dieser Entwicklung steht eine Realität, die kein menschliches Sehen mehr benötigt. Automaten, Sehmaschinen, computergestützte Anlagen beobachten die Welt, den Weltraum und liefern militärstrategisch wichtige Informationen und die dazugehörenden Interpretationen. Es existiert somit ein genuiner Zusammenhang zwischen Medien und Krieg, der besonders deutlich an Hand der Photographie, vor allem aber an Hand der Kinematographie und Videographie aufgezeigt werden kann. Am Beginn steht die Photographie.

"Das Abenteuer auf der Welt zu sein" (1991b, S. 64) vollzieht sich für Virilio darüber, daß wir einen Körper haben, mit dem und in dem wir uns bewegen. Allein Mobilität und Motilität ermöglichen den Reichtum menschlicher Wahrnehmungsfähigkeiten. Das Wesen der natürlichen körperlichen Bewegungen bzw. deren Bedeutung zu verkennen, heißt Schaden an der Seele nehmen, die "Anima" verlieren (a.a.O., S. 60). Bei der visuellen Wahrnehmung bewegt sich das Auge natürlicherweise laufend, es tastet den Sehraum ab. Diese Bewegung korrespondiert für Virilio mit einer Bewegung des

Geistes, der innere (mentale) Bilder erzeugt. Außerdem braucht jeder Betrachtende seine eigene Zeit, denn

> "es ist unsere Dauer, die denkt, fühlt und sieht. Die erste Produktion unseres Bewußtseins wäre demnach seine eigene Geschwindigkeit gegenüber der Zeit, wodurch die Geschwindigkeit zu einer kausalen Idee wird, zu einer Idee vor der Idee." (1989a, S. 16)

Das Umsetzen einer Phantasie, das "man stelle sich vor" - beispielsweise bei der Lektüre - ist an Zeit gebunden, ebenso wie das Erinnern zeitabhängig ist, denn es "entwickelt" individuelle Bilder. Derjenige, der diesen mentalen Bildern Ausdruck verleiht, ist der Künstler. Er bringt etwas hervor, das zuvor nur in seinem Geist und in seiner Vorstellung existiert hat. Seine Werke sind einmalige Erscheinungen, technisch nicht reproduzierbar. Gleichzeitig sind sie körperlich in zweifacher Hinsicht: in bezug auf ihre Materialität selbst und in bezug darauf, daß sie nicht denkbar wären ohne den Körper des Künstlers. "Der Maler >*bringt seinen Körper ein,*< sagt Valéry, und Merleau-Ponty fügte hinzu: >in der Tat kann man sich nicht vorstellen, wie ein reiner Geist malen könnte.<" (a.a.O., S. 48/49)

Mit der Photographie jedoch hatte die Wahrnehmung der Erscheinung aufgehört eine geistige Annäherung und ein körperlicher Ausdruck zu sein. Der Photograph ist nicht mehr ein Künstler, der sich Zeit nimmt seine individuellen Phantasien in/auf einem Materialgrund auszudrücken, sondern das Bild ist Ergebnis eines photochemischen Prozesses, eines Prozesses, bei dem sich ausschließlich Licht auf einer Platte einschreibt. Das zu Erkennende ist Ergebnis einer Belichtungszeit. Die Pioniere der Photographie waren jedoch davon überzeugt, daß die große Überlegenheit ihres Mediums über das menschliche Auge in der apparatspezifischen Geschwindigkeit besteht, die weit schneller als eine subjektive Wahrnehmung des Künstlers ermöglicht, Bewegungen mit einer Genauigkeit und einem Detailreichtum festzuhalten, die der Blick nicht erreichen kann. Was faktisch jedoch laut Virilio passiert, ist ein Einfrieren der Dauer der Zeit auf einen Fixpunkt. Der abgebildete Gegenstand wird stillgestellt, entgegen seines natürlichen Seins in Raum und Zeit festgehalten. Auch widerspricht dieses Verfahren unserer eigentlichen Sehgewohnheit, ja verunmöglicht sie sogar. Denn um etwas klar wahrzunehmen, muß ein Bewegungsanreiz für das Auge bestehen.

Mit der Photographie - deren Vorläufer bekanntlich das chronophotographische Gewehr Mareys war - beginnt die Fusion von Auge und Objektiv, kommt es zu einer totalen, revolutionären Veränderung des Sehens: nämlich zum Übergang vom direkten Sehen zum technischen Visualisieren. Indem der Blick erstarrt, verliert er seine natürliche Sensibilität. Virilio verdeutlicht diese Problematik an Hand der Gedanken von Auguste Rodin, dessen Skulpturen den Anschein erwecken, lebendig zu sein. Im Gegensatz dazu vermitteln Photographien niemals einen fließenden Eindruck von Bewegung. Rodin empfindet Figuren auf Photographien erstarrt, da eine Zeitgleichheit fixiert wird, die nicht der Rezeption entspricht. Statt in eine zeitliche Tiefe der Materie vorzustoßen, dringen wir seiner Meinung nach in ein nie zuvor gesehenes Universum ein. Dies belegt schon *das* Modell aller optischen Prothesen, das Teleskop, welches das Bild einer Welt projiziert, die außerhalb unserer Reichweite liegt. Das Ergebnis dieser Medientechniken ist ein Zusammenstoß von Nahem und Fernem, das unser unmittelbares (natürliches) Bewußtsein von Entfernungen und Dimensionen vernichtet.

Der nächste wichtige Einschnitt in der Geschichte der Bilder, in der Veränderung visueller Wahrnehmung durch technische Medien, beginnt mit dem Aufkommen der Kinematographie. Hier beginnt für Virilio die Ästhetik des Verschwindens. Der Motor, der die Bilder in Bewegung setzt, hat deren Präsenz endgültig zerstört, denn es gibt keine Dauer der Materialität mehr. Die Qualität des Film-Bildes ist eine Qualität des Vorbeiziehenden, eine - wie Virilio sich ausdrückt - "organisierte Flucht". Bisher war die Ästhetik der Kunst auf Beständigkeit aufgebaut, auf der Sicherheit der Erscheinungen. Tausende von Jahren hatte der Mensch versucht Formen erscheinen zu lassen, die Realität auftauchen zu lassen. Die Dinge kamen aus dem Sein, aus dem Stein der Skulptur, aus der Leinwand, aus architektonischen Konstruktionen mit der "Botschaft" zu bleiben. Doch nun erschienen die Dinge im Verschwinden.

Doch was zeichnet nun die kinematische Optik gegenüber der photographischen Optik aus? Giovanni Pastrones Film "Cabiria" (1912 in Italien gedreht)[4] ist der erste Film, der die Grundprinzipien der Kinematik aufzeigt. Raum- und Zeitdimensionen werden hier erstmals manipuliert und verfälscht. Der Blickpunkt selbst beginnt sich zu bewegen. Zum erstenmal wird in diesem Film mit der Fahrtaufnahme experimentiert, so daß der Filmemacher der Stagnation der Schärfen- und Standortfixierung entgeht, "um eins zu werden mit der Fahrtgeschwindigkeit seiner Vehikel." (1986b, S. 28/29) Die Kamera ist ständig in Bewegung, setzt verschiedene Bildebenen pausenlos gegeneinander ab. Der menschliche, erdgebundene Blickpunkt wird überwunden. So wie sich beim Fliegen in immer ausgefeilteren Figuren der Fliegerstaffeln "endoskopische Tunnel" eröffneten, wurde durch die Kinematik die alte homogene Sicht auf die Welt buchstäblich zum Platzen gebracht. Mit der Kinematik wird das Bild selbst aus der Bahn geworfen. Dziga Vertov[5] proklamierte 1918:

"Ich bin das Kinoauge. Ich bin ein mechanisches Auge. Ich, die Maschine, zeige euch die Welt so, wie nur ich sie sehen kann. Von heute an und in alle Zukunft befreie ich mich von der menschlichen Unbeweglichkeit. *Ich bin in ununterbrochener Be-*

---

4   Nach einem Skript des Dichters, Kommandanten und Fliegers Gabriele D`Annunzio, der sowohl die Dreharbeiten begleitet hat, als auch für den späteren Ruhm des Filmes Sorge trug.

5   Neben Sergej Eisenstein (Panzerkreuzer Potemkin, 1925) einer der wichtigsten sowjetischen revolutionären Filmemacher (Kinopravda, 1922) und Filmtheoretiker. In den zwanziger Jahren entwickelte er Positionen - im Gegensatz zu expressionistischen Theorien - , die prägend für den sogenannten Filmrealismus wurden.

wegung, ich nähere mich Gegenständen und entferne mich von ihnen, ich krieche unter sie, ich klettere auf sie, ich bewege mich
neben dem Maul eines galoppierenden Pferdes, ich rase in voller
Fahrt in die Menge, ich renne vor angreifenden Soldaten her, ich
werfe mich auf den Rücken, ich erhebe mich zusammen mit Flug-
zeugen, ich steige und falle zusammen mit fallenden und aufstei-
genden Körpern." (a.a.O., S. 35/36)

Überraschende Kamerabewegungen, Rück- und Überblendun-
gen, die Enthüllung der Tiefe, das Spiel mit Raum und Zeit
brachten eine völlig neue, nicht mehr an den Menschen und
seinen Körper gebundene ästhetische Erfahrung, die die Rezipienten in ihren Bann nahm. Kino, das war/ist für Virilio
eine "psychotrope Verrückung", eine Störung des Bewußtseins, ein Narkotikum für propagandistische Zwecke. Auf der
Filmleinwand vollzieht sich eine permanente Produktion von
Lichteindrücken, so daß das Auge des Zuschauers mit Bildern
geradezu eingedeckt wird. Dieses "synoptisches Treiben von
Oberflächeneffekten" ist gleichbedeutend mit einer Einschläfe-
rungstechnik. Die schnellen Filmaufnahmen führen dazu, daß
die subjektive Reflexion und Imagination vollends verschwinden und damit auch die inneren, mentalen, idiosynkratischen
Bilder und Phantasien; es kommt zu einer Gleichschaltung des
Unbewußten. Rezipiert wird im Dunkel des Kinosaals "en
masse", und die Dinge sind laufend in Bewegung. Gegenwär-
tigkeit wird reduziert auf Sekundenbruchteile.

Dieses "es geht zu schnell" sieht Virilio als das entscheidende Moment der Massenbeeinflussung, der Konditionierung
und der Propagandatechniken. So war an die Stelle des alten
Massendiskurses der schreibenden Presse die Massenvision
getreten, die für Virilio maßgeblich zur tragischen Machter-
greifung der totalitären Regime in Rußland, Deutschland und
anderswo beitragen sollte (1993a, S. 52). Film konnte, zu einem Zeitpunkt als in Europa der Zusammenbruch der Monar-
chien und Reiche vor Gottes Gnaden abzusehen war, zum
neuen Propagandamittel, zum Ersatzkult werden. Mit der in-
dustriell gewordenen Kinematographie wurden neue Geister-

und Wahnsinnsbilder verkauft und weltweit projiziert. Die Masse unterlag erfolgreich den mitreißenden Suggestionen neuer, mystischer Formeln. Ein Motor, der Projektor, der zugleich Geschwindigkeit erzeugt und Bilder verbreitet, lieferte die neuen Traumbilder, die nicht verstanden werden sollen, sondern gesehen und geglaubt werden wollen. Die neu entstehenden Kinopaläste waren für Virilio Kultstätten eines immateriellen, logischen Pantheismus, Kathedralen des Lichts vergleichbar, "weil schon die Kathedralen Sonnenprojektionsräume waren, die vom Licht ebenso überwältigend durchdrungen wurden wie die Kinosäle." (1986b, S. 68) An die Angst, die von jeder Art von Geschwindigkeitseffekten produziert wird - und die sich noch konkret äußerte als die Brüder Lumière ihren Film "Die Ankunft eines Zuges auf dem Bahnhof von La Ciotat" zeigten, und die Zuschauer panisch von ihren Sitzen flüchteten - hatte man sich gewöhnt. Die Kinosäle waren so neben Lichtkathedralen auch zu Trainingslagern geworden, in denen die Menschen lernten ihre Gefühle zu beherrschen, Schocks zu routinisieren.

Referenzpunkt der Kinematographie ist jedoch von Anfang an der Krieg, denn filmische und militärtechnische Entwicklungen sind unheilvoll ineinander verzahnt. Die Ufa beispielsweise war von ihrer Gründung an abhängig von der Hochfinanz, letztendlich von Krupp, also der Rüstungsindustrie. Die Nitrozellulose, aus der man Rohfilm herstellt, diente ebenfalls der Produktion von Explosivstoffen. Vor allem jedoch kann die Geschichte des Films nicht von der Geschichte des kriegerischen Blicks getrennt werden. Denn lange bevor Dziga Vertov mit seiner entfesselten Kamera ein Kino der Wirklichkeit schuf, war es das Militär, das Flugzeuge mit Kameras bestückte, um Luftaufnahmen zu machen. Film und Luftfahrt traten gegen Ende des 19. Jahrhunderts als "Aufklärungsmedien" zeitgleich in Erscheinung. Die Luftfahrt war bereits zu diesem Zeitpunkt für Virilio kein Mittel des Fliegens mehr, sondern zum eigentlichen Mittel des militärischen Sehens überhaupt geworden. An Stelle der Kavallerie wurden nun die Fliegerstaffeln zur wichtigsten "Prothese" der Strategen. Die aufklärenden Augen waren hinfort die Objektive der Kameras. Das unendlich Große, die fragmentierte, verminte, sich ständig verändernde Landschaft war vor Beginn der Filmindustrie der erste Gegenstand der angewandten Kinematographie. Durch die Luftaufklärung, die zweidimensional gewordene Ortung, wurde es wichtig die militärischen Verteidigungswerke in die dritte Dimension zu bringen. Unsichtbar geworden, in den tiefsten Tiefen der Schützengräben, war es möglich, beim Gegner Interpretationsschwierigkeiten heraufzubeschwören. Folgerichtig tauchte nach dem 1. Weltkrieg eine neue militärtechnologische Frage auf: nämlich wie kann man sehen ohne selbst gesehen zu werden? Großbritannien konzentrierte sich ab 1930 ganz auf die Erforschung und Entwicklung von Wahrnehmungstechnologien. Es waren die Anfänge der Kybernetik, des Radar, des Rundfunks und der Fernmeldetechnik. Vor allem durch die Entwicklung des Radars realisierte sich eine umfassende Sichtbarkeit, die alle Hindernisse und Tarnungen überwand und den Raum transparent werden ließ. Die neuen medientechnischen Entwicklungen führten jedoch vor allem zu einer außerordentlichen Beweglichkeit des Krieges. Die wachsende Geschwindigkeit der Flugzeuge, der Waffen verlangten höhere Bildfrequenzen durch immer weiter verfeinerte Methoden der Sichtforschung; die Angleichung von Flug- und Aufnahmegeschwindigkeiten wurde möglich durch immer schneller übermittelte Daten. Damit wurde der Krieg zunehmend entwirklicht. Radarbilder, Echosonden, Geisterstimmen in der Luft sind Projektionen optischer und akustischer Wellen. Alle natürlichen, räumlichen Widerstände waren damit aufgehoben, alle Entfernungen getilgt. Der Kriegsraum wurde in seiner Totalität überschaubar bzw. durchsichtig.

Gleichzeitig zeichnete sich in Italien und Deutschland eine neue "transpolitische" Ära ab. Die reale Macht wurde geteilt in die Logistik der Waffen und die Logistik der Bilder, in Kriegs- und Propagandakabinette. Mussolini und Hitler waren "Magier-Diktatoren", die nicht mehr regierten, sondern vielmehr inszenierten. Eines der wichtigsten Mittel hierbei war der Film. Hitlers Propaganda beispielsweise ist laut Virilio unverständlich, wenn man nichts weiß über seine erstaunlichen Bühnenkenntnisse, sein Interesse für Inszenierungseffekte, besonders aber für die verschiedenen Beleuchtungstechniken. Die Bedeutung des relativ neuen Mediums Film war ihm sofort bewußt, und wie kaum ein anderer brachte er es zum Einsatz. Leni Riefenstahls "Triumph des Willens" war filmgeschichtlich das erste und bedeutendste Beispiel eines authentischen Dokumentationsfilms über ein Pseudoereignis, nämlich den nationalsozialistischen Parteitag in Nürnberg. Dieser Parteitag war von Anfang an nicht nur als spektakuläres Massentreffen geplant, sondern als Filmpropaganda. Für die deutschen Wochenschauen beispielsweise teilte Hitler jedem Zug einen Kameramann zu, so daß Film, Heer und Propaganda permanent koordiniert waren. Der Bevölkerung wurde Krieg als großartiges Schauspiel verkauft, das laut Virilio den Superproduktionen von Hollywood in nichts nachstand. Dadurch bekam der Krieg für die Zivilbevölkerung den Charakter einer nächtlichen Revue, eines Lichtspieltheaters. Auch die alliierten Luftangriffe in den großen Ballungsgebieten glichen einer einzigen gigantischen Illumination, die die zukünftigen Opfer zu Zuschauern eines Höllenspektakels machten. Hitlers Licht- und Ruinenarchitekt Albert Speer:

"Die Angriffe auf Berlin boten vom Flakturm aus ein unvergeßliches Bild, und es bedurfte eines ständigen Zurückrufens in die grausame Wirklichkeit, um sich nicht von diesem Bilde faszinieren zu lassen: die Illumination der Leuchtfallschirme, von den Berlinern >Weihnachtsbäume< genannt, gefolgt von Explosionsblitzen, die sich in Brandwolken verfingen, unzählige suchende Scheinwerfer, das aufregende Spiel, wenn ein Flugzeug erfaßt war und sich dem Lichtkegel zu entwinden suchte, eine sekundenlange Brandfackel, wenn es getroffen wurde: die Apokalypse bot ein grandioses Schauspiel." (1993a, S. 171)

Das Medium Film oszillierte also von Anfang an zwischen der ständigen Erzeugung von Lichteindrücken und jener reinen Faszination, welche die bewußte Wahrnehmung des Zuschauers auflöst und zur natürlichen Funktionsweise des Auges im

Gegensatz steht. Durch eine unseren Wahrnehmungsorganen auferlegte Täuschung, durch die Auflösung von Statik und Widerstand einer materiellen Welt, wird ein Schwindelgefühl erzeugt, ein Verschwinden des Bewußtseins und eine Logistik der Wahrnehmung in Gang gesetzt, die zu einer

> "(...) Eugenik des Blicks (führt, D.K.), zu einer sofortigen Abtreibung der Vielfalt von mentalen Bildern und der Vielzahl von Bild-Geschöpfen, die dazu verurteilt waren, nicht mehr auf die Welt zu kommen und niemals irgendwo das Tageslicht zu erblicken." (1989a, S. 37/38)

Sowohl die Photographie als auch die Kinematographie sind jedoch für Virilio noch Bild, insofern als sie an ein direktes Licht, an die geometrische Optik der Lichtstrahlen gebunden sind. Ein radikaler Bruch vollzieht sich erst mit den Video-, Radio-, und Digitalsignalen, die durch elektromagnetische Wellen transportiert werden. Diese sogenannten virtuellen Bilder ermöglichen eine Perspektive der Direktübertragung von Informationen, die unmittelbar auf dem Bildschirm ausgestrahlt werden können. Bei der traditionellen Perspektive liegt laut Virilio alles Wesentliche im *Raum* und in der Geometrie, bei der anderen liegt alles in der *Zeit* der Übertragung. (1994a, S. 30f.) Diese neuen audio-visuellen Medien ersetzen den Krieg um Territorien durch einen Krieg, dem es nur noch darum geht alles sofort sichtbar werden zu lassen. Die elektronischen Informationsmedien vermitteln Informationen in Realzeit, da sie auf Lichtgeschwindigkeit beruhen, - die Lichtzeit nennt Virilio die wichtigste Entdeckung nach dem Feuer (1991b, S. 61). Man bekommt ein unmittelbares Bild, ein virtuelles Bild, ein Sofortbild über große Entfernungen.

Virilio spricht hier von Kommunikationswaffen, Waffen, die keine ballistischen mehr sind, sondern Waffen, die aus Licht bestehen. Weil heute beispielsweise der amerikanische Generalstab in realer Zeit wissen muß was in der Sinaiwüste oder im Libanon passiert, so als wäre er dort, benötigt er rund um die Uhr Radarbilder bzw. elektronische Bilder, die von Beobachtungssatelliten übertragen werden. Handlungsräume und Zuschauerräume werden direkt verbunden zu einer echten Teleaktion; Kriegsführende und Kriegsbeobachtende werden in einen Zustand direkter Interaktion versetzt. Früherkennung wird damit immer entscheidender bzw. Fernortung muß verhindert werden. Was gesehen ist, gilt als verloren. Die Unmöglichkeit ein virtuelles Bild abzugeben, beispielsweise die Flugbahn einer Rakete auf dem Monitor, bzw. die Fähigkeit sich rechtzeitig ein Bild machen zu können, ist wichtiger geworden als der reale Raum der Kriegsmaschine.

> "Den Feind nicht mehr *aus dem Auge zu verlieren,* bedeutet den *Gewinn* eines Vorteils, wenn nicht sogar den Gewinn des Konflikts, dieses Krieges, bei dem das *Aus-dem-Blick-Verschwinden* den Primat über die Stärke der konventionellen oder nicht konventionellen Sprengkörper erlangt." (1993a, S. 117)

Wobei dieses nicht aus dem Auge verlieren nichts mehr mit einer menschlichen Wahrnehmung zu tun hat, sondern vollkommen auf die sogenannten Sehmaschinen übergegangen ist. Diese sind fähig bei ultraschnellen Operationen die zu geringe Zeitschärfe unserer physiologischen Bildaufnahme zu kompensieren. Die Entwicklung vom kinematischen Motor zu elektromagnetischen Wellen bezeichnet Virilio als Entwicklung einer "terroristischen Ästhetik der optischen Wirkung" (1994c, S. 83), die Beobachter oder Zuschauer - im Frieden wie im Krieg - zu potentiellen Tätern bzw. Opfern verwandelt. Kontrollbildschirme informieren sofort über Gestalt, Maß und Leistung von Waffen, und der Knotenpunkt, an dem die verschiedenen Bildschirme zusammengefaßt werden, ist die allerneuste Kommandozentrale. Die Kommunikation innerhalb der Ortung und Steuerung wird somit kriegsentscheidender als die Mittel der Obstruktion und Destruktion. Als Beleg hierfür sieht Virilio die Tatsache, daß die fünf Monate, die dem eigentlichen Golfkrieg vorangingen, dazu dienten, die orbitale Kontrolle des irakischen Territoriums durch amerikanische Satelliten zu ermöglichen und am Ende sämtliche feindliche

Radar- und Sendefrequenzen zu sperren, bzw. die gegnerischen Bildschirme mit falschen Signalen zu übersäen. Der postmoderne Krieg ist ein rein medientechnischer Krieg, ein unbemannter Krieg. Beispielhaft zeigt dies der Golfkrieg. Flugobjekte wurden von entfernten Kommandozentralen ferngesteuert, Raketen wurden mit Hilfe von Satelliten genauen Zielpunkten zugeführt.

> "Der militärische Konflikt entwickelt sich von einem topischen plötzlich zu einem teletopischen. Jeder regional begrenzte Krieg wird zu einem Weltkrieg, und zwar wegen seiner unmittelbaren Kontrolle. Die drakonische Einschränkung der zeitlichen Entfernungen zwischen dem Zentrum zur Berechnung der Flugbahnen in den Vereinigten Staaten und den verschiedenen >Gefechtsständen< im Nahen Osten führt zu einer Vermischung zwischen dem Globalen und dem Lokalen. Der Krieg an Ort und Stelle ist gebunden an die taktische Kontrolle über den *Realraum*, während die Terminals der strategischen Kontrolle sich mit der Verwaltung der *Echtzeit* der verschiedenen Arten des Informationsaustausches beschäftigen..." (1993a, S. 127/128)

Via Fernsehübertragung wurden Alarmsignale, die auftraten, wenn beispielsweise eine irakische Rakete Richtung Tel-Aviv abgeschossen wurde, in das Zentrum für die Berechnung und Auswertung von Flugbahnen nach Atlanta übertragen und kamen dann in den Gefechtsstand nach Saudi-Arabien oder Israel. Die Kontrolle über die allgemeine Kommunikation und das mikrophysikalische Umfeld setzte sich damit endgültig gegen die Kontrolle über das geophysikalische Umfeld des Feindes durch.

So führt der totale elektronische Krieg in seiner letzten Konsequenz zu einer Vormachtstellung der reinen Waffen der Kommunikation. Es geht um eine rein zeitliche Dimension, die Echtzeit der Allgegenwart und der Unmittelbarkeit, die absolute Geschwindigkeit, die den Realraum beherrscht. Angesichts der Abwertung des territorialen Raums, die sich aus der Eroberung des orbitalen Raums ergibt, werden Geostrategie und Geopolitik Bestandteile der List eines Systems gefälschter

Zeitlichkeit. In diesem Zusammenhang wird die Unterscheidung zwischen wahr und falsch hinfällig. Statt dessen geht es um die Unterscheidung zwischen aktuell und virtuell, bei der das Bild die entscheidende Rolle spielt.

"Den Feind über die Dauer zu täuschen und das Bild der Geschoßbahn geheimzuhalten, wird nützlicher als das Zerstörungspotential der Maschine. Den Feind über die Virtualität der Flugbahn des Projektils, über die Glaubhaftigkeit seiner Präsenz zu täuschen, ist notwendiger geworden, als ihm etwas über die Realität seiner Existenz vorzumachen. Hieraus erklärt sich die Entwicklung dieser Generation nicht zu ortender oder beinahe nicht zu ortender Tarnkappenflugzeuge und unauffälliger Vehikel, deren Einsatz im Golfkrieg entscheidend war." (a.a.0., S. 134/135)

Im neuen optisch-elektronischen Krieg ist nämlich das, was gesehen wird, bereits zerstört, und es ist besser, zerstört als gesehen zu werden. Aus diesem Grund folgt das Tarnkappenflugzeug F 117 nicht mehr Konstruktionsprinzipien der Aerodynamik, sondern einer anderen Art der Durchschlagkraft. Es soll den radioelektronischen Wellenpaketen der Radargeräte möglichst entgehen und die feindlichen Kontrollmonitore zum Erblinden bringen. Dieses Geisterflugzeug beschränkt sich nicht nur darauf Störsignale auszusenden, um das Wahrnehmungsfeld des Gegners zu irritieren, sondern es ist selbst ein Syntheseobjekt, das das Verschwinden seines eigenen Bildes, die Zerstörung seines Ab-bildes vorwegnimmt (1994c, S. 74). So werden die lichtgeschwinden Bilder zu ikonischen Munitionen, zu "Köder-Bildern". Sie verlieren dabei ihren Repräsentationscharakter, denn es geht nicht mehr um ihren informativen Gehalt, sondern um ihren Signalcharakter. Ihr Raum oder ihre Entstehung werden weniger wichtig als ihre Plötzlichkeit. Das elektronische Bild ist ein Fernschuß, dessen Macht in seiner unmittelbaren Übertragungsgeschwindigkeit liegt. In der militärstrategischen Techno-Logik markieren die hier skizzierten Veränderungen einen grundlegenden Übergang: den historischen Beginn der Überlegenheit der Kommunikationswaffen über die Massenvernichtungswaffen, die

riskanten Anfänge einer neuen Art der politischen Abschrek-
kung, bei der die Massenkommunikationsmittel eine wesentliche Rolle spielen. Die Nationen werden somit zunehmend von
"außerirdischen" Technologien beherrscht, die die Menschen
unter ihre eigene Zeitordnung unterwerfen. Der Satellit ist der
zukünftige Herrscher über Raum und Zeit, er kontrolliert die
ihm unterworfenen Gesellschaften (1993a, S. 143).

Die Live-Verschaltung der elektronischen Bilder führt jedoch nicht nur zu einer neuen Art der Kriegsführung, auch die
Demokratie sieht Virilio durch die Tyrannei der Echtzeit bedroht. Denn wie soll es möglich sein, die Gewalten zu teilen,
wenn die Zeit, in der sie ausgeübt werden, sich uns entzieht?
Die Wahrnehmungsautomaten, die Maschinen, die die Daten
auswerten, sind so schnell, daß sie sich unserer Kontrolle entziehen. Es bleibt keine Zeit mehr für ruhige Überlegungen, für
Reflexion und Diskussion. Das Ende der Politik kennzeichnet
Virilio mit dem Begriff des Transpolitischen.

> "Es ist die Verseuchung des traditionellen politischen Denkens
> durch das militärische Denken". (1984, S. 143)
> "Mit dem Transpolitischen beginnt das Politische zu verschwin-
> den und seine letzte Lebenssphäre sich zu verflüchtigen: die
> Dauer. Demokratie und Diskussion, die Grundlagen des Politi-
> schen, brauchen Zeit. Die Dauer gehört zum Wesen des Men-
> schen." (a.a.O., S. 32)

Statt dessen kommt es nach Art der "wargames" und anderer
Reaktionsspiele zu einer elektronischen Abstimmung im
Wohnzimmersessel, wobei deren Software von einem militä-
risch-industriellen Komplex produziert wird. Durch die künstlichen Effekte der enormen Beschleunigung der Meldungen
und Bilder kommt es zu einer Lähmung, zu einem Schwindel,
zu einem Schockzustand, der jedes vernünftige Urteilsvermögen außer Kraft setzt. Jugendliche und Kinder sind bereits
durch den Erfolg der Videospiele abgerichtet, die auschließ-
lich auf der Virtualität des Verschwindens und der Eliminie-
rung beruhen - reine Reaktionspiele (1994c, S. 84).

Virilio hält eine positive Interpretation der Gesellschaft der Echtzeit und Lichtgeschwindigkeit für grundlegend falsch. Seiner Meinung nach führen die lichtgeschwinden Vernetzungen nicht zum allgemeinen Informationszugang, sondern zu deren Monopolisierung. Sie führen zu Rezentralisierungen, was sich sowohl in der politischen Entwicklung seit Glasnost zeigt als auch darin, daß sich im Golfkrieg das Zentrum der Entscheidungen im Pentagon befand und nirgends sonst. Gleichzeitig kommt es bei der sogenannten öffentlichen Berichterstattung zu einer Verschaltung des zivilen mit dem militärtechnischen Nachrichtenkomplex, wie bereits CNN und die Kontrolle der Journalisten durch das Pentagon während des Golfkrieges gezeigt haben. Die allgemeine Krise der Masseninformation ist somit nur zu verstehen vor dem Hintergrund der Weiterentwicklung von elektronischen und computergesteuerten Waffensystemen während eines Krieges, bei dem die Schnelligkeit der Aufklärung und der Überwachung in Echtzeit den Sieg über das klassische Manöver auf dem Schlachtfeld davongetragen hat.

Verschaltet und vernetzt leben wir in einer grundsätzlichen Negation des Raums, des Verlusts an Nähe und realer Präsenz. Die Geschwindigkeit der elektromagnetischen Strahlen liquidierte alles, was Festigkeit und Dauer hat. Indem der Raum vernichtet wird, der Grund und Boden, der den Menschen, die Familie, die Gruppe und die Nationen über Jahrhunderte und Jahrtausende definierte, verliert der Mensch das Feld der Freiheit politischen Handelns.

"Irgendwie - es ist an der Zeit, es einmal zu sagen - wird der Ort in Abrede gestellt. Die alten Gesellschaften bildeten sich, indem sie ihre Territorien einteilten und bewirtschafteten. Ob im Maßstab von Familie, Gruppe, Stamm oder Nation - das Gedächtnis bestand in Grund und Boden, Erbschaft bestand in Grund und Boden. Politik wurde begründet, indem Gesetze nicht nur *auf* Tafeln geschrieben, sondern auch *in* eine Stadt, eine Region oder eine Nation eingeschrieben wurden. (1984, S. 141)

Medien-Technik heute bedeutet De-territorialisierung. Auch die Stadt als politischer Raum, als Ort der Dauer, des Verweilens, der Konzentration von Menschen wird verschwinden. Die Stadt ist für den Urbanisten Virilio ursprünglich definiert über die Agora, das Forum, später den Kirchplatz. Hier gab es Akteure und Zuschauer und eine Identität von Zeit und Raum. Erst mit der Kinostadt, der Cinecittà löst sich diese Einheit von Zeit und Ort auf. Es gibt hier zwar noch eine Agora, den dunklen Raum des Kinos, aber keine Interaktionen mit den Akteuren.

"Das war der Beginn des Bruchs zwischen öffentlichem Raum und öffentlichem Bild, und es ist evident, daß man mit der Telecitta, der Stadt der Telekommunikation, in einer noch viel abstrakteren Welt ist, die auch immateriell ist, um es wie gebräuchlich auszudrücken. Die neue Stadt ist also im Bild selbst; die neue Urbanisation ist in den Plänen, in der Montage, den Programmen und ihrer Ausstrahlung. Eine Megapole televisuellen Charakters, der die neue Form der Stadt ist. (...) Es gibt also rund um die Welt eine Art gleichzeitigen Zusammenseins, wenn das öffentliche Bild den öffentlichen Raum verdrängt."(1990b, S. 90)

Denn die sogenannte Telecittà versammelt Menschen nicht mehr an einem Ort, sondern in einer Zeit, der Zeit der Sendung. Die teleoptische Meta-Stadt organisiert sich um ein "Fenster", durch das die ganze Welt zu sehen ist, allerdings ohne jede räumliche Tiefe. Mit der elektronischen Beschleunigung der Kommunikationstechniken wird jede raum-zeitliche Perspektive zunichte gemacht, und statt in klar umrissenen Staatsnationen leben wir in atopischen Tele-Gemeinschaften, in einer teleoptischen Meta-Polis, deren Schicksal und Zukunft völlig ungewiß ist. Für Virilio hat der Golfkrieg diese Problematik deutlich gemacht. Damit fordert er implizit auf, eine Antwort auf die Herausforderung der Echtzeit zu finden. Sollte diese ausbleiben so ereilt dieser Krieg das gleiche Schicksal wie die Fernsehnachrichten, nämlich kaum gesehen schon vergessen zu sein. Denn letztendlich führt das elektronische Verfahren zur Bildkomprimierung zur historischen

Komprimierung und schließlich zum Verschwinden der Ereignisse selbst.

Ein weiterer Effekt der Seh- und Wahrnehmungsmaschinen, die Raum, Entfernung, Materialität, Körper- und Erdgebundenheit negieren, ist, daß sie uns zu körperlicher Bewegungslosigkeit verdammen. In Momenten schnellster Geschwindigkeit sind wir vollkommen abgekapselt von einer sinnlich wahrnehmbaren Außenwelt und zur absoluten Bewegungslosigkeit verdammt. Obwohl oder weil die Geschwindigkeit um uns herum permanent zunimmt, werden unsere Körper immer träger und schwerer. Zukünftig wird es nicht mehr um eine Internierung der Körper in einer kinetischen Zelle der Reise gehen, sondern um die Internierung in einer Zelle außerhalb der Zeit.

> "Diese bestünde in einem elektronischen Terminal, wo den Instrumenten die Organisation unseres intimsten Lebensrhythmus anvertraut wäre. Wir selbst müßten uns überhaupt nicht mehr fortbewegen, die Autorität des elektronischen Rhythmus reduzierte unseren Willen auf Null ... irgendwie hätte das Sehen der Lichtbewegungen auf dem Bildschirm die Suche nach jeder Eigenbewegung ersetzt." (1986a, S. 116)

Virilio prognostiziert eine pathologische Starrheit als Ergebnis dieser technischen Zivilisation. Es ist eine Pathologie der Fortbewegung, die nicht mehr ein Hier nach Da impliziert, sondern die immense Steigerung eines Nicht-mehr-Da-Seins, ein Zustand, der dem Verlust der Sinne, einer totalen Weltvergessenheit ähnelt.

Virilios Eschatologie lautet, daß die Medien alles Sein auf Erden derealisieren und zerstören, den Menschen überflüssig machen, indem sie die Körper auslöschen. Er begreift die Medien als technische Fehlformen der Metaphysik, die die "Anima" und die Beweglichkeit geistiger Vorstellungen vernichten und statt dessen einer perfekt gewordenen Kontrolle und Überwachung der menschlichen Bewegung und der inneren mentalen Bilder dienen.

Die Eroberung des Körpers

Nachdem die natürliche Sensorik und Wahrnehmung des menschlichen Körpers bereits von den elektromagnetischen Medien liquidiert wurde, ist dieser heute vor allem dem Einfall und Eindringen der Biotechnologie ausgesetzt. Wir erleben den Beginn einer neuen Revolution, derjenigen der Transplantationen, die den lebenden Körper mit stimulierenden Techniken zu bevölkern versucht, was zu tiefgreifenden Verhaltensänderungen beitragen wird. Die Bewegungslosigkeit und Passivität des postmodernen Menschen fordert ein Mehr an Reizungen. Dies wird beispielsweise bei der Ausübung extremer Sportarten evident. Im Alltag wird der Mensch zunehmend mit Maschinen verschaltet, sein Körper durch implantierte unsichtbare Mikromaschinen gespeist. Hierbei geht es nicht mehr darum, den Körper an Maschinen anzupassen, sondern die Nervenfunktionen, die Vitalität des Gedächtnisses oder der Einbildungskraft werden so stimuliert, daß eine Umstrukturierung der Empfindungen selbst in die Wege geleitet wird. Dekonstruktion bezieht sich demnach nicht mehr nur auf die Sprache und die Künste, sondern auch auf unsere Physiologie. Die Technologien, die bisher die Körper umhüllten, um ihn vor der Außenwelt zu schützen, dringen jetzt in ihn ein, verwandeln ihn, um die Architektur eines neuen Körpers zu konstruieren. Dieser soll nicht mehr von der Atmosphäre, der Erdanziehung, oder der Gebundenheit an die Nahrungskette abhängig sein. So entwickelte beispielsweise Marvin Minsky die Idee für eine neue Haut, die in der Lage wäre die Photosynthese durchzuführen. Nachdem man begonnen hat den Weltraum zu kolonisieren, kolonisiert man nun auch noch einen unendlich viel leichter zugänglichen Planeten, den des seelenlosen Körpers. Dieser wird dann ein wahrhaft metaphysischer Körper sein, ein Meta-Körper, der unabhängig wird von den Bedingungen seiner Umwelt, ein Körper für den der Realraum zunehmend an Bedeutung verliert zugunsten einer Echtzeit von Impulsen, von technologischen Überreizungen, die den natürlichen Lebensrhythmus ersetzen. Das Prinzip der Stimulation kann sich widerstandslos durchsetzen, nachdem die Teletechnologien der Fernhandlungen uns bereits von unseren traditionellen Existenzbedinungen befreit haben.

Die moderne Medizin ihrerseits tut so, als ließe sich das mechanische Prinzip des Austausches von Ersatzteilen auf den menschlichen Organismus übertragen, indem kranke oder fehlerhafte Organe repariert oder ausgetauscht werden. Heute können Gelähmte bereits mit internen Prothesen versehen werden, mit deren Hilfe ein elektronisches System für die normalerweise vom Rückenmark ausgehende Stimulierung der geschwächten Muskulatur in Gang gesetzt wird, wodurch der so auf- und zugerichtete Mensch nach dem Vorbild elektronischer Autos zu einem elektromobilen Menschen wird.

"Wenn die größten geographischen Entfernungen angesichts der Entwicklung der Überschallgeschwindigkeit nichts mehr sind, dann ist die kleinste Dichte, die das Innere eines lebenden Organismus schützte, angesichts des Einsatzes der absoluten Geschwindigkeit elektronischer Impulse weniger als nichts geworden; es ist, als würde die *Geschwindigkeitsgrenze* der Wellen endgültig die unsichtbare Grenze des Hautgewebes aufheben." (1994c, S. 142)

In diesen Beispielen drückt sich für Virilio der Machtwillen einer gewissenlosen Wissenschaft aus, die dabei ist die natürliche Vitalität des Menschen zu opfern, nachdem sie bereits die Lebensgrundlage einer gesunden Umwelt weitestgehend zerstört hat. Der Körper wird zur Primärmaterie, an der wie an einer Laborratte experimentiert wird. Die Gesundheitsideologie der modernen Medizin, deren Interesse nicht mehr dem Erhalt eines allgemeinen Gesundheitszustandes gilt, sondern deren fortwährender technologischer Verbesserung, muß hinterfragt werden. Von Fachleuten wird bestätigt, daß im Jahre 2000 Transplantationen bzw. das Anbringen von Prothesen bereits die Hälfte aller chirurgischer Eingriffe ausmachen dürfte. Es besteht also das Problem der Abkoppelung des Menschen von der natürlichen Evolution.

"Wenn der >Übermensch< von morgen wirklich der *überrüstete Gesunde* ist, der seine Umwelt kontrolliert, ohne sich physisch fortzubewegen - so wie der mit Prothesen *ausgerüstete Kranke* heute schon unter nur geringem Einsatz von Muskelkraft handelt und sich bewegt - , dann tritt die Evolution in eine TECHNO-LOGISCH-WISSENSCHAFTLICHE Phase ein." (a.a.O., S. 128)

Neben der modernen Medizin ist es vor allem die Kybernetik, die zu den einschneidendsten wissenschaftlichen Veränderungen geführt hat. Sie beschäftigt sich nach Virilio zentral mit der diskreten Steuerung der Menschen durch intelligente Maschinen. Damit betreibt sie die programmatische Symbiose von Mensch und Computer, die zu einer verdeckten Entwertung alles Menschlichen führt zugunsten einer endgültigen instrumentellen Konditionierung der einzelnen Persönlichkeit. Nach dem Krieg ging die kybernetische wissenschaftliche Gemeinde dazu über, das menschliche Gehirn mit den Komponenten des Computers zu identifizieren. Alan Turing schrieb 1947 sein Buch "Intelligente Maschinen". Nachdem die reale Umwelt, der städtische und ländliche Raum, nicht mehr der Einwirkung elektromagnetischer Felder entging, wurde dank der Kybernetik eine virtuelle Umwelt geschaffen, die der physischen Dimension des menschlichen Handelns eine zusätzliche, simulierte Dimension hinzufügte: den Cyber-Space des Computers. Damit ist der Prozeß in Gang gesetzt, den Virilio die Industrialisierung der Simulation nennt. In dieser Informationsumwelt, in der sich die Physik und die Informatik vollkommen miteinander vermischen, wird heimlich eine neue Art des Universums eingeführt, ein virtuelles Universum, in dem die Newtonschen Gravitationsgesetze keine Geltung mehr haben. Für Virilio ist dies das Ergebnis einer informationstechnischen Verschmutzung der eigentlichen Welt und des Universums.

"In dem Augenblick, wo schließlich mit Hilfe der audiovisuellen Techniken der *tiefe* Horizont der Orte, die sich am entgegengesetzten Punkt unserer Erdkugel befinden, *sichtbar*, oder genauer gesagt, >durchsichtbar< geworden ist, ergibt sich auch schon die

Dringlichkeit einer anderen, neuen Grenze, einer nicht mehr geographischen, sondern computergraphischen Grenze; das *geistige
Bild* der durch die Krümmung des Erdballs verdeckten Weite wird
durch die *instrumentelle Bilderwelt* eines Computers verdrängt,
der die Fähigkeit besitzt, dank der Rechengeschwindigkeit seiner
intergrierten Schaltkreise ein virtuelles Jenseits zu erzeugen."
(a.a.O., S. 155)

Die große ästhetische Veränderung der Informationstechniken
besteht darin, daß man sich nicht mehr in einer natürlichen
Umwelt bewegt, sondern im künstlichen Raum des Cyber-
Space. Mit Hilfe des Datenanzuges wird der Mensch von morgen in einer von Kommandozentralen bevölkerten künstlichen
Welt leben, in der er allerdings auf Schritt und Tritt überwacht
wird, wie eine Rakete von der gegnerischen Abwehr. Dieser
Mensch wird nicht nur endgültig die Freiheit verloren haben,
sich eine eigene geistige Bilderwelt zu schaffen, sondern er
wird ein über jedes vorstellbare Maß hinaus beherrschter "Ma-
schinenmensch" sein. Damit wird die Einheit der menschlichen Wahrnehmung aufgebrochen und eine dauerhafte Störung der Selbstwahrnehmung durchgesetzt. Vielleicht stehen
wir ja schon kurz vor einer Lebenswelt rein synthetischer Bilder. Der kybernetische Raum jedenfalls zerschlägt endgültig
die Einheit des Seins, ja ermöglicht sogar die Übertragung des
Inhalts unserer Empfindungen auf ein nichtgreifbares Double
und beseitigt mit der Unterscheidung zwischen innen und außen zugleich das "hic et nunc" der unmittelbaren Handlung.
Für Virilio führt die Kybernetik den "Virus einer probabilisti-
schen Konzeption der Realität" ein, einer Realität, die nur
noch begriffen wird als Realitätseffekt oder genauer gesagt als
synthetische Illusion. Wenn Cyber-Space verstanden wird als
das Ergebnis einer Zusammenarbeit zwischen Informationstechniken des Labors und Informationstechniken des Gehirns,
dann ist das Lebendig-Gegenwärtige nur noch ein lebendiges
Kino. Das heißt, nach der Revolution der Übertragungsmittel
wird jetzt die Realität des Raumes mit Hilfe der synthetischen
Bildproduktion des Computers motorisiert. Die Welt, oder was
von ihr übrig geblieben ist, kommt zu dem in seinem Käfig

eingesperrten Cybernauten. Dieser ist die Beute einer synthetischen Bilderwelt geworden, mit und durch die er vollkommen
gesteuert wird. Damit ist für Virilio der Exodus von der Erde
und seiner konkreten Wirklichkeit endgültig in Vorbereitung.

"Da sich die von den Medien betriebene audiovisuelle >Entwirk-
lichung< offensichtlich nicht mehr mit der Maskierung unseres
täglichen Lebens begnügte, stellte sich den Informatikern die Aufgabe, ab sofort den Verzicht auf die materiellen Träger der unmittelbaren Erfahrung vorzubereiten, um uns in Zukunft in die Imma-
terialtiät eines neuen Jenseits zu verbannen. *Und das angestrebte
Ziel seiner Kolonisierung will man erreichen, indem man im
nächsten Jahrhundert ganze Bevölkerungen von Konsumenten in
die Leere eines horizontlosen Horizonts deportiert.*" (a.a.O., S.
165)

Wenn die Digitalisierung der kosmischen Bilderwelt im nächsten Jahrhundert von den Informatikern vollständig vorge-
nommen sein wird, dann können die Cybernauten wie einfa-
che Fernsehzuschauer Reisen in beliebige Ersatzuniversen
unternehmen, die aus reiner Informationsenergie hervorge-
gangen sind. Mit dieser dritten, letzten Revolution der technischen Mittel hat sich die Vernichtung des natürlichen Körpers, der Realität, endgültig vollzogen. Nachdem die lichtgeschwinden Teletechnologien unser Dasein in einem Hier und
Jetzt dekonstruiert haben, werden in einer virtuellen Umwelt
die Körper von der Informatik konditioniert. Die Techosphäre
hat damit endgültig die Oberhand über die Biosphäre gewonnen.

Globaler Unfall

Keine Wissenschaft, ob Geistes- oder Naturwissenschaft, stellt
für Virilio die dem hier umrissenen Problemkreis angemesse-
nen Fragen. Auch die ökologische Theorie stößt an die Grenzen, da sie sich zwar mit den Gewinnen und Verlusten der
Atmo- und Biosphäre beschäftigt, aber die Dromosphäre, die

Frage nach der Zeitökonomie, völlig außerachtläßt. Diejenigen, die sich mit der Techno-Logik beschäftigen sind Technokraten, deren Rationalität nur auf Effizienz abzielt und die Negativität der Technik völlig ignoriert.

"Wir erreichen immer das Gegenteil des Gewollten, und eines Tages werden wir eine absolute Waffe, und das heißt: den absoluten Unfall haben. Der Umschlag ins Negative ist die Folge der militärischen Intelligenz, die sich gerade deshalb so entfalten konnte, weil das zivile, das philosophische Denken diese Seite der Vernunft immer verdrängt hat. Wenn Aristoteles sagt, daß es keine Wissenschaft des Akzidentiellen gibt, hat er damit den Prozeß der Verleugnung der Negativität in Gang gesetzt." (1986c, S. 12)

Man muß sich folglich mit den Akzidenzien beschäftigen, mit den Unfällen, den Entgleisungen, die mit jeder technischen Erfindung mitproduziert werden, denn der Unfall ist es, der laut Virilio die Identität des Objekts enthüllt (1984, S. 37). Durch den Sieg der Echtzeit der internationalen Telekommunikation - die durch das Internet eine neue zusätzliche Tragweite erhält - sind wir heute alle der Gefahr eines allgemeinen Unfalls ausgesetzt. Dieser übersteigt bei weitem das Ausmaß (räumlich) beschränkter Verkehrsunfälle des Zeitalters der Revolution der Transportmittel. Denn das elektromagnetische Übertragungssystem der Interaktivität zukünftiger Datenautobahnen stellt ein Phänomen von globaler Tragweite dar. Ohne diese Unmittelbarkeit und Allgegenwart der Aktion und Reaktion, die einstmals dem Göttlichen vorbehalten waren und heute menschliche Attribute geworden sind, hätte es die Möglichkeit einen allgemeinen Unfall zu verursachen niemals gegeben. Das lokale Tun in einem Hier und Jetzt ist der allgemeinen Interaktivität aller in einer globalen Zeit gewichen. Den gefährlichsten Faktor dieses Prozesses sieht Virilio darin, daß der Raum, das Lokale, die Körper, die Nähe, das sinnlich Materielle, kurz ‚die Biosphäre, beherrscht wird von der Informationssphäre der Echtzeit. Diese eliminiert alles, was den Zeitfluß aufhält oder stört. War es zunächst die Struktur der

Erde selbst, die die Erhöhung der Kommunikationsgeschwindigkeiten behinderte, so daß man versuchte durch Wege, Autobahnen und Tunnels diese natürlichen Hindernisse zu beseitigen, so ignorieren heute die elektromagnetischen Strahlen jede Materialität, sei es die der Erde, sei es die des menschlichen Körpers. Zukünftig wird es keine geometrischen und geographischen "Einschreibeflächen" mehr geben. Die Sintflut der Postmoderne wird eine Überflutung der elektromagnetischen Wellen der Lichtzeit sein. Werden damit auch die Zeitzonen der Welt verschwinden?

"Sollte dies tatsächlich der Fall sein, ja, dann wäre die Erde, der *irdische Raum* an einem bisher nie dagewesenen Gebrechen >erkrankt<, und man müßte Mitleid haben mit der Dauer, der Schwere und der Tiefe eines Raums, der durch den Kunstgriff einer Höchstbeschleunigung entwertet würde, die sowohl die Geschichte als auch die Erinnerung daran wahrhaftig *auszulöschen* vermag, denn die hinlänglich bekannte *Versteppung* der Erdoberfläche würde durch diejenige der (chronogeographischen) Dauer überholt werden, wobei die *Wüste der Weltzeit*, d.h. einer GLOBALEN Zeit, die von den Umweltschützern zu Recht gebrandmarkte Verwüstung der Tier- und Pflanzenwelt vollendete." (1996, S. 173)

Die Echtzeit, die bisher neben traditionellen Zeitzonen existierte, hätte sich damit endgültig durchgesetzt. Zusätzlich zu einem Verlust bewohnbarer Flächen, zu einem Verlust des sichtbaren Raums der Perspektive des Quatrocento würden wir dann den Verlust der ortsgebundenen Zeit historischer Ereignisse erleben, die noch an ein Hier und Jetzt gebunden waren. Virilio prognostiziert, daß zukünftige Generationen eine verkleinerte Realität erleben werden, die Enge eines unabhängig von geographischen Entfernungen zugänglichen Lebensraums, die unzeitliche Perspektive eines kybernetischen Raums, in dem der Terror der Information herrscht. Damit verflüchtigt sich für Virilio die geophysikalische Realität des "territorialen Körpers", ohne den keine Existenz möglich ist, denn zu sein heißt, "hic et nunc" situiert sein. Die verbindende

Nähe der Raumordnung der Erdoberfläche wird abgelöst durch die auflösende Vergänglichkeit einer globalen Zeitordnung, durch eine globale Homogenisierung der Zeit, was zu einem Zerfall jahrhundertealter gesellschaftspolitischer Strukturen führen wird.

Diese zukünftige Interaktivität der Informatik wird der menschlichen Aktivität Schäden zufügen, die sich metaphorisch am besten mit einer nuklearen Katastrophe und der dadurch freigesetzten Radioaktivität vergleichen läßt. Neben der Tatsache, daß der Mensch jedes Gefühl für eine geophysikalische Realität verlieren wird, für ein sinnliches Empfinden von Entfernungen - da es zur Überwindung des Raums keinerlei Anstrengung mehr bedarf -, sind auch alle anderen traditionellen Orientierungsmaßstäbe wie die nachbarliche Gemeinschaft, die Verwandtschaft, Freundschaften oder Liebes- und Lebensverbindungen auf Grund der teletechnischen Echtzeit dabei, sich aufzulösen. Die Liebe der Zukunft wird beispielsweise über große Entfernungen hinweg praktiziert. Fernliebe bedeutet jedoch den anderen, seine unmittelbare Nähe, seine sinnliche Präsenz zurückzuweisen. Was bis jetzt noch letztes Refugium des Vitalen war, wird in eine ferngesteuerte Masturbationspraxis verwandelt. Mit Hilfe des Datenanzugs schlüpft der Mensch selbst in Informationen hinein und wird via elektronischer Impulse in seinem Empfinden so kodiert, daß er bis zum Wahnsinn überreizt werden könnte. Dieser virtuelle Vollzug des Geschlechtsaktes ist für die angeschlossenen Paare dasselbe wie die virtuelle Gemeinschaft der Internet-Benutzer. Nachdem die industriellen Technologien schon zum Untergang der bäuerlichen Großfamilie geführt haben, zugunsten der bürgerlichen Kleinfamilie, wird das Ende der physischen Nähe durch die virtuelle Sexualität zu einem noch radikaleren Bruch führen, dem Bruch zwischen Mann und Frau. Die sexuelle Fortpflanzung an sich wird bedroht. Statt realer Lust der fleischlichen Liebe vollzieht eine entwertete Menscheit Sex an Maschinen. Neben dem Paar löst sich damit auch die körperliche Vereinigung auf. Die Technowissenschaft verbannt uns damit nicht nur aus der geophysikalischen Welt, sondern auch vom Körper des anderen.

Die Wissenschaft und die Technik haben dann endgültig ihr Ziel erreicht. Jeder Widerstand ist gebrochen, jede örtliche Gebundenheit gelöst, die Weite des Erdhorizionts überwunden, die Dichte der Körper aufgelöst. Doch um welchen Preis? Die Welt als ökonomisches, politisches und soziales Feld des Handelns, der Wahrnehmung, der menschlichen Erfahrungen, die Geopolitik, die klassische Visualisierung der Perspektive, all das hat sich von Grund auf verändert. Die Umwelt ist "versteppt" und der Mensch ist zweigeteilt, was den ältesten aller Mythen realisiert: die Erzeugung eines elektro-ergonomischen Doubles ist nichts anderes als die Bezeichnung für den (Un)-Geist, für einen lebenden Toten. Den Wettlauf zwischen Informationen und Menschen haben letztere verloren. Der technische Imperialismus hat seine Grenze erreicht, der Sinn der Welt ist zum Ende gekommen.

Virilios Geschichte der technischen Medien mündet somit in eine apokalyptische Vision. Seine Medientheorie läßt zwei mögliche Lesarten zu. Zum einen handelt es sich um eine Theorie-Fiktion, in deren Zentrum Übertreibung als Methode steht[6], zum anderen ist es der Beginn eines neuen Wissensdiskurses, der die Negativität der medialen Techniken ins Zentrum seiner Analyse rückt. Virilio formuliert es folgendermaßen:

"Ich habe den Ausdruck >Dromologie< nicht ohne ein gewisses Amusement erfunden, um eine Art Wissenschaft von der Geschwindigkeit anzuregen. Viele denken, die Dromologie sei bereits eine richtige Wissenschaft, aber für mich ist das eher eine Art Konstruieren, etwa so wie man Häuser konstruiert, die dann auch wieder einstürzen, keine Wissenschaft in der >überheblichen< Bedeutung des Begriffs. Sie hat etwas von einer Theorie-

---

6   Man denke an Günther Anders' Postulat, daß latente Gefahren einer embryonalen Lage nur sichtbar gemacht werden können, wenn man sie um ein Vielfaches vergrößert. (1987, S. 15).

Fiktion, von >science-fiction<, selbst im strengen Wortsinn."
(1986c, S. 12)

Und:

"Es ist erstaunlich, in welchem Maße die Vernunft bei den
Griechen und dann quer durch die Geschichte bis hin zu Hegel
und den heutigen Rationalisten das Problem der Kriegs-Intelli-
genz und der militärischen Strategie verdrängt hat. Es ist, als ob
es eine Zäsur gäbe, welche die Vernunft vor der Negativität bewahrt, einen epistemologischen Schnitt, der verhindert, daß die
negative Dimension der Vernunft, wie sie im strategischen und
militärischen Denken erscheint, erkannt wird." (a.a.O.)

D.K.

Die Technizität des Textes.
Friedrich A. Kittler

I. Literaturwissenschaft und Medientheorie

Friedrich A. Kittler ist seiner wissenschaftlichen Herkunft nach Literaturwissenschaftler. Seine Herangehensweise an den Gegenstand Literatur ist jedoch einigermaßen unorthodox, nämlich medientheoretisch. Zumindest hierzulande war eine medientheoretische Betrachtung von Literatur vor Kittler so ungewöhnlich, daß ohne Übertreibung gesagt werden kann, seine Arbeiten hätten die Literaturwissenschaft inzwischen verändert. Er formuliert programmatisch:

> "Nennen wir es die Sache von Literatur und damit auch von Lite-
> raturwissenschaft, den Zusammenhang des Netzes, in dem All-
> tagssprachen ihre Untertanen einfangen, überlieferbar zu machen.
> Und wem diese Bestimmung fremd klingt, sei (...) daran erinnert,
> daß ohne nachrichtentechnische Bestimmungen von Literatur und
> Literaturwissenschaft in Bälde kaum mehr die Rede sein könnte."
> (1993, S. 149)[1]

Kittler wendet sich vor allem gegen die heute vorherrschende Methode der Hermeneutik, aber auch gegen Literatursoziologie mit der Begründung, beide bekämen die eigentlichen Produktionsbedingungen von Literatur nicht in den Blick. Hermeneutik betrachte Texte bezogen auf einen "Sinn", der sich gegenüber seinen Voraussetzungen verselbständigt habe. Im Gegensatz dazu fasse Literatursoziologie literarische Werke als "Widerspiegelungen von Produktionsverhältnissen" und thematisiere zwar Webstühle, Dampfmaschinen und Fließbänder,

---

[1]   Friedrich A. Kittler: Draculas Vermächtnis. Technische Schriften, Leipzig 1993.

aber keine Schreibmaschinen. Für Kittler gehen beide Methoden am Kern ihres Gegenstandes vorbei, denn ihre Grundbegriffe "Sinn" und "Arbeit" schließen den Begriff der Information gleichermaßen aus (1995, S. 520).[2] Solche Ignoranz
gegenüber ihren medialen Produktionsmitteln eint Produzenten und Interpreten, denn: "Blind sind Schreiber vor Medi-
en, Philosophen vor Technik." (1986, S. 145).[3] Dagegen hält
Kittler Friedrich Nietzsches Diktum: "Unser Schreibzeug arbeitet mit an unseren Gedanken." Ernstgenommen bedeutet
diese Erkenntnis, daß auch sogenannte Geisteswissenschaftler
sich einem Materialismus verpflichten müssen, der das "Zwei-
Kulturen-Schema unserer Fakultäten" sprengt (1995, S. 521).
Die (in Deutschland) heilige Domäne der technikfreien und
insofern humanen "kommunikativen Vernunft" wäre demnach
nicht haltbar. Der denkende und schreibende Mensch bewegt
sich immer schon im medialtechnischen Horizont, ganz
gleich, ob es sich beim Schreibzeug um eine Feder oder einen
Computer handelt. Wenn Literaturwissenschaft also von einem geistesgeschichtlichen Sinn oder von einem schaffenden
Subjekt ausgeht, baut sie auf Chimären. Daß dies jedoch dem
üblichen Vorgehen entspricht, bringt Kittler im Vorwort zu
"Draculas Vermächtnis" zu folgendem Bekenntnis:

"Und dennoch, der Schreiber dieser Zeilen hätte technische
Schriften wahrscheinlich nie aufgeschlagen, geschweige denn ge-
schrieben, wenn jene geistige Freiheit vor oder von Codes hiesige
Bildungsanstalten nicht so gnadenlos bestimmt hätte." (1993,
S. 10)

Wenn Kittler von Medien spricht, sind nicht das Rad, die
Dampfmaschine oder Elektrizität gemeint, sondern Bücher
oder Computer. Er definiert den Begriff des Mediums funktio-
nal: nicht jede Technik gilt als Medium, sondern nur jene, de-

---

[2]   Friedrich A. Kittler: Aufschreibesysteme 1800·1900, 3. überarbei-
tete Auflage München 1995.
[3]   Friedrich A. Kittler: Grammophon Film Typewriter, Berlin 1986.

ren Funktionen im Speichern, Übertragen und Verarbeiten von Information bestehen (1995, S. 519; 1993, S. 8). Die Definition beinhaltet zudem die Aussage, daß Information als solche nur in Verbindung mit einem Medium gedacht werden kann. Damit ist, im Gegensatz zum Standpunkt "jener geistigen Freiheit", die These formuliert, jedes Wissen sei relativ bezogen auf seine Voraussetzungen medialer Art. Diese sind aber qua Voraussetzungen weder unmittelbar als solche zu identifizieren, noch liegen ihre Wirkungen auf der Hand. Kittler betont die Unmöglichkeit, Medien zu verstehen, "weil gerade umgekehrt die jeweils herrschenden Nachrichtentechniken alles Verstehen fernsteuern" (1986, S. 5).

Die Ablehnung der traditionell geisteswissenschaftlichen Haltung bedeutet allerdings nicht, daß Kittler Wissen und Kultur monokausal auf Medientechnik zurückführt. Hier unterscheidet er sich von anderen Medientheoretikern wie Marshall McLuhan, Neil Postman oder Vilém Flusser. Methodologisch ist sein Ansatz dem poststrukturalistischen Denken sehr nah, vor allem Michel Foucault und Jacques Lacan. Im Zentrum des Poststrukturalismus steht der Gedanke vom Verschwinden des Subjekts, der besagt, daß das menschliche Bewußtsein von äußeren Strukturen gesellschaftlicher oder kultureller Art determiniert ist, die als solche nicht bewußt sind. In der Tradition von Karl Marx und Sigmund Freud werden dem vormals autonomen Subjekt äußere Determinanten beigelegt, allerdings ohne die Hoffnung, dieselben durch Revolution oder Aufklärung überwinden zu können. Ob, je nach Theorie, das Determinierende als Sprache, Diskurs oder Dispositiv der Macht auftritt gemeinsames Merkmal ist, daß es den Zugang zur Wirklichkeit unhintergehbar bestimmt. Die Kategorien von Ursache und Wirkung greifen hier nicht; der Sachverhalt kann nur adäquat erfaßt werden, wenn von systemischen Einheiten ausgegangen wird, in denen jedes Teil Bedeutung und Funktion erst durch die Gesamtstruktur erhält. Für Foucault heißt in der "Archäologie des Wissens"[4] die alles bestimmende Ordnung "Diskurs", die auch nicht-diskursive Praktiken (zum Beispiel soziale oder technische) bedingt. Diskurse sind geregelte Formationen von Aussagen, die sich wiederum zu einem "Archiv" ordnen, das als historisches Apriori die Bedingungen aller Aussagen einer Epoche enthält. Für den Erforscher einer Epoche - und sei es die eigene - sind daher nicht die inhaltlichen Aussagen, etwa das Weltbild oder die Philosophie von Interesse, sondern die verborgenen Mechanismen, die diese erst konstituieren. Die Methode der Diskursanalyse verfährt dabei als "Archäologie". Das heißt, Texte werden als bedeutungslose Einheiten betrachtet, die Ebenen der Überlieferung und des Sinns abgetragen, um die darunter liegenden Diskursregeln freizulegen und zu rekonstruieren.

Diese Methode wählt Kittler explizit als Vorbild (1995, S. 519). Statt der hermeneutischen Perspektive des verstehenden Subjekts, das mit dem Gegenstand auf dem gemeinsamen Boden des Sinns steht, nimmt er in seinen Untersuchungen eine Außenperspektive ein. Was in einer bestimmten Periode gesagt oder geschrieben wurde, findet dabei nur unter dem Aspekt Beachtung, daß dieses und nicht etwa anderes gesagt oder geschrieben wurde. Literarische Texte werden als bloße Datenansammlungen genommen und analysiert. Kittlers Ansatz orientiert sich methodisch an Foucault, bekommt aber durch seinen Medienbegriff eine andere Ausrichtung. Denn für ihn ist seit der Auflösung des Schriftmonopols durch technische Speicher- und Übertragungsmedien die Beschränkung der Analyse auf Diskurse inadäquat geworden. "Archäologien der Gegenwart" müssen technische Medien miteinbeziehen, um "Macht- und Wissensformen" zu erfassen (1995, S. 519). So kommt es zu "Aufschreibesystemen", die er wie folgt definiert:

---

4   Michel Foucault: Archäologie des Wissens, Frankfurt am Main 1973.

"Das Wort Aufschreibesystem (...) kann auch das Netzwerk von Techniken und Institutionen bezeichnen, die einer gegebenen Kultur die Adressierung, Speicherung und Verarbeitung relevanter Daten erlauben." (1995, S. 519)

Mediale Techniken sind also mit Institutionen wie Familie, Universität oder Wissenschaft zu einem System verknüpft. Durch dieses laufen alle in einer Epoche relevanten Daten, womit gleichzeitig gesagt ist, daß ihre Relevanz erst im Durchlauf entsteht. Das Netzwerk bildet die Regeln der Verteilung, Rezeption und Überlieferung von Informationen aus, es gibt vor, welche Daten in welcher Form die Zeitgenossen überhaupt erreichen und für sie zu Informationen werden. Mit anderen Worten: das Wissen einer Kultur wird so formiert, reguliert und damit produziert. Ist das Aufschreibesystem einer Epoche zutage gefördert, dann sind die Bedingungen ihres Denkens aufgedeckt. Sie gelten zugleich auch als Bedingungen der Macht, denn Produktion von Wissen heißt immer auch Negation oder Ausschluß eines anderen Wissens. Ein Aufschreibesystem zeigt sich als eine Art Technologie, die jedem Sinn vorgängig ist. Es stellt kein Instrument dar, das "Der Mensch" zu sinnvollen Zwecken benutzt, sondern ein Gebilde, das seinerseits den Begriff "Des Menschen" erst ermöglicht oder nicht.

"Was Mensch heißt, bestimmen keine Attribute, die Philosophen den Leuten zur Selbstverständigung bei- oder nahelegen, sondern technische Standards." (1993, S. 61)

Die Knotenpunkte des Netzes charakterisiert Kittler unter bezug auf die mathematische Informationstheorie Claude Elwood Shannons.[5] Dessen Modell der Information besteht aus fünf miteinander verschalteten Instanzen: Quelle, Sender, Kanal, Empfänger und Senke (1995, S. 520). 1. Die Quelle ist der Ort der Selektion einer Nachricht aus der Menge der

---

[5]   Vgl. den Beitrag zu Shannon in diesem Band.

möglichen Nachrichten, 2. ein oder mehrere Sender verarbeiten die Nachricht durch Codierung zum technischen Signal, 3.
der Kanal leistet die Signalübertragung, 4. der oder die Empfänger decodieren das Signal wieder zur Nachricht und 5. die
Nachricht gelangt an die Adresse einer Informationssenke
(1993 b, S. 171).[6] Jede Station moduliert, zusammengenom-
men produzieren sie Informationen. Dies erhellt die Bedeutung des Materialismus für Kittlers Ansatz. Er betont einerseits, daß es keinen Sinn ohne physikalischen Träger gibt. Die
Materialität der Medien (Grammophonnadel, Schreibmaschinentastatur u.ä.) spielt eine wesentliche Rolle als Möglich-
keitsbedingung der Information. Andererseits produziert die
Materie selbst keinerlei Information (1993, S. 161). Es gibt
keine Stimme der Natur, die zum oder durch den Menschen
spricht. Materie als solche ist Rauschen (Chaos), und Information (Ordnung) ist kontingentes Ereignis. Mit Shannon bestimmt Kittler Information jenseits aller Semantik schlicht als
Gegenpol des Rauschens. Dies erinnert an Niklas Luhmanns
Postulat der Unwahrscheinlichkeit von Kommunikation und
macht den Status der Aufschreibesysteme noch einmal deutlich: sie und nur sie produzieren Ordnung im Chaos und konstituieren Sinn.

Shannons abstraktes Modell ist selbst erst in Verbindung
mit der Computerentwicklung entstanden, als der Informationsfluß in allen seinen Phasen auf Maschinen überging
(1993 b, S. 171). Deshalb würde eine schematische Anwendung auf frühere Epochen deren Logik außer acht lassen. Kittler formuliert dies als offenes Problem (ebd). Das Modell kann
zwar zum Vergleich verschiedener Aufschreibesysteme dienen, muß aber deren spezifischen Eigenarten angepaßt werden. Daher können die fünf Positionen in der Geschichte von
unterschiedlichen Instanzen oder gar nicht besetzt sein (1995,
S. 520). Wieviele tatsächlich von Medien eingenommen wer-

---

[6]   Friedrich A. Kittler: "Geschichte der Kommunikationsmedien", in:
Jörg Huber, Alois Martin Müller (Hrsg): Raum und Verfahren.
Interventionen 2, Frankfurt am Main 1993.

den, hängt vom Entwicklungsstand derselben ab. So wird heute vorstellbar, daß der Computer gesellschaftliche Institutionen aus immer mehr Positionen verdrängt. Kittlers Untersuchungen sind darauf angelegt, dem konkreten historischen Material gerecht zu werden. Auch in der Variabilität seines Systemvergleichs ist eine Parallele zum Poststrukturalismus zu sehen, der gegenüber dem Strukturalismus auf offenen, transformierbaren und in der Geschichte veränderlichen Strukturen beharrt. Die historische Ausrichtung der Theorie bezieht auch ihre Grundbegriffe mit ein. Der Begriff "Technik" darf nicht als Maschinerie gelesen werden, denn mediale Techniken können auch ganz anders geartet sein. So waren Verse zum Beispiel die zentrale Speichertechnik oraler Kulturen, welche die Überlieferung des Wissens ermöglichte. Die Trias der medialen Funktionen "Speichern, Übertragen, Verarbeiten" bildete sich im Laufe der Mediengeschichte heraus: Zuerst traten Speichermedien auf, dann Medien zur Übertragung von Information, und schließlich wurde mit dem Computer die Verarbeitung von Daten möglich. Kittler sieht sogar den Medienbegriff selbst als Produkt der historischen Entwicklung. Denn in der langen Phase des Monopols der Schrift, das die "Vorgeschichte" der Oralität ablöste und bis ca. 1900 dauerte, gab es keinen Medienbegriff. Da Schrift Medium überhaupt war, wurde sie als solches nicht wahrgenommen (1986, S. 12, 13). Erst die Entwicklung von Grammophon, Film und Schreibmaschine, die Ausdifferenzierung verschiedener Medien, machte es möglich, unterschiedliche mediale Wirkungen zu erkennen (1986, S. 27). Erst dann konnte ein Medienbegriff entstehen, dessen Gültigkeit nach Kittlers Prognose wiederum vom Fortschritt der Technik überholt werden wird. Denn der Computer ist im Begriff, ein neuerliches Monopol zu errichten, das durch die allgemeine Digitalisierung sowohl die differenten Medien als auch ihren Begriff kassieren wird (1986, S. 8).

Alle genannten theoretischen "Grundsätze" des Kittlerschen Unternehmens müssen als Annäherungen verstanden werden, da in seinen Schriften die Theorie im praktischen

Umgang mit dem Material aufgeht und programmatische Aussagen rar sind.

II. Aufschreibesysteme

In "Aufschreibesysteme 1800·1900" entwickelt Kittler seine Theorie der Informationsnetzwerke. Im Fokus der Untersuchung stehen die kulturellen Umbruchsituationen, beziehungsweise die Anfangsstadien der Epochen "1800" (von ca. 1800 bis ca. 1900) und "1900" (von ca. 1900 bis heute). Für beide Perioden werden die Schaltstellen des Systems rekonstruiert und seine Funktionsweisen demonstriert. Dies geschieht in Auseinandersetzung mit der zeitgenössischen Literatur von Johann Wolfgang von Goethe bis Rainer Maria Rilke, die auf die impliziten Diskursregeln hin analysiert wird. Neben literarischen Werken zieht Kittler verschiedenste Zeitdokumente heran, zum Beispiel Fibeln, Schriften zur Pädagogik und Ästhetik oder psychoanalytische Studien. So wird die jeweilige Zeit an Hand eines Textmosaiks erfaßt.

1800

Das frühere Aufschreibesystem beginnt um 1800 "+/- 15 Jahre". Die historische Zäsur macht Kittler an der allgemeinen Alphabetisierung fest (1995, S. 520). Zuvor stellten Lesen und Schreiben unterschiedliche Kulturtechniken dar, die durchaus auch von verschiedenen Personen ausgeübt werden konnten: Kopisten waren zum Teil nicht in der Lage, die Texte, die sie abschrieben, zu lesen. Um 1800 begann ein Prozeß, der beide Fähigkeiten verkoppelte und zur allgemeinen Bildung erhob (1995, S. 138). Für Kittler liegt der Schlüssel zum Aufschreibesystem darin, die Form dieses Prozesses zu verstehen, und den Diskursursprung zu finden. Wichtige Verschiebungen im Bildungssystem führten Ende des 18. Jahrhunderts zur "Ein-

setzung von Müttern an den Diskursursprung" (1995, S. 38).
So entdeckte die Pädagogik Mütter als primäre Instanz der Erziehung, und es entstand eine vorher nicht vorhandene "von
Natur her legitimierte Zentralstelle für Kulturisation" (ebd.).
Zudem machte eine neue Methode des Lesenlernens die Mutter zur Lehrerin. Heinrich Stephanis "Lautiermethode" ersetz-
te das Lehrmedium Buch durch die Stimme der Mutter. Der
"Muttermund erlöste die Kinder vom Buch", denn zuvor bedeutete das Lesenlernen eine mechanische Tortur (1995,
S. 45). Vor allem, weil mit Hilfe biblischer Texte gelehrt wurde, die sowohl dem Stil als auch den Inhalten nach für Kinder
unverständlich waren. Außerdem liefen die gebräuchlichen
Formen der Lehre auf das bloße Auswendiglernen von Wörtern als Buchstabenkombinationen hinaus (1995, S. 43). Stephanis Fibel für Mütter erleichterte die Prozedur, so daß der
Alphabetisierung die Gewalt genommen wurde (1995, S. 66).
Der Fortschritt der Lautiermethode bestand darin, die Buchstaben über ihre Laute statt wie beim Buchstabieren über ihre
Namen zu lehren. Der Klang der Laute schuf eine eingängige
Brücke zwischen optisch und akustisch wahrgenommenen
Wörtern. Diese Verbindung war vordem schwer herstellbar,
wie Stephanis Spott über das Buchstabieren des Wortes
"schon" verdeutlicht:"Eß Zeh Ha o Enn" (1995, S. 42). Das
buchstabierte schriftliche Wort entsprach nicht dem gesprochenen und war daher schwer im Gedächtnis zu behalten. Die
neue Methode erleichterte das Lesen durch den Konnex mit
dem Sprechen. Gleichzeitig verwandelte sie auch das Verhältnis zwischen gesprochener und geschriebener Sprache.
Weil Buchstaben nun durch Laute und Zeichen durch Klänge
definiert wurden, verlor die optische Dimension an Gewicht.
"Denn mit ihrem Namen verlieren die Buchstaben auch ihren
Status" und werden den Noten ähnlich (1995, S. 44).

Die neue Form der Alphabetisierung stellt nicht nur eine
Veränderung in der Pädagogik dar, sondern markiert einen
kulturellen Bruch. "Die Revolution des europäischen Alphabets ist seine Oralisierung" (1995, S. 43). Kittlers These besagt, daß Sprache um 1800 einem entscheidenden Bedeu-

tungswandel unterliegt: mit der neuen Oralität verschwindet die Materialität von Sprache. Die von der Mutter geschulten Leser nehmen den Text nicht als solchen wahr, sondern lauschen einer nunmehr inneren Stimme. Die Lautiermethode produziert ein routiniertes Lesen, das nicht mehr mit der Widerständigkeit der Buchstaben kämpft, sondern sie unbemerkt überfliegt. Das heißt, die Selbstverständlichkeit der Zeichen macht sie durchsichtig für den so alphabetisierten Menschen, die Aufmerksamkeit richtet sich direkt auf die Bedeutung derselben. Der Signifikant (das Bezeichnende) tritt hinter das ihm entnommene Signifikat (dem Bezeichneten) zurück (1995, S. 89). So wird Sprache nicht mehr in der ihr eigenen Dichte und Materialität wahrgenommen, sie fungiert nur noch als bloßer Kanal (1995, S. 93, 145). War Verstehen lange Zeit wesentlich auf die Exegese kanonischer Texte, auf die Auslegung von Wörtern bezogen, so tat sich in der Neuzeit eine Ebene hinter der Sprache auf, die jetzt manifest wird und Priorität erlangt: die Welt der Ideen. Das Verstehen bezieht sich nicht mehr auf Sprache selbst, sondern auf einen hinter ihr liegenden Sinn.

Das Aufschreibesystem 1800 wird von mehreren Instanzen getragen. Außer der Familie sind es Dichtung, Universität und Staat, deren Diskurse das System hervorbringen und reproduzieren. Um 1800 wird Dichtung zum wichtigsten Kulturträger in Deutschland, eine lawinenartige Expansion des Buchwesens setzt ein. Für Kittler ist dies weder allein auf technische Innovationen, wie die Erfindung der Endlospapier-Produktion, noch allein auf sozialen Wandel, wie den Aufstieg des Bürgertums, rückführbar (1995, S. 139). Auch psychologische, auf dem Begriff der Sublimation basierende Erklärungen der rasch um sich greifenden "Lesesucht", erfassen das Phänomen nicht (1995, S. 147). Der Bücherboom und die massenhafte Rezeption von Dichtung können nach Kittler nur durch "Mutationen der Diskurspraxis selber" erklärt werden (1995, S. 139). Er nennt zwei Entwicklungen, die dazu führten, daß das Buch zum universalen Medium wurde: 1. eröffnete die allgemeine Alphabetisierung immer mehr Menschen den Zugang zu lite-

rarischen Werken und 2. ermöglichte der neue Status der
Sprache den Texten, Sinnesdaten aller Art zu speichern (1995,
S. 149). In der zeitgenössischen Ästhetik nahm Dichtung den
höchsten Rang innerhalb der Kunst ein. Dabei war die Immaterialität von Sprache eine wichtige Prämisse der Argumentation. Andere Künste galten wegen ihrer Angewiesenheit auf
bestimmte Materialien wie Stein, Leinwand oder Farbe als beschränkt. Die Tatsache, daß mit dem jeweiligen Material dem
künstlerischen Tun stoffliche Bedingungen vorgegeben sind,
stand für die Determination der Kreativität. Dichtung dagegen
wurde frei von materieller Vermittlung gesehen und daher
zum unbedingten Ausdruck des menschlichen Geistes selbst
stilisiert (1995, S. 144). Der Vermittlung durch Sprache wurde somit keine eigene Bedeutung beigemessen. Die Immaterialität der Sprache bedeutete doppelte Freiheit für Literatur,
einerseits setzte sie dem Künstler keine äußeren Grenzen, und
andererseits ermöglichte sie die Simulation komplexer sinnlicher Eindrücke. Während andere Künste nur einzelne Sinne
berühren konnten, war es der Phantasie im Medium Sprache
möglich, alle Sinne in die Rezeption einzubeziehen. Kunst,
die um 1800 eine quasi religiöse Stellung einnahm, galt als
eigentliches Reich der menschlichen Freiheit, Dichtung als
Ort ihrer höchsten Verwirklichung. Die Form der Alphabetisierung machte die ehemals widerständige und schwer zu-
gängliche Schriftsprache leicht und transparent, dadurch wurden Texte zu sinnlichen, "halluzinierbaren" Ereignissen. Literatur schuf eine Welt der Phantasie, die Sinnlichkeit umfassend repräsentierte: der Leser imaginierte Bilder, Klänge und
Gerüche (1995, S. 144, 145). Das heißt, das nicht mehr neue
Medium Buch erhielt eine neue Bedeutung:

"Das Aufschreibesystem von 1800 arbeitet ohne Phonographen,
Grammophone und Kinematographen. Zur seriellen Speicherung/
Reproduktion serieller Daten hat es nur Bücher, reproduzierbar
schon seit Gutenberg, aber verstehbar und phantasierbar gemacht
erst durch die (...) Alphabetisierung." (1995, S. 148)

Gleichzeitig institutionalisierte die veränderte Diskurspraxis die Funktion des Autors. Damit kam der langwierige Ablösungsprozeß von der Kunst des Mittelalters zum Ende. Der schreibende Mensch produzierte nicht länger anonym, im Geflecht der Überlieferung verwurzelt, sondern als Individuum, dessen Schaffen in der eigenen Person begründet lag. Die zeitgenössische Ästhetik reflektierte die Veränderung mit der Kategorie der "Einbildungskraft", die das ganz individuelle Vermögen bezeichnete, in der Phantasie alle Beschränkungen der Wirklichkeit zu überwinden und fiktive Welten hervorzubringen. In der Folge wurden Gesetze erlassen, die erstmals geistiges Eigentum als Autorenrechte fixierten und das Verlagswesen regelten (1995, S. 156, 157). Ebenfalls um 1800 entstand die Universität im heutigen Sinne. Auch im akademischen Bereich trat das Individuum in den Vordergrund. Der ältere akademische Diskurs schrieb im wesentlichen das Lesen und Kommentieren klassischer Texte vor, philosophische Vorlesungen bestanden aus der Paraphrase und Erläuterung gängiger Texte. Als erster Vertreter des Neuen präsentierte Johann Gottlieb Fichte den Hörern seine eigene Philosophie und machte damit Schule (1995, S. 198, 199). Der Gegenstand der intellektuellen Beschäftigung veränderte sich, denn die Tradition des kanonischen Wissens wurde von den aktuellen Gedanken der Lehrenden verdrängt. Den Platz der überlieferten Schriften nahm das schöpferische Individuum als Quelle des Wissens ein. Auf diesem Boden konnte die Idee des Genies entstehen, konnte "Der Mensch" als Subjekt der Geschichte gedacht werden.

Über den Formen des neuen Denkens stand der Staat. "Akademische Freiheit und dichterische Freiheit (...) werden beide vom Staat garantiert" (1995, S. 27). 1794 erklärte der preußische Staat Schulen und Universitäten zur Sache des Staates, frei von kirchlichen Bindungen. Aus der neuen Freiheit erwuchsen jedoch andere Abhängigkeiten. Bildung geriet insgesamt zur Staatsangelegenheit, da Lehrer und Professoren nunmehr als Beamte dem Staat dienten und zudem schulische und universitäre Examina erstmalig allgemein gültig geregelt wurden. Beides ermöglichte staatlichen Zugriff und Kontrolle. Der Rechtsstaat bedurfte zur Durchsetzung seiner Prinzipien gebildeter Bürger, insofern wurden Staats- und Bildungsidee als Einheit aufgefaßt, Menschsein mit Alphabetisiertsein identifiziert (1995, S. 77).

Staat, Universität, Dichtung und Familie sind die wichtigsten Schaltstellen des Aufschreibesystems 1800, sie produzieren jene Diskurse, welche die Epoche formieren. Kittlers medientheoretischer Ansatz bezieht die zunächst heterogenen Diskurse auf die gemeinsame Funktionsweise der Sprache. Seine Analyse zeigt, wie Sprache in der Funktion des Kanals die Voraussetzung des Systems bildet. Auf der Immaterialität der Sprache basiert das kulturelle Gewicht der Dichtung und des Individuums, der Dichter und Denker. Sie ermöglicht der Dichtung die Kreation fiktiver Welten und verhilft dem Individuum zum Ausdruck seiner selbst. Auch die Gleichsetzung von Bildung und Buch setzt den Wandel der Schriftsprache voraus. Was um 1800 als Wissen gelten durfte, das heißt, welche Formen des Wissens das System hervorbrachte, kann nach Kittler nur unter bezug auf die konkreten historischen Eigenschaften und Möglichkeiten des Mediums Sprache begriffen werden. So weist er der Epoche, die sich selbst über Ideen definierte - des schaffenden Genies, des autonomen Individuums, der Bildung des Menschengeschlechts - ihre medialen Voraussetzungen nach. Diese Gedanken legen einen Verweis auf Jacques Derrida nahe, der in Kittlers Schriften mehrfach Erwähnung findet. Das Postulat von "Sprache als Kanal" ist mit der Phonozentrismus-These Derridas vergleichbar, denn auch diese setzt sich kritisch mit der Verwendung von Sprache als neutralem Instrument des Denkens auseinander. Phonozentrisch ist für Derrida die gesamte abendländische Kultur, weil ihre Erkenntnisstruktur auf dem Modell der gesprochenen Sprache (parole) beruht. Aus dem ätherisch-flüchtigen Charakter der parole, der Immaterialität der Laute leitet sich eine theoretische Haltung ab, die der Sprache keine vom Denken unabhängige Qualität beimißt. So bleibt die Schrift (écriture) als Mittel der Erkenntnis unbeachtet. Die Leugnung der

Schrift macht den abendländischen Logozentrismus zu einem Phonozentrismus; weil gesprochene Sprache scheinbar im Denken aufgeht, kann sie unmittelbar mit dem menschlichen Geist identifiziert werden. Umgekehrt gilt für Derrida, daß die Betrachtung der Schrift und damit die Anerkennung der Sprache (langue) als materiellem Phänomen eine neue Dimension erkenntnistheoretischer Probleme eröffnet: Es stellt sich die Frage nach der Bedingtheit des Geistes durch die materiellen Mittel oder Instrumente des Denkens.[7] In "Aufschreibesysteme" findet sich keine explizite Auseinandersetzung mit Derridas zentraler These. Die Konfrontation beider Positionen wäre interessant, weil Derrida das Paradigma der gesprochenen Sprache schon für die Antike geltend macht, während Kittler die verwandte These nur auf die Phase zwischen der allgemeinen Alphabetisierung und der Entstehung technischer Medien bezieht.

Die Besonderheit der medientheoretischen Perspektive Kittlers zeigt sich auch an der Tatsache, daß seine Thesen quer zu Standardauffassungen der behandelten Epoche stehen. Relevante historische oder geistesgeschichtliche Fakten bleiben programmgemäß unbeachtet. So kommt bei Kittler das zu dieser Zeit alles überragende historische Ereignis, die Französische Revolution, nicht vor. Ihr Einfluß auf das deutsche Denken ist kaum zu leugnen. Vor allem der Umschwung von stürmischer Begeisterung zu klarer Ablehnung angesichts des Terrors erklärt teilweise die Stellung der Kunst in Deutschland. Nach ihrer Abkehr von der Revolution übertrugen große Teile der geistigen Elite ihre Hoffnung auf Freiheit von der Sphäre der Politik auf die der Kunst. Auf diese Weise wurde die politische Enttäuschung durch den Glauben an eine geistige Revolution kompensiert. Kittlers anti-hermeneutische Untersuchung läßt auch geistesgeschichtliche Aspekte außer acht. Die nicht unwichtige Frage, inwiefern die hohe Wertschätzung der Kunst um 1800 auch mit einer Absatzbewegung von

---

[7]   Vgl. Jacques Derrida: Die Schrift und die Differenz, Frankfurt am Main. 1972. Ders.: Grammatologie, Frankfurt am Main. 1974.

der nüchtern-rationalistischen Aufklärung zusammenhing, wird nicht thematisiert. Ebenso umgeht Kittler die Auseinandersetzung mit einer in der Literaturwissenschaft verbreiteten Periodisierung. Er faßt die Epochen der Klassik und Romantik in einem Aufschreibesystem zusammen und behandelt Goethe und E.T.A. Hoffmann als Repräsentanten ein- und desselben Systems.

1900

Kittler stellt das Aufschreibesystem, das um 1900 entsteht, als ein System des Zerfalls dar. Das Weltbild von 1800, seine Ideen zerfallen, ohne daß sich die Bruchstücke zu einer neuen Einheit zusammenfügen. Die Trennungslinie zwischen den beiden Aufschreibesystemen markiert der Beginn der "technischen Datenspeicherung", die Film, Phonograph und Grammophon um die Jahrhundertwende möglich machten (1995, S. 520). Die Zäsur ist jedoch nicht auf technische Innovationen allein zurückzuführen, sondern nur durch das Zusammentreffen verschiedener Faktoren zu erklären. Vor allem die Entwicklung der neuen Medien und eine neue Wissenschaft, die Psychophysik, lösen grundlegende Wandlungen aus:

"Im Aufschreibesystem 1900 sind Diskurse Outputs von ZUFALLSGENERATOREN. Die Konstruktion solcher Rauschquellen fällt der Psychophysik zu, ihre Speicherung neuen technischen Medien, die psychophysische Meßwerte als Apparate implementieren." (1995, S. 259).

Gemeinsam war den technischen Medien und der neuen Wissenschaft das Prinzip der Zerlegung der Wahrnehmung in einzelne Funktionen. Kittler bezeichnet das Aufkommen der Psychophysik als Paradigmenwechsel, denn ihr Gegenstand war nicht mehr die wie auch immer geartete Seele, sondern das Gehirn und seine Funktionen (1995, S. 269). Die naturwissenschaftliche Herangehensweise an den Körper veränderte die Perspektive auf Kulturtechniken wie Schreiben und Lesen völlig. In Frage stand nicht länger, was richtige Bildung bewirken könne, statt dessen wurde getestet, was automatisch funktionierte (ebd.). Es ging nun um exakte Messungen, Zahlenmaterial und Statistik, psychische Vorgänge sollten berechnet und lokalisiert, statt mit Metaphern umschrieben werden. Mit mehr oder weniger absonderlichen Gerätschaften (Tachistoskop) wurden Versuche zur Lese-, Schreib- und Hörfähigkeit durchgeführt. Dabei mußten die Probanden nicht etwa Wörter oder Sätze, sondern sinnlose Buchstabenfolgen erkennen und wiedergeben. Ermittelt werden sollte der reine Ablauf kognitiver Prozesse, zu diesem Zweck produzierten die Testapparaturen Rauschen statt Bedeutung (1995, S. 280). Die Untersuchung isolierter Hirnfunktionen untergrub zwei vordem kulturtragende Begriffe: Sie rekurrierte weder auf das Individuum als Träger und Grund der verschiedenen Vermögen, noch bezog sie diese auf die übergreifende Einheit der Bildung. Auf diese Weise entfiel mit den Konzepten des Verstehens und der Kultur der Sinnzusammenhang des humanistischen Menschenbildes (1995, S. 268). Der Mensch wurde zur Summe test- und meßbarer physiologischer Abläufe, erfaßt durch Datensammlungen. Nach Kittler bedurfte die Entwicklung der Medien Grammophon und Film der Psychophysik, denn "erst experimentelle Zerlegungen der Wahrnehmung machen ihre analoge Synthese oder Simulation möglich" (1995, S. 289). In "Grammophon Film Typewriter" zeigt er die Wechselwirkungen von Wissenschaften und Technik genauer auf. Während die Arbeit der Techniker Kenntnisse der Physiologie voraussetzte, avancierten die Geräte selbst, kaum hergestellt, schon zum Modell für die Wissenschaft. So wurde etwa das Gedächtnis in Analogie zum Phonographen vorgestellt. Die Hypothese von Erinnerungen als Einschreibungen in Hirnzellen basierte auf der Phonographennadel, die Schwingungen als Linien in die Walze grub (1986, S. 48f).

Mit den Medien Grammophon und Film wird das Monopol der Schrift gebrochen. Optische und akustische Daten können jetzt technisch aufgezeichnet werden. Erstmals in der Geschichte müssen Informationen nicht in Zeichen, also Buchstaben, Zahlen, Noten, übersetzt werden, um ihre Verbreitung zu ermöglichen. Vor 1900 mußte alles Wissen das Raster der Sprache oder der Zahlen passieren, um kommunizierbar und überlieferbar zu sein. Die symbolischen Codes, zwar vielfältig, aber immer symbolischer Art, gewährleisteten einen relativ einheitlichen Zugang zur Wirklichkeit, der durch die zusätzlichen technischen Codes entfällt. Kittler verwendet Lacans Trias des Symbolischen, Realen und Imaginären, um die Auflösung der Einheit der wahrnehmbaren Welt zu verdeutlichen.[8] Das Grammophon speichert mit der Stimme, dem Rauschen, mit jeder Form von Klang das Reale der Körper und ihrer Umwelt. Der Film okkupiert das Imaginäre, den Bereich der Bilder und der Phantasie (1995, S. 311). Dem Buch - nunmehr ein Medium unter anderen - bleibt nur noch die Sphäre des Symbolischen. Die drei Sphären funktionieren nach je eigener Logik, ohne eine vorgängige Einheit vorauszusetzen. Die verschiedenen Medien besetzen verschiedene Sinne, so daß die zuvor von der Dichtung als Totalität angesprochene Sinnlichkeit in disparate Wahrnehmungsfelder aufgespalten wird. Für Kittler zerbricht die Vorstellung einer kohärenten Welt irreversibel an der Medienpluralität, denn die technische Aufzeichnung von Sinnesdaten zersetzt empirisch bloß begrifflich konstruierte Allgemeinheiten. Technische Datenspeicherung betrifft auch das Individuum. Sie fängt den Körper medial ein und macht ihn - im Unterschied zu schriftlichen oder künstlerischen Darstellungen - identifizierbar. Die Technik erfaßt die spezifischen Merkmale der Körper, denn Stimme, Physiognomie und Fingerabdrücke können gespeichert werden. Nach Kittler geht das Individuum von 1800 an den neuen Medien zugrunde (1995, S. 298). Das Subjekt wird positivistisch durch empirisch gesicherte Daten definiert, wodurch sich philosophische Konzeptionen von Individualität erübrigen. Begriff und Idee des Menschen werden von Wissenschaft und Technik überholt, und damit ist "Der Mensch über-

---

[8]   Zu Lacan s.u. Teil III.

haupt gestorben. Ein Tod, demgegenüber der vielberedete Tod Gottes eine Episode ist" (1995, S. 326).

Außer Psychophysik und den neuen Medien sind es zwei weitere Instanzen, die das Aufschreibesystem 1900 tragen: Psychoanalyse und Literatur.

> "Die Psychophysik gibt theoretisch und statistisch den Rahmen vor; Psychoanalyse und Literatur verschriften passende Einzelfälle, bis das System geschlossen ist. Darum hat keiner der drei Diskurse an den zwei anderen feste Referenzen; es gibt nur ihrer aller Vernetzung." (1995, S. 406)

Die Psychoanalyse steht für Kittler auf dem gleichen theoretischen Boden wie die Psychophysik, weil auch sie das humanistische Menschenbild durch ein wissenschaftliches ersetzt. Sie löst das Individuum in die isolierten Funktionen Bewußtsein und Unbewußtes auf. So gerät die Seele vom Hort der Humanität und Sitz der Freiheit zur "Black box" (1995, S. 351). Auch die Psychoanalyse arbeitet mit an der Entthronung des bürgerlichen Subjekts, da sie seine Autonomie erheblich einschränkt. Kittler sieht in der psychoanalytischen Praxis eine "Spurensicherung", vergleichbar den medialen Aufzeichnungstechniken. Denn Freud protokolliert die Sitzungen der "talking cure" im Nachhinein und rühmt sich eines "phonographischen Gedächtnisses" (1995, S. 360). Die Fehlleistungen der Patienten werden akkurat gespeichert, das heißt, statt des Cogito wird Unsinn - die Körper und ihr Rauschen - festgehalten.

Literatur tritt um 1900 an die Stelle der verschwindenden Universalkunst Dichtung. Die "Ersatzsinnlichkeit Dichtung" wurde nun ersetzbar durch Techniken, die die Sinnlichkeit adäquater ansprachen (1995, S. 310). Film und Grammophon eroberten die Phantasie und hinterließen dem Medium Buch einen sehr eingeschränkten Wirkungsbereich. Die Medienkonkurrenz verursachte zudem die Trennung von U- und E-Literatur in selbständige Zweige (1995, S. 313). Während erstere sich den neuen Medien andiente, um beispielsweise verfilmbar zu werden, zog sich letztere auf das Gebiet zurück, das ihr blieb: Sprache beziehungsweise Schrift. Die sogenannte "ernste Literatur" wirkte völlig anders als Dichtung vor ihr, denn "zurück bleibt ein Symbolisches, autonom und bilderlos wie vorzeiten nur der Gott" (1995, S. 316). Erst als Schrift die Stellung des Mediums überhaupt verlor, konnte die Materialität der Zeichen und damit die Spezifik des Mediums in den Blick kommen. E-Literatur begann mit der Materialität der Schrift zu experimentieren; an Stelle eines zu transportierenden Sinns wurden die Zeichen selbst zum Gegenstand literarischer Produktion. Vor allem die Lyrik betrat das Neuland, ordnete Lettern zu Figuren und kombinierte Wörter nach komplizierten oder spielerischen Schlüsseln, die sich nicht an ihrer Bedeutung orientierten. Ein prägnantes Beispiel bietet Stefan George, der eine eigene Schrift entwarf, inclusive Schriftart, Letternform, Rechtschreibung und Interpunktion (1995, S. 328). Noch in einer anderen Hinsicht veränderten sich die Grundlagen des Schreibens, denn Literatur bezog sich nicht länger auf die Ideen der Philosophie, sondern orientierte sich zunehmend an der Psychologie. Psychiatrie und Pathologie lieferten fortan das Material der E-Literatur (1995, S. 388). Autoren vertieften sich in Krankengeschichten und entsprechende Protagonisten bevölkerten ihre Bücher.

Die Tatsache, daß Literatur so zum "Simulakrum von Wahnsinn" wurde, erklärt sich für Kittler nicht aus der revolutionären Wendung der Schreiber gegen bürgerliche Normen, sondern entspricht nur der Logik des Aufschreibesystems (1995, S. 390). Denn der Verzicht auf den Leitfaden eines vorausgesetzten Sinns ist allen Diskursen gemeinsam: Die Experimente der Psychophysik bestehen aus sinnlosen Übungen, die neuen Medien speichern gleichermaßen Sinn wie Unsinn, die Psychoanalyse traktiert Fehlleistungen, und Literatur präsentiert Wortsalat oder verwirrtes Personal. All dies ist Ausdruck einer "Kultur von Ingenieuren und Ärzten", die durch Positivismus gekennzeichnet ist (1995, S. 415). Methodisch übereinstimmend zerlegen Technik und Wissenschaft die Wirklichkeit in isolierte Prozesse und entziehen damit dem auf Totalität ausgelegten Weltbild der Metaphysik den Boden. Kittlers Gedanke beruht darauf, daß gerade der ausschließlich an Faktizität und Objektivität interessierte Positivismus den Unsinn und das Rauschen freisetzt, die unter der Hegemonie von Sinn und Idee ausgegrenzt blieben. Die Sammlung von Fakten, so das Argument, unterscheidet nicht per se zwischen wesentlich und unwesentlich, gut und böse oder gesund und krank. Sie häuft Datenmaterial auf, so wie die Analogmedien zunächst alle gegebenen Informationen unterschiedslos speichern.

Kittler Charakterisierung des Aufschreibesystems 1900 wirkt erstaunlich postmodern. Tatsächlich erscheint plausibel, daß das Phänomen "Postmoderne" keineswegs unvermittelt um 1980 in Frankreich auftrat, sondern seine Wurzeln schon erheblich weiter zurückreichen. Vor allem die Darstellung der Bedeutung der neuen Medien für neue Formen des Denkens überzeugt oder auch der Nachweis nicht geistesgeschichtlicher, sondern ganz materieller Wurzeln des Geistes. Andererseits ist nicht zu übersehen, wie sehr Kittler die in Frage stehende Zeit aus heutiger Perspektive betrachtet. Denn auch Teile des Positivismus installierten ein wenn auch nachmetaphysisches, so doch durchaus kohärentes Weltbild. Unter der Prämisse einer grundsätzlich disparaten Welt ohne Zusammenhang wäre ihr Erkenntnisprogramm, die Suche nach den unterstellten objektiven Grundstrukturen der Wirklichkeit, nicht möglich gewesen. Diese Seite des Positivismus, die auch die Ausrichtung auf einen Sinn in Form des Fortschrittsglaubens beinhaltete, findet keine Berücksichtigung.

Kittlers Schriften zeichnen sich durch enormen Materialreichtum aus. Diese Vielfalt seiner Bücher kann hier nur betont, aber nicht wiedergegeben werden. Ein Aspekt der "Aufschreibesysteme" sollte jedoch nicht unerwähnt bleiben: Kittlers Behandlung des Geschlechterverhältnisses. Für beide Aufschreibesysteme untersucht er die Rolle der Frau und ihre Funktion im System. Die das frühere System betreffenden Ergebnisse sind zum Teil auch von der feministischen Forschung bearbeitet worden, vor allem die Identifikation von Frau und

Natur und das Scheitern der wenigen anonymen Autorinnen. Für das Aufschreibesystem 1900 stellt Kittler jedoch einen Punkt heraus, der die Diskussion bereichert. Sein Gegenstand ist nicht der Inhalt der Medien, das Frauenbild, das sie vermitteln, sondern die Apparatur. Es geht um die - selten gestellte - Frage, ob und inwiefern Medien als solche, ihre Technik, ihre Codes das Geschlechterverhältnis beeinflussen. Kittlers Antwort für die Zeit um 1900 lautet, die sogenannte "Emanzipation" der Frau sei "ihr Griff nach einer Maschine, die mit pädagogischen Diskurskontrollen aufräumt", gemeint ist die Schreibmaschine (1995, S. 449). Diese hebelte das gesamte männliche Bildungssystem aus, da zu ihrer Bedienung keine universitären Zeugnisse, sondern nur "zwei Wochen Schnellkurs" nötig waren (1995, S. 448). Die von höherer Bildung ausgeschlossenen Frauen konnten sich das Gerät problemlos aneignen. Umgekehrt überließen die Männer, stolz auf ihre mit klassischer Bildung in eins gesetzte Handschrift, die Maschine den Frauen. Ohne freilich zu bemerken, daß sich damit das "Geschlecht des Schreibens" änderte (1986, S. 275). Denn in der Gutenberg-Galaxis waren Frauen zwar alphabetisiert (und Lehrerinnen kleiner Männer), aber vom offiziellen Schreiben ausgeschlossen: "Vor der Entwicklung der Schreibmaschine hatten Dichter, Sekretäre, Schriftsetzer alle dasselbe Geschlecht" (ebd.).[9] Eine Maschine änderte dies grundlegend, das Wort "Typewriter" bedeutete sowohl Schreibmaschine als auch Schreibmaschinistin. An dieser Stelle fragt sich die Leserin, inwiefern die Errungenschaft, männliche Diktate aufnehmen oder männliche Texte abtippen zu dürfen, wirklich bahnbrechend war? Für Kittler liegt der Fortschritt im Aufbrechen traditioneller Strukturen: Mit der neuen Technik erobere die Frau das Berufsleben - ein Schritt, der auch die Institution Familie unumkehrbar verwandele. Schon die bloße Möglichkeit einer beruflichen Tätigkeit der Frau greife die bürgerliche Rolle der Mutter im Kern an (1995, S. 450). Instruktiv ist in

---

[9] Vgl. auch die Schriften von Klaus Theweleit, vor allem: Buch der Könige, Basel, Frankfurt am Main. 1988.

diesem Zusammenhang auch Kittlers Interpretation von Bram Stokers Roman "Dracula". Ihn interessiert Draculas Verfolgung der weiblichen Opfer kaum, statt dessen wird die Verfolgung des Vampirs durch die rächende Schar thematisiert. Er liest statt der üblichen Vielzahl sexueller Motive eine Medienschlacht heraus: Der blutsaugende aristokratische Herr wird von einer mit neuester Medientechnologie (Schreibmaschine, Phonograph, Telegraph) ausgerüsteten feindlichen Truppe angegriffen. Im Zentrum derselben steht weniger Van Helsing, als vielmehr eine moderne tippende und stenographierende Frau (Mina Harker), die den Medieneinsatz organisiert und so die Logistik für die Jagd auf Dracula liefert.[10]

III. Grammophon Film Typewriter

Bisher zeigte sich, daß Kittlers Denken eindeutig medientheoretisch zu nennen ist, Medien aber gleichwohl nicht zur kausalen Determinante von Kultur erklärt werden. "Aufschreibesysteme" thematisiert mediale Technik im Wirkzusammenhang komplexer Systeme. Diese Perspektive scheint in späteren Schriften verloren zu gehen, denn in "Grammophon Film Typewriter" und nachfolgenden Aufsätzen tritt Technik zunehmend in den Vordergrund. Dies kann zum Anlaß genommen werden, einen Theoriewandel und Kittlers Mutation zum reinen Techniktheoretiker zu unterstellen. Sinnvoller ist jedoch, von "Aufschreibesysteme 1800·1900" als theoretischem Rahmen auszugehen. Wie anfangs betont, ist die Theorie der Aufschreibesysteme auf die Berücksichtigung differenter historischer Umstände angelegt. Das heißt aber: eine Veränderung des Gegenstandes muß sich auch auf die Untersuchung selbst auswirken. Je näher diese der Gegenwart und einem möglichen Aufschreibesystem 2000 kommt, desto wichtiger wird Technik für die Speicherung, Übertragung und Verarbeitung von Information. Die zentrale Stellung der Medientech-

---

[10] Vgl. Kittler 1995, S. 449f und 1993, S. 11- 58.

nologie in der Theorie entspricht deren Stellung in der "Informationsgesellschaft".

"Grammophon Film Typewriter" ist also im Kontext der "Aufschreibesysteme" zu lesen, und zwar als Ausführung der technischen Seite des Aufschreibesystems 1900. Das Buch behandelt die drei im Titel genannten Medien, ihre Genese und Weiterentwicklung, ihre Bedeutung und Wirkung. Kittler nähert sich seinem Gegenstand wiederum über die Literatur:

> "Es (das Buch, A.S.) sammelt, kommentiert und verschaltet Stellen und Texte, in denen sich die Neuheit technischer Medien dem alten Buchpapier eingeschrieben hat. Viele dieser Papiere sind alt oder gar schon wieder vergessen; aber gerade in der Gründerzeit technischer Medien wirkte ihr Schrecken so übermächtig, daß Literatur ihn exakter verzeichnete als im scheinbaren Medienpluralismus von heute, wo alles weiterlaufen darf, wenn es nur nicht die Schaltkreise von Silicon Valley beim Antritt der Weltherrschaft stört." (1986, S. 4)

Die Analysen gehen inhaltlich über "Aufschreibesysteme" hinaus, weil die "Gründerzeit" in Beziehung zur Gegenwart und einer antizipierten Zukunft gesetzt wird. In den Anfängen der Entwicklung technischer Medien liegen die Wurzeln der heutigen Situation, denn damals begann die "Technisierung von Information" (1986, S. 4). Zudem ist diese Phase für Kittler von besonderem Interesse, weil ihre Spezifik in einer Ausdifferenzierung verschiedener Formen der Information liegt. Grammophon und Film, die "unaufschreibbare" Daten erstmals festhalten und die Schreibmaschine, die mit Heidegger als ein "Zwischending" zwischen Werkzeug und Maschine bezeichnet wird, trennen die Datenflüsse von Optik, Akustik und Schrift (1986, S. 26). Die Autonomie der drei Bereiche steht nach Kittler zwischen zwei informationstechnischen Monopolen: dem vergangenen der Schrift und dem prognostizierten des Computers.

Analogmedien

Das Faktum der Ausdifferenzierung faßt Kittler durch eine eigenwillige Adaption der Lacanschen Begriffstrias des Imaginären, Symbolischen und Realen. Lacans Theorie der Psychoanalyse baut auf Freud einerseits und Ferdinand de Saussures strukturale Linguistik andererseits. In ihrem Zentrum steht die theoretische Dezentrierung des Subjektes. Wenn Freud noch im Blick auf ein rationales, mündiges Ich schreibt:"Wo Es war, soll Ich werden", so wird dieser Anspruch vom poststrukturalistischen Denken verworfen. Die Integration in die drei Ordnungen, die das Subjekt formen und über die es weder Herrschaft noch erschöpfende Erkenntnis erlangen kann, findet in der Kindheit statt.

Im "Spiegelstadium" entsteht das Selbstbewußtsein, und zwar in Form eines fundamentalen Dualismus:"Ich ist ein anderer". Das in dieser frühen Phase (6.-18. Monat) körperlich und motorisch noch völlig unbeholfene Kind sieht und erkennt sein Bild im Spiegel. Das Erkennen ist jedoch gleichzeitig ein Verkennen, denn das Kind identifiziert sich mit der visuell wahrgenommenen Einheit des Körpers, während ihm realiter die Erfahrung einer Ganzheit fehlt. Die Identifikation setzt ein Ideal-Ich, das im Gegensatz zur wirklichen defizitären Existenz des Körpers steht. Die Psyche wird fortan durch diese Spaltung bestimmt, die ähnlich dem Hegelschen Verhältnis von Herr und Knecht strukturiert ist. Die Setzung des imaginären Selbst markiert den Eintritt in die Ordnung des Imaginären, das sich als Bilderwelt etabliert, deren Ganzheitlichkeit und Vollkommenheit die Erfahrung des Mangels für das Subjekt auf Dauer stellt. Das heißt, dem Selbstbewußtsein haftet per se das Phantasma des Imaginären an.

Die Ebene des Symbolischen eröffnet sich dem Kind mit dem Spracherwerb. Sprache stellt dem Subjekt gegenüber das Allgemeine dar, sie ist ihm vorgängig und bestimmt es durch ihre Gesetzmäßigkeiten. Die Funktionsweise der Sprache erklärt Lacan mit Hilfe der Linguistik Saussures, die er an entscheidenden Stellen verändert. So übernimmt er die Unterscheidung von Signifikant und Signifikat, kehrt jedoch das Verhältnis beider in die Dominanz des Signifikanten um. Für Lacan repräsentiert daher Sprache nicht die Wirklichkeit. Die symbolische Ordnung ist symbolisch, weil sie nicht auf äußere Bedeutung referiert, sondern ein geschlossenes System bildet. Bedeutung wird immanent durch die Stellung der Signifikanten, ihr Verhältnis zueinander generiert. Das heißt, die Sprache bietet dem Subjekt weder unmittelbare Erkenntnis über äußere oder innere Gegebenheiten, noch lassen sich dieselben direkt sprachlich artikulieren. Sowohl der Zugang zur Wirklichkeit als auch die Kommunikation sind vermittelt durch die systemimmanente Logik der Sprache. Somit ist das Denken des Subjekts per se durch die symbolische Ordnung bedingt.

Lacans Kategorie des Realen ist dunkel und unter den Interpreten umstritten. Einigkeit herrscht lediglich darin, daß nicht die Realität des Alltagsbewußtseins gemeint ist. Das Reale läßt sich am besten negativ durch den Umstand definieren, daß es aus den Ordnungen des Imaginären und Symbolischen herausfällt. Es ist nicht greif- oder faßbar und lediglich in seinen Wirkungen zu erkennen. Diese sind als Störungen der beiden anderen Ordnungen in der psychoanalytischen Praxis präsent.[11]

Kittlers Vorgehen ist nun insofern eigenwillig, als er die genannten Kategorien direkt auf die Medien bezieht: Er verknüpft Film und Imaginäres, Typewriter und Symbolisches, Grammophon und Reales. Während sich die Zuordnung des Imaginären und Symbolischen im Rahmen einer unorthodoxen Lacan-Lektüre bewegt, geht die Gleichsetzung von Realem und Grammophon erheblich über dessen Schriften hin-

---

[11]   Vgl. Jacques Lacan: "Das Spiegelstadium als Bildner der Ichfunktion", in: Ders.: Schriften I, Olten/Freiburg 1973. Ders.: Das Seminar I (1953-54), Olten/Freiburg 1978. Ders.: Das Seminar II (1954-55), Olten/Freiburg 1980.

aus.[12] Kittler betrachtet die Kombination von Psychoanalyse und Medientheorie als historisch folgerichtig, weil die "methodischen Distinktionen" der modernen Psychoanalyse mit den "technischen Distinktionen der Medien" zusammenfallen (1986, S. 28). Er bezeichnet einerseits die mediale Technik als "historisches Apriori" der Theorie und beschreibt andererseits die Medien und ihre Effekte mit Begriffen eben dieser Theorie. Mit anderen Worten: Lacans Ansatz habe die Existenz der Medien zur Voraussetzung und liefere eben deshalb ihre exakte Beschreibung (1986, S. 27, 28).

Der Phonograph (die Vorstufe des Grammophons) unterscheidet nicht, wie das menschliche Ohr, automatisch Stimmen, Wörter oder Töne in Geräuschen. Ohne den Filter der Bedeutsamkeit verzeichnet er akustische Ereignisse als solche (1986, S. 39, 40). Der Apparat zeichnet Schwingungen auf, das heißt physikalische Phänomene, die auf diese Weise hörbar werden. Darin liegt die wesentliche Differenz gegenüber der Zeit des Schriftmonopols, in der nur zu Gehör kam, was aus symbolischen Phänomenen, aus Noten hervorging. Für Kittler rückt damit Reales anstelle des Symbolischen (1986, S. 42). Er illustriert seinen Gedankengang durch eine Notiz Rilkes, der von einer Idee berichtet, die ihn seit seinen Anatomie-Vorlesungen nicht wieder losließ. Die Nähte auf dem menschlichen Schädel erinnerten Rilke an die Rillen, die die Phonographennadel auf der Walze eingrub. Was, fragte er sich, würde hörbar werden, wenn man diese Schädelrille abspielte? Es müßte eine Art "Ur-Geräusch" sein, das da zur Welt käme (1986, S. 66). Rilke möchte eine Spur entziffern, die keinen Autor hat. Kittler sieht darin eine konsequente Reaktion auf technische Standards, denn der Phonograph ermögliche das Lesen von "Schriften ohne Subjekt" (1986, S. 71). Klänge, die nicht durch das Raster der symbolischen Notation gehen, sind nur noch Geräusche. Nicht etwa das Rauschen,

---

[12] Hier soll nicht ein korrekter - und meist langweiliger - Umgang mit Texten angemahnt, sondern lediglich die sehr freie Interpretation Kittlers angemerkt werden.

sondern die Artikuliertheit wird mit der Technik zur Ausnahme (1986, S. 40). Wenn das Reale Chaos, die Abwesenheit jeder Ordnung bedeutet, dann findet im Rauschen des Grammophons "das unmögliche Reale statt" (1986, S. 74).

Optische Datenflüsse sind erheblich schwerer einzufangen als akustische. Schwierigkeiten machen sowohl ihre Zweidimensionalität als auch die Schnelligkeit der Lichtwellen, die sogar heutige Technik noch überfordert. Der Film speichert - statt der physikalischen Schwingungen selbst - nur deren chemische Effekte (1986, S. 182). Am Beginn der Aufzeichnung optischer Daten steht der Schnitt, und diese Tatsache "hat die Trennung von Imaginärem und Realem inauguriert" (1986, S. 180). Der Film hat keinen Zugang zum Realen und muß daher zweistufig operieren: dem Schnitt im Realen, der Zerstückelung von Bewegungen in 24 Aufnahmen pro Sekunde, folgt mit der Projektion die Einheit oder der Fluß im Imaginären (1986, S. 187). Kittler sieht hier eine deutliche Parallele zum Spiegelstadium und interpretiert das Medium Film als Objektivation der Imagination selbst. Denn im Film werden unbewußte Mechanismen verkörpert: das Gedächtnis in der Rückblende, die Aufmerksamkeitsselektion in der Großaufnahme, die Assoziation im Schnitt (1986, S. 246). Filmmontagetechnik macht komplexe mentale Prozesse, die Bilderwelt des Imaginären sichtbar.

Durch die Konkurrenz der technischen Medien sind Reales und Imaginäres aus Büchern ausgewandert, Schrift ist nicht mehr das Universalmedium. Zudem verändert die Schreibmaschine den Charakter von Schrift. Die Schreibmaschinentastatur standardisiert die Zeichen, das heißt, nicht erst das veröffentlichte Buch, sondern schon das Schreiben unterliegt einer Norm. Genormte Buchstaben ersetzen die individuelle Handschrift und tilgen eine Form des persönlichen Ausdrucks aus dem Akt des Schreibens (1986, S. 332). Außerdem gewinnen die Zeichen auf der Tastatur einen räumlichen, faßbaren Gehalt, sie materialisieren sich als Gegenüber des Schreibenden. Die Materialität der Schrift wird im Typewriter manifest, der so die Auffassung von Schrift als bloßem (Übertragungs-) Ka-

nal handgreiflich widerlegt (ebd.). Mit der Schreibmaschine
schiebt sich ein Apparat zwischen das Subjekt und das geschriebene Wort, die Schrift wird vom Menschen getrennt. So
entsteht das Symbolische als eigener Bereich.

Bemerkenswert an Kittlers Argumentation ist sein konse-
quent materialistisches Vorgehen. Er behandelt Medien in
"Grammophon Film Typewriter" als technische Apparaturen,
was die Inhalte nicht etwa ausblendet, sondern in Beziehung
zum jeweiligen technischen Kontext setzt. Kittler betrachtet
die Funktionsweise der Medien, die konkreten technischen
Abläufe. So werden Grammophonnadeln und Plattenrillen,
Filmmaterial und Projektoren, Schreibmaschinentastaturen
und Papier zum Thema. Derartige Analysen sind in Medientheorien eher die Ausnahme, häufig wird auf der Basis vager
Technikkenntnisse argumentiert. Zum Beispiel fassen nicht
wenige Ansätze Photographie, Film und Fernsehen undiffe-
renziert unter dem Etikett "Bildmedien" zusammen und verwenden den Begriff des Bildes dabei eher im ästhetischen als
im technischen Sinne.

Für Kittler wird der Zerfall des Subjekts im Aufschreibesystem 1900 mit Lacans Theorie begreifbar. Was zuvor dem
autonomen Subjekt zugerechnet wurde, wird jetzt im Außen
verortet:

> "Das Symbolische von Buchstaben und Zahlen, vormals als höch-
> ste Schöpfung der Autoren oder Genies gefeiert-: eine Welt der
> Rechenmaschinen. Das Reale in seinen Zufallsserien, vormals
> Gegenstand philosophischer Behauptungen oder gar »Erkenntnis-
> se«-: ein Unmögliches, dem nur Signalprozessoren (und Psycho-
> analytiker von morgen) beikommen. Das Imaginäre schließlich,
> vormals Traum aus und von Seelentiefen-: ein schlichter optischer
> Trick." (1986, S. 248)

Das Subjekt kann nicht länger als Schöpfer sprachlicher, visueller oder akustischer Gebilde gelten. Ideen, Theorien, Bilder, Träume sind keine subjektiven Phänomene, sondern müssen im Rahmen objektiver Strukturen gesehen werden, die vor
jeder Intentionalität existieren. Diese Strukturen werden, so

Kittlers These, von Medien konstituiert. An anderer Stelle schreibt er, "daß Menschen die Informationsmaschinen nicht erfunden haben können, sondern sehr umgekehrt ihre Subjekte sind" (1993, S. 77). Medien wären demnach nicht bloße Produkte des Menschen, sondern produzierten ihrerseits den Menschen (1986, S. 306). "Grammophon Film Typewriter" richtet sich vor allem gegen das - heute noch weit verbreitete - "Phantasma vom Menschen als Medienerfinder" (1986, S. 5, 6). Kittler stellt nicht in Abrede, daß Menschen Medien konstruieren. Es geht vielmehr um die Zurückweisung des Autonomiegedankens, den der Begriff der "Erfindung" suggeriert. Die vorgängige Vermittlung von Mensch und Informationstechnik ergibt materiell-technische Determinanten, die der Begriff auf naive Weise ausblendet.

Krieg

"Grammophon Film Typewriter" verfolgt die Entwicklung der Medientechnologie, ausgehend von den im Titel genannten Medien. Im Zentrum der Entwicklungsgeschichten steht der Krieg. Kittler zeigt, daß die wichtigsten Innovationsschübe in den zwei Weltkriegen erfolgten, als Ergebnisse von Forschungen, die direkt auf militärische Erfordernisse reagierten. So war das Radio ein Produkt des Ersten Weltkrieges (1986, S. 148). Vorher gab es das Speichermedium Grammophon und die Übertragungstechnik Funk, deren Koppelung aufgrund des offenen Problems der Verstärkung nicht möglich war. Die Lösung erfolgte während des Krieges aus dringlichen Gründen: "Kampfflugzeuge und U-Boote, die zwei neuen Waffengattungen, setzten drahtlose Sprechverbindungen voraus und militärische Steuerung die röhrentechnische von Nieder- wie von Hochfrequenz" (1986, S. 148, 149). In Deutschland konnte der erste primitive Röhrensender 1917 eine Art Programm - die Kombination von Schallplatten und verlesenen Zeitungsartikeln - ausstrahlen. Das Unternehmen mußte jedoch eingestellt werden, weil das Militär diesen "Mißbrauch

von Heeresgerät" verbot (ebd). Der zivile Rundfunk entstand
schließlich 1923. Weitere technische Fortschritte erfolgten im
Zweiten Weltkrieg. Die Stereophonie wurde unter anderem
zur Feindortung und Fernlenkung von Bomberpiloten entwik-
kelt (1986, S. 154). Das Tonband machte 1940 die Speicherung akustischer Daten mobil, brachte die Aufzeichnungs-
technik aus den Plattenstudios heraus und an die Front. So
konnte die Kriegsberichterstattung mit Hilfe von Originalauf-
nahmen dramatischer gestaltet werden (1986, S. 163). Das
neue Gerät ermöglichte zudem die Manipulation akustischer
Aufzeichnungen. Schnitt, Hinterbandkontrolle, Löschfunktion,
Vor- und Rücklauf verbesserten nicht nur die Propaganda-,
sondern auch die Spionagemöglichkeiten (1986, S. 164).
Kittler zeigt auch für die Medien der Optik und der Schrift
den Zusammenhang zwischen Krieg und technischem Fortschritt und kommt im Ergebnis zu drei Phasen der Medienentwicklung: In der 1. Phase - seit dem amerikanischen
Bürgerkrieg - entstanden die Speichertechniken. In der 2.
Phase - seit dem Ersten Weltkrieg - verbreiteten sich Übertra-
gungstechniken wie Radio und Fernsehen. In der 3. Phase -
seit dem Zweiten Weltkrieg - entwickelte sich die Technik der
"Berechenbarkeit überhaupt" mit dem Computer (1986,
S. 352).

Im Anschluß an den hergestellten Konnex zwischen Krieg
und Innovation ergibt sich die weitergehende Frage nach der
Bedeutung des militärischen Ursprungs für die zivile Technik.
Kittler, an diesem Punkt Paul Virilio nahe, ist der Auffassung,
daß den Medien, unabhängig von ihrer Nutzung, der Krieg als
ihr "Vater" inhärent ist. Die ursprünglich militärisch genutzte
Technik gelangt in Form von Kommunikationsmedien und
Unterhaltungselektronik in das zivile Leben. So wird der
Krieg in den Alltag getragen, denn mediale Technik prägt die
sinnliche Wahrnehmung ihrer Benutzer. Das heißt, durch die
Medien vermittelt formt militärische Logik die Körper, auf
diesem Weg wird die Bevölkerung den Erfordernissen des
Krieges angepaßt. In bezug auf die akustischen Medien gilt:

"Funkspiel, UKW-Panzerfunk, Vocoder, Magnetophon, U-Boot-Ortungstechnik, Bomberrichtfunk usw. haben einen Mißbrauch von Heeresgerät freigegeben, der Ohren und Reaktionsgeschwindigkeiten auf den Weltkrieg n+1 einstimmt. Radio, dieser erste Mißbrauch, führt von WW I zu WW II, Rock Musik, der nächste, von WW II zu WW III." (1986, S. 170)

Gleiches trifft auf den Bereich der optischen Medien zu. Die Diskothek zum Beispiel ähnelt einem Trainingslager, der Stroboskopeffekt zerhackt die Tanzenden zwanzigmal pro Sekunde. Ihre Körper werden "taub, stumm und blind" an die Reaktionsgeschwindigkeiten "des Weltkrieges n+1" gewöhnt (1986, S. 211, 212).

Während die Darstellung der Genese der Medien aus dem Krieg überzeugt, ist die weitergehende Argumentation nicht immer nachvollziehbar. Kittler zeichnet zwar die einzelnen Entwicklungsschritte der Medien nach, begründet aber nicht seine allgemeine These, daß die militärische Herkunft der Technik sie zu einem militärischen Phänomen macht. Diese Folgerung ist nicht zwingend. Denn, so könnte eingewendet werden, jede neue Technik verändert die sinnliche Wahrnehmung gewalttätig, allein weil sie der Apperzeption ihre eigenen Regeln aufzwingt. Ob Eisenbahn oder Auto, Telefon oder Film, den Augen und Ohren werden neue Reaktionsweisen abverlangt, sowohl Raum- als auch Zeitgefühl werden verändert. Die neuen, häufig als Schock empfundenen Erfahrungen überfordern die ungeübten Sinne. Der notwendigen Umstellung der Wahrnehmung geht eine Phase der Irritation voraus, die durchaus gewaltsame Züge aufweisen kann. Von dieser Art Gewalt sprechen zum Beispiel Walter Benjamin und Marshall McLuhan ohne jeglichen Bezug zum Krieg. Moderne Technik verlangt dem Körper schwerwiegende Anpassungen ab; welchen Gesetzen dieser Prozeß folgt, liegt jedoch nicht auf der Hand. Weshalb Kittler generell eine militärische statt einer wissenschaftlich-technischen Logik annimmt, leuchtet nicht ein. So wird zum Beispiel nicht deutlich, warum die Schreibmaschine die Bezeichnung "Diskursmaschinengewehr"

verdient (1986, S. 283). Der Hinweis auf den Terminus technicus "Anschlag" ist kaum ausreichend. Auch die Tatsache,
daß die Schreibmaschine zuerst bei einer Waffenfabrik in Serienproduktion ging, überzeugt nicht recht, zumal Remington
& Son gleichzeitig auch Nähmaschinen produzierte (1986,
S. 277). In "Grammophon Film Typewriter" wird der kriegeri-
sche Charakter der Medien teilweise durch Analogien und
Metaphern hergeleitet, die zwar rhetorisch beeindrucken, aber
Begründungen nicht ersetzen können. Schließlich ist die Identifikation von "Speichern/Übertragen/Berechnen" und "Gra-
ben/Blitz/Sterne" (1986, S. 352) - was die generelle Gleichsetzung von Medien und Krieg bedeutet - in dieser Allgemeinheit
nicht überzeugend.

Dagegen führt Kittler im Fall des Computers genauer vor,
wie eine Technik nicht nur dem Krieg entstammt, sondern ihn
auch in sich und damit weiter trägt. Auch der Computer ist
Resultat eines militärischen Forschungsprozesses.[13] Nach dem
Ersten Weltkrieg begann die Entwicklung von Chiffriermar-
schinen. Eine solche "Geheimschreibmaschine" bestand aus
der Verbindung einer Schreibmaschinentastatur mit mehreren
Walzen, deren durch den Anschlag ausgelöste Drehung jeden
eingegebenen Buchstaben in einen anderen verwandelte. Ein
normal eingetippter Text verließ das elektrische Gerät als
Buchstabensalat (1986, S. 364). Zwischen den Weltkriegen
wurde die Verwendung von Chiffriermaschinen zum militärischen Standard. So kam es zum "Krieg der Schreibmaschinen", denn möglichst sichere Verschlüsselung der eigenen und
schnelle Entschlüsselung der gegnerischen Botschaften wurden durch die Kommunikation per Funk immer wichtiger
(1986, S. 369). Die ständige Verbesserung der Geräte er-

---

[13] Damit wird nicht bestritten, daß die Entwicklungsgeschichte des
Mediums weit zurückreicht. Im Anschluß an Kittler legte Bern-
hard J. Dotzler eine Untersuchung über die "Frühgeschichte" des
Computers vor, die 1623 beginnt. Bernhard J. Dotzler: Papierma-
schinen. Versuch über communication & control in Literatur und
Technik, Berlin 1996.

schwerte die Dechiffrierung zunehmend und brachte die Forschung zur Suche nach der Supermaschine, welche in der Lage sein sollte, die Kombinationsmöglichkeiten aller anderen Maschinen zu berechnen. Die ersten Computermodelle entwickelte Alan M. Turing ab 1940. Wichtiger Motor der britischen Bemühungen war die besonders geheimnisvolle deutsche Chiffriermaschine "Enigma" (1986, S. 368).

Die qualitative Differenz zwischen dem Computer und einer überdimensionalen Schreibmaschine mit Rechenfunktion macht Kittler an den computerspezifischen "IF-THEN-Befehlen" fest:

"FALLS eine vorprogrammierte Bedingung ausbleibt, läuft die Datenverarbeitung zwar nach den Konventionen numerierter Befehle weiter hoch, FALLS aber irgendwo ein Zwischenergebnis die Bedingung erfüllt, DANN bestimmt das Programm selber über die folgenden Befehle und d.h. seine Zukunft." (1986, S. 372)

Das Programm läuft nicht starr nach einmal erhaltenen Befehlen ab, sondern kann durch interne Rückkoppelungen abweichende Ergebnisse der Berechnungen feststellen und seinen Fortgang darauf abstimmen. Beispiele dafür sind Fernlenkwaffen, die Bewegungen des Ziels registrieren und reagieren. Computerprogramme weisen eine Parallele zur menschlichen Sprache auf, die im Gegensatz zu tierischen "Sprachen" nicht statisch funktioniert, sondern durch hohe Komplexität Reaktionen auf die Umwelt ermöglicht (1986, S. 372). "Computer mit IF-THEN-Befehlen sind folglich Maschinensubjekte" (1986, S. 373). Damit ist keine Identität von Mensch und Maschine behauptet, vielmehr die Feststellung getroffen, daß der Mensch den Status des steuernden Subjekts verloren hat. Mit dem Computer hat sich die Technik endgültig vom Menschen emanzipiert. Er stellt eine Art perfekten Golem dar. Das Denken, zuvor menschliche Wesensbestimmung und Unterscheidungsmerkmal gegenüber Tier und Maschine, ist auf ein Medium übergegangen (1986, S. 354). Obgleich schon mit dem Ende des Schriftmonopols das Phantasma des autonomen Subjekts zerfiel, konnte doch das Bild vom Menschen als Erfinder und Beherrscher der Technik weiterbestehen, weil die Analogmedien in allen ihren Funktionen der Lenkung bedurften. Erst der Computer zerstört dieses Bild.

Voraussetzung für die Implementierung des Denkens in die Maschine war die vollständige "Überführung" von Denken oder Sprechen in Rechnen (1986, S. 354). Damit ist gleichzeitig gesagt, daß der Computer keineswegs das Denken schlechthin vergegenständlicht, sondern nur mit einer bestimmten Form desselben arbeitet. Der Computer ist kein Nachbau des Gehirns. Kittler zitiert die Aussage des Mathematikers John von Neumann, alle wissenschaftliche Kenntnis der Physiologie habe keine Hinweise auf die Existenz von "Ja-Nein-Organen" ergeben (1986, S. 360). Anders gesagt: im menschlichen Körper findet sich kein Vorbild der binären Struktur, auf der das Denken des Computers beruht. In der Natur, die Kittler als Chaos und Rauschen denkt, kommen binäre Ordnungen nicht vor. Sie sind anderen Ortes lokalisierbar, denn:"Immer digital ist die Sprache der oberen Führung" (1986, S. 361). Die Basis der digitalen Verarbeitung von Daten, das Ja/Nein oder 0/1 reproduziert die Form der Order, des Kommandos. Der Binärcode existiert nicht in der Natur, aber in Gestalt der "Führungsinstrumente" Befehl und Verbot (ebd.). So ist mit der binären Struktur die Logik des Krieges im Computer eingeschrieben:

"Das Tohuwabohu und, in seinem Gefolge, die Analogmedien durchlaufen alle möglichen Zustände, nur nicht das NEIN. Computer sind keine Emanationen einer Natur. Sondern die Universale Diskrete Maschine mit ihren Möglichkeiten der Löschung, Negation und Opposition von Binärzeichen spricht immer schon die Sprache der oberen Führung." (1986, S. 362)

Diese These befindet sich in Opposition zu prominenten Theorien. So unterschiedliche Ansätze, wie zum Beispiel die Systemtheorie oder Habermas' Theorie des kommunikativen Handelns, verstehen binäre Logik als Grundstruktur von Kommunikation überhaupt. Der direkte Gegensatz findet sich bei Habermas, für den das Ja/Nein apriori in der Sprache angelegt ist und gerade die Voraussetzung für gewaltlose Verständigung bildet. Demnach wäre zu fragen, ob Kittler eine anthropologische Tatsache verkennt oder ob umgekehrt die genannten Theorien implizit das Modell des Computers voraussetzen? Letzteres würde bedeuten, daß sie unter der Hand eine genuin technische und sogar militärische Logik in eine natürliche umwerten.

IV. Zwischenzeit

Aus Kittlers medientheoretischer Perspektive ist die heutige Zeit in zweierlei Hinsicht eine "Zwischenzeit" (1986, S. 7, 8). Einerseits bildet die Gegenwart ein Interim zwischen zwei Kriegen, dem Zweiten Weltkrieg, dem die heutige Technologie entstammt, und dem nächsten Krieg, der ein digitaler sein wird (1986, S. 7; 1993, S. 80). Andererseits handelt es sich heute um eine Phase zwischen zwei medialen Monopolen. Vorläufer der gegenwärtigen Medienvielfalt war das Monopol der Schrift, ihr Nachfolger wird das neue Universalmedium Computer sein (1986, S. 12). Zwar existieren mit Fernsehen und Radio heute schon "Medienverbundsysteme", aber die Daten, die übertragen werden, sind noch inkompatibel. Für Kittler ist die zukünftige Entwicklung leicht vorhersehbar: Der Computer wird die bisher getrennten Datenflüsse von Bild, Ton und Wort digital vereinheitlichen (1986, S. 8). Mediennutzer werden dann statt der vielen Geräte, Radio, CD-Player, Fernsehen, Video, Telephon usw. nur noch ihren Computer benötigen, der sämtliche Funktionen übernimmt. Mit den Analogmedien fallen dann auch die Differenzen zwischen akustischer, optischer und symbolischer Information weg. Denn so verschieden die Outputs der multimedialen Maschine wirken mögen, sie alle werden identisch sein, weil sie durch Berechnungen erzeugt sind. Der Computer ist, obgleich er von Bildern und Tönen bis hin zu virtuellen Welten eine Palette von Effekten produzieren kann, ein Medium des Symbolischen, denn in ihm "ist alles Zahl" (ebd.).[14] Sind alle Daten in Zahlen verwandelt, kassiert dieser "totale Medienverbund" in einem Gerät die Medienvielfalt und damit auch den "Begriff Medium selbst" (ebd.).

Diese Aussichten veranlassen Kittler nicht zu Kassandrarufen. Er prophezeit weder den drohenden Verfall der Kultur noch das nahende Ende menschlichen Denkens für die computergesteuerte Zukunft. Da er Medien als "anthropologische Aprioris" begreift (1986, S. 167) und das Subjekt immer schon in Aufschreibesystemen verfangen sieht, stellt der Computer zwar eine medientechnologisch neue Stufe dar, schafft aber keine wesentlich veränderte Situation. Es besteht kein Grund, über die technische Determination von Kultur oder gar das Ende der Freiheit zu klagen. Die Idee des autonomen Subjekts und des freien Schöpfertums - selbst lediglich Produkt des Aufschreibesystems 1800 - besitzt keine universale Gültigkeit. Daß der Autor nicht "Den Menschen" oder ein humanistisches Bildungsideal zum theoretischen Maßstab macht, erlaubt es ihm, die Technik nüchtern zu betrachten. Der Computer ist ein Medium, das, wie alle anderen Medien vor ihm, den Menschen unterwirft. Die qualitative Differenz zwischen dem Neuesten und allen früheren Medien wird jedoch nicht nivelliert: Der Computer ist "Maschinensubjekt". Als Reaktion auf diese bedrohlich wirkende Erkenntnis empfiehlt sich ein wenig wissenschaftlicher Humor, eine künftige Kommunikationstheorie zum Beispiel täte gut daran:

> "(...) Rezeptionstheorie mit Interzeptionspraxis, Hermeneutik mit Polemik und Hermenautik zu vertauschen - mit einer Steuermannskenntnis der Botschaften, ob sie nun Göttern, Maschinen oder Rauschquellen entstammen." (1993, S. 181)

---

[14] Die Auffassung, der Computer basiere auf Zahlen, ist nicht unumstritten. Vgl. dazu Lutz Ellrich: "Neues vom »neuen« Medium Computer", in: Werner Rammert (Hrsg): Jahrbuch für Technik und Gesellschaft, Frankfurt am Main. 1997.

Tatsächlich verlangen die kommenden Umwälzungen im Medienbereich einen erkenntnistheoretischen Perspektivwechsel. Im Zentrum der Theoriebildung kann nicht länger der Mensch stehen. Kittler fragt sich, wie eine Soziologie aussähe, die "von Menschen und Programmen" ausginge. Angemessen wäre heute eine Soziologie, die die Bedeutung des Computers erkennt und "die unmenschlichen Systeme mit in unsere Sozialstruktur hineindenkt" (1994b, S. 123).[15] Die dabei anvisierte Situation ist nicht so neu, wie es scheint, denn Menschen waren nur kurze Zeit allein, die einzigen Subjekte in der Welt. In der Menschheitsgeschichte war es nur eine kurze Periode, in der Göttern, Dämonen oder Engeln die Existenz abgesprochen wurde. Den Platz dieser übermenschlichen Erscheinungen nehmen jetzt die ebenso übermenschlichen Maschinen ein. Aufgrund dieser - im Vergleich zu aufgeregten Kulturverfallsthesen - ironischen Haltung wird Kittler in Feuilletons gerne als Apologet der Computertechnologie mißverstanden.

In dem Umstand, daß sich der Computer gegenüber dem Menschen verselbständigt hat, liegt also nicht das Skandalon, das eine aktuelle Medientheorie beschäftigen muß. Weit wichtiger erscheint es, angesichts des kommenden Medienmonopols in Gestalt des Computers die Machtfrage zu stellen. Das Phänomen Macht, das die Wissenschaft bisher nur im Kontext menschlicher Beziehungen und gesellschaftlicher Strukturen behandelt hat, muß heute nach Kittler in der Computertechnologie aufgesucht werden. Falsch wäre, der Technik Neutralität zu unterstellen, denn ihr sind gesellschaftliche Machtverhältnisse eingepflanzt (1993, S. 215). Als Beispiel erwähnt er die um 1980 erfolgte Installation eines "Protected Mode" in den PC. Der gleichnamige Aufsatz erklärt dieses als Einrichtung, die "das Betriebssystem vor den Anwendern schützt" (1993, S. 212). Während der user vorher in seinem Computer alles selbst programmieren konnte, gibt es jetzt eine unüberwindli-

---

[15] Friedrich A. Kittler: "Die Parameter ändern. Ein Gespräch mit Rudolf Maresch am 4.4.1992", in: Tumult. Schriften zur Verkehrswissenschaft, Nr. 19, Wien 1994.

che Schranke, die ihn daran hindert, in das Systemdesign einzugreifen. Die Maschine enthält nun zwei Funktionsweisen,
den supervisor- und den usermodus, von denen nur eine dem
Benutzer zugänglich ist (1993, S. 213). Diese strikte Trennung von Benutzer und System drückt tatsächliche Machtverhältnisse aus. Den Anwendern werden ihre Möglichkeiten ok-
troyiert, ihr Tun ist im wahrsten Sinne des Wortes vorpro-
grammiert. Das heißt, "man schreibt - das »Unter« sagt es
schon - als Subjekt oder Untertan der Microsoft Corporation"
(1993, S. 208). Dies gilt ebenso für die virtuellen Welten des
Cyberspace. Wer die simulierte Welt betritt, kann in diese
zwar gestaltend eingreifen, aber nur soweit das Programm es
erlaubt (1994b, S. 127). Solche Sicherungssysteme sind vor
allem militärtechnisch notwendig. So war es im Golfkrieg
wichtig, den Bomberpiloten Zugang zu allen Daten zu gewäh-
ren. Sie mußten sich an ihnen orientieren und die Möglichkeit
haben, selbst neue Informationen einzugeben. Andererseits
durften sie nicht in die Ebene der gesamten strategischen Planung eingreifen können (1994b, S. 128). Allgemein gesprochen wird der "untrusted user" vom eigentlichen Zentrum der
Computertechnik ferngehalten (1994b, S. 129). Daraus folgt,
daß ein "harter Kern von Macht" dort entsteht, wo Programmierer die "Chiparchitektur" gestalten (1994b, S. 123). Je
weiter die Entwicklung des Computermonopols voranschreitet,
desto mehr werden die Chiparchitekturen zum Unterbau der
computergesteuerten Welt (ebd.). Kittler sieht die digitale
Technik weder als Überbauphänomen noch als Emanation des
menschlichen Geistes, sondern als materielle Basis des zukünftigen gesellschaftlichen Geschehens. Dementsprechend
gilt ihm die bunte, vielfältige Welt der Software als Schein,
der die Logistik der Hardware und die inhärenten Strukturen
der Macht nur verbirgt. Seine These lautet knapp:"Es gibt keine Software" (1993, S. 225). Die immer anwenderfreundliche-
re Software entzieht die Maschine erst recht ihrem Benutzer,
weil die icons die Schreibakte der Programmierung verstecken
(1993, S. 233). Die Benutzeroberfläche "erzeugt den Anschein, als gebe es diese Ebene unterhalb der Bilder gar nicht"

(1994b, S. 129). Software ist so gesehen nur ein gigantisches kommerzielles Unternehmen, das den user dumm und abhängig macht. Zudem verstößt sie gegen die Logik der Computertechnik, denn diese hat das aus der Epoche der Schrift stammende Konzept geistigen Eigentums überholt (1993, S. 235). Der allgemeine Zugang zur Technik wird künstlich und gewinnbringend verhindert.

Was also kann Medientheorie in der "Zwischenzeit" leisten? Sie hat die Möglichkeit, mit Kittler hinter die (Unterhaltungs-) Fassaden der Medien zu blicken. Dies gelingt allerdings nur einer Theorie, welche die Borniertheit der Geisteswissenschaft ablegt und sich mit den Materialitäten der Technik auseinandersetzt. Sie kann auf der Basis der Analyse technischer Fakten Aufklärung betreiben, eine Aufklärung freilich, die nicht mehr im Namen humanistischer Ideen oder Utopien argumentiert. Schließlich kann Medientheorie nach Kittler "fröhlich" stimmen:

"Wem es also gelingt, im Synthesizersound der Compact Discs den Schaltplan selber zu hören oder im Lasergewitter der Diskotheken den Schaltplan selber zu sehen, findet ein Glück. Ein Glück jenseits des Eises, hätte Nietzsche gesagt." (1986, S. 5)

A.S.

Mathematische Medientheorie

> Entweder hat man die Wahr-
> heit: dann versteht man nichts,
> oder man hat den Sinn: dann
> ist man betrogen.[1]

Eine mathematische Medientheorie gibt es nur im Plural: als Theorien der medialen Funktionen Speichern, Berechnen, Übertragen. Da jede mögliche Speichertheorie stark gebunden bleibt an die jeweilige Materialität des Speichers selbst, ist eine allgemeine mathematische Theorie der Speicher undenkbar. Der Rest ist das Informatikerwissen über digitale Speicherelemente, wie sie in Computern vorkommen. In Abhängigkeit von einem äußeren Signal können sie einen von zwei erlaubten Zuständen annehmen und - das ist der entscheidende Punkt - so lange in ihm verweilen, bis er durch ein anderes Signal geändert wird. Speicher können aus diesem Grund hier vernachlässigt werden. Für Berechnen und Übertragen steht die Sache günstiger. „On Computable Numbers" von Alan Mathison Turing bestimmt Berechenbarkeit überhaupt als die Gesamtheit des von einer Turing-Maschine Prozessierbaren, i.e. Schreib- und Lesbaren. Hier genügen kurze Worte, weil universale Einsetzbarkeit unüberbietbare Einfachheit voraussetzt. Größere Aufmerksamkeit gebührt in diesem Kontext der Übertragungstheorie, da Claude Elwood Shannon sie als mathematische Theorie der *Kommunikation* anschrieb und mit ihr den state of the art dessen bestimmt, was Kommunikation im Informationszeitalter heißt. Deshalb muß dieser Theorie auch Platz in einem Band über Medientheorien eingeräumt werden.

---

[1] Bernhard Siegert: Relais. Geschicke der Literatur als Epoche der Post. 1751 - 1913. Berlin, 1993, S. 281.

Der Ingenieur und Mathematiker Shannon fundiert Kommunikation radikal anders als Philosophen es üblicherweise tun. Wer Kommunikation nicht als die Vermittlung von Inhalten zum Zwecke der Verständigung begreift, sondern Inhalte völlig ignoriert, das Rauschen vor dem Signal privilegiert und schließlich Verstehen auf fälschungssicheres Übertragen, das *gleichzeitig* möglichst feindsicheres Verschlüsseln meinen *kann*, reduziert, befindet sich in unüberbietbarer Opposition zu allen hermeneutischen Kommunikationstheorien. Kommunikation wird hier nicht zum Prüfstein universalen Humanismus', sondern selbst zur kriegsentscheidenden Waffe. Die mathematische Kommunikationstheorie operiert damit auf ureigenstem philosophischen Gebiet und muß ihren Platz unter allen hier Revue passierenden kulturwissenschaftlichen Theorien behaupten. Deshalb wird ein 'mathematische Medientheorie' überschriebener Text eine Einführung in Shannons Kommunikationstheorie gewesen sein.

Information

> Wir verhalten uns zu Information so ähnlich wie Wissenschaftler des 17. Jh. zu Energie. Wir wissen: da ist ein wichtiges Konzept, das in dieser oder jener Form auftreten kann, aber wir wissen noch nicht, in welcher Weise wir darüber sprechen sollen.[2]

Der Zentralbegriff mathematischer Kommunikationstheorie nach Shannon, den dieser allerdings weder erfunden noch als erster in der Nachrichtentechnik benutzt hat, lautet 'Information'. Nach Materie und Energie bezeichnet er das dritte Konzept, das einem ganzen Zeitalter seinen Namen leiht, weil es den Kern der ihm zugrundeliegenden episteme trifft. Je infla-

---

[2]   Rudy Rucker: Mind Tools. London 1988, S. 26. Zitiert in: Benjamin Woolley: Virtual Worlds. A Journey in Hype and Hyperreality. London 1992. 69. Soweit nicht anders angegeben, stammen die Übersetzungen aus dem Englischen von mir.

tionärer jedoch vom 'Informationszeitalter' gesprochen wird, desto undeutlicher wird, was 'Information' eigentlich meint. „Information hat die Qualität jener äußerst feinen, unsichtbaren, jedoch applaus-heischenden Seide angenommen, aus der, so sagt man, des Kaisers ätherische Kleider gewebt waren."[3]

Die römische Antike, die den Begriff prägt (lat. informatio = 1. Darlegung, Deutung; 2. Vorstellung, Belehrung / lat. informare = 1. bilden, gestalten 2. vorstellen 3. schildern 4. heranbilden, unterrichten) versteht darunter zunächst den Inhalt eines Wortes, dann seine Mitteilung und schließlich als rhetorischer terminus technicus die Charakterisierung einer Sache.[4] Erst die Scholastik rückt das differenzierende Moment des 'Unterschieds, der einen Unterschied macht' in den Vordergrund. Diese die Formung betonende Interpretation des Informationsbegriffs findet in der etymologischen Ableitung, die Vilém Flusser vorschlägt, eine besonders griffige Formulierung: „Formen in etwas graben"[5]. Will man ihr eine so weitläufige Genealogie zubilligen, setzt die mathematische Informationstheorie, wie Shannons Kommunikationstheorie oft genannt wird, diese Tradition der Auslegung von 'Information' fort.[6]

---

[3] Theodore Roszak: The Cult of Information. Cambridge, 1986. Zitiert in: Woolley: Virtual Worlds. S. 70.

[4] H. Schnelle: „Information". In: Historisches Wörterbuch der Philosophie. Hrsg. v. Joachim Ritter/Karlfried Gründer. Bd. 4. Basel, 1976. 356.

[5] Vilém Flusser: Die Schrift. Hat Schreiben Zukunft? Frankfurt am Main 1992.

[6] Shannons Sägewerkmetapher legt von solcher Herkunft beredtes Zeugnis ab: „Der Transport von Information gleicht einem Fließband, das mit Holz beladen wird. Die Form der Holzstücke wird von der Tragfähigkeit und dem Fassungsvermögen des Bandes bestimmt: Damit es richtig ausgelastet ist, müssen die Stücke zu Brettern, Klötzen oder Scheiten zersägt werden; bisweilen werden sogar Späne fallen. Dieses sachgemäße Zerlegen entspricht der Information." (berichtet in: Walter R. Fuchs: Knaurs Buch der

Vorgeschichte des Shannonschen Informationskonzeptes

Telegraphie

Die Geschichte der modernen Nachrichtentechnik beginnt gegen Ende des 18. Jahrhunderts als Geschichte der Telegraphie.

> Die Geschichte der Telegraphie seit dem ausgehenden 18. Jahrhundert ist nicht nur die Historie einer neuen Nachrichtenübermittlungstechnik, sondern zugleich auch die Inauguration eines neuen historischen Apriori, des telekommunikativen.[7]

Als Kinderspiel, so will es die Legende, nahm der Traum vom telekommunikativen Zeitalter seinen Anfang.

> Die Brüder Chappé waren drei französische Jungen, die in der gleichen Gegend zur Schule gingen. Da sie daran gehindert waren, einander zu treffen, wurden sie erfinderisch und entwickelten eine Methode optischer Signalübertragung, bei der sie bewegliche Arme an hohen Masten benutzen.[8]

1792 konnte Claude Chappé dann der gesetzgebenden Versammlung Frankreichs den optischen Telegraphen anbieten. Nach anfänglichen Mißerfolgen führte die Notwendigkeit eines flexiblen Verteidigungssystems der Republik gegen ihre feudalen Gegner zu einer günstigen Beurteilung der Chappé-

---

Denkmaschinen. Informationstheorie und Kybernetik. München/Zürich, 1968. 171.)

[7] Frank Haase: „Stern und Netz. Anmerkungen zur Geschichte der Telegraphie im 19. Jahrhundert". In: Jochen Hörisch/Michael Wetzel (Hrsg.): Armaturen der Sinne. Literarische und technische Medien 1870 bis 1920. München, 1990. S. 43.

[8] Lewis Coe: The Telegraph. A History of Morse's Invention and Its Predecessors in the United States. Jefferson/North Carolina/London, 1993. S. 6.

schen Erfindung und der Eröffnung der ersten Telegraphen-
linie im Jahre 1794. Zum ersten Virtuosen des neuen Mediums avancierte Napoleon Bonaparte. Codierung und Geschwindigkeit waren die beiden wesentlichen Parameter seiner
Macht. Genau diese Stichworte werden die Entwicklung der
Nachrichtentechnik weiter vorantreiben, wenn auch nicht ge-
radlinig.

Wie um McLuhans Deutung von Medien als 'extensions of
man' vorwegzunehmen, versuchte sich der Anatom und Physiologe Samuel Thomas von Sömmering an der technischen
Implementierung des menschlichen Nervensystems mittels eines elektrochemischen oder, in seiner Terminologie, 'elektro-
lytischen' Telegraphen.[9] Sömmerings „labiles, wunderschö-
nes, tausendadriges Meisterwerk mit einer großen Volta-Fla-
sche als Stromgeber; 3 km Reichweite"[10] geht als zu gleichen
Teilen berühmt und erfolglos in die Technikgeschichte ein.[11]
Für den Krieg ist es nicht zu gebrauchen, und so kanzelt es
Napoleon als „idée germanique"[12] ab.[13] Erst mit Samuel Mor-

---

[9] „Es ist ein grundlegender Aspekt des Zeitalters der Elektrizität,
     daß diese ein weltumspannendes Netz aufbaut, das mit unserem
     Zentralnervensystem viel gemeinsam hat." (Herbert Marshall Mc-
     Luhan: Die magischen Kanäle. Düsseldorf/Wien/New York/Mos-
     kau, 1992, S. 395.)

[10] Wolfgang Hagen: „Der Radioruf". In: Martin Stingelin/Wolfgang
     Scherer (Hrsg.): HardWar/SoftWar. Krieg und Medien 1914 bis
     1945. München, 1991, S. 244.

[11] Sömmerings Telegraph war nicht der erste seiner Art, aber wohl
     der erste ernstzunehmende. (Vgl. Rolf Oberliesen: Information,
     Daten und Signale. Geschichte technischer Informationsverarbei-
     tung. Reinbek bei Hamburg, 1982, S. 84 - 89.)

[12] Zitiert in Hagen: Radioruf. S. 244.

[13] - was nicht zu dem Kurzschluß verleiten soll, der Sömmering-
     schen Erfindung etwaige zivile Zielsetzungen zu unterschieben:
     „Wieder einmal war es das spezifische Interesse, Telegrafie im
     Zusammenhang mit militärischer und politischer Machtausübung
     zu verwenden, das die weitere Entwicklung von Nachrichtensyste-
     men forderte: Die damaligen beispiellosen militärischen Erfolge,
     die Napoleon bei seinen Kämpfen gegen Österreich im Frühjahr

ses elektrischem Telegraphen samt zugehörigem Morse-Code,
den er 1840 patentieren ließ, fällt der Startschuß für den Sie-
geszug elektrischer Telegraphie. 1844 wird die erste Telegra-
phenteststrecke Washington-Baltimore eröffnet - als Privatun-
ternehmen ohne öffentliche Gelder[14]. Ein Jahr später wird die
optische Telegraphen-Linie zwischen Hamburg und Cuxhaven
durch die Morse-Telegraphie ersetzt. Durch ein dem Morse-
schen Unternehmen ähnliches beginnt ab 1847 Werner von
Siemens mit der Internationalisierung der Telegraphie.[15]

Das Prinzip von Telegraphie ist seitdem stets dasselbe geblieben. Ein Sender S übermittelt eine Nachricht in Form
elektrischer Impulse über einen Kanal K an einen Empfänger
E. Die Qualität der Übertragung wird durch Störungen, einer
Störquelle St gemindert. Dieses Prinzip einer Telegraphenver-
bindung gilt, seitdem durch Shannon „ihre Bestandteile definierte Bedeutungen innerhalb einer Theorie erhielten"[16], „als
das Modell der Kommunikation"[17].

1809 mit der Übermittlung seiner Befehle über die optische Tele-
grafenlinie erreichte, gaben dem bayerischen Kriegsministerium
Anlaß, ebenfalls eine optische Telegrafenlinie in Auftrag zu ge-
ben. Der Anatom und Physiologe Sömmering (...) wurde mit der
Herstellung eines optischen Telegrafen für Bayern beauftragt."
(Oberliesen: Information. S. 87.)

[14] Vgl. Hagen: „Radioruf." S. 247.

[15] „National wie international ist das telegraphische Netz weitgehend das technische Werk eines Mannes und seiner Familie: Werner von Siemens." (Haase: Stern. S. 53.)

[16] Friedrich Wilhelm Hagemeyer: Die Entstehung von Informationskonzepten in der Nachrichtentechnik. Eine Fallstudie zur Theoriebildung in der Technik in Industrie- und Kriegsforschung. Berlin
1979. S. 108.

[17] A.a.O., S. 108.

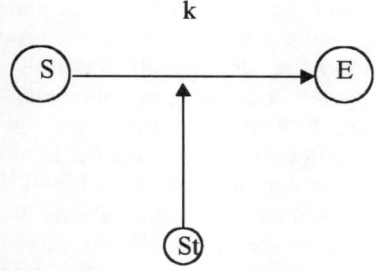

Der verspätete Auftritt abstrakter Nachrichtenkonzepte

Bevor jedoch die Telegraphentheorie Harry Nyquists von 1924 zu einem unmittelbaren Vorläufer des Shannonschen Informationskonzeptes, das sich ja gerade dadurch auszeichnet, für *alle* Nachrichtentechniken Gültigkeit beanspruchen zu können, werden kann, differenzieren sich Telegraphie, Telephonie, Rundfunk und später das Fernsehen gegeneinander aus. Allen Übertragungsmedien eignen unterschiedliche Effizienzanforderungen, so daß erst spät[18] - 1928 mit R. V. L. Hartleys Aufsatz „Transmission of Information"[19] - ein übergreifendes Konzept entsteht.

Im Unterschied zu Telephonie, Rundfunk und Fernsehen ist die 'klassische' Telegraphie eine digitale Nachrichtentechnik, i.e. sie basiert auf konventionsabhängigen, diskreten Zeichen, die zu übertragen einfach ist. Umso schwieriger ist das Bedienen der komplizierten Endgeräte, weshalb der Personalaufwand in der Telegraphie „anfangs 80 % der Kosten ausmach-

---

[18] „Diese Frage der Zeitverschiebung kann man nur beantworten, wenn man die Vorstellung einer einheitlichen Fernmeldetechnik, deren grundlegende Fragen einheitlich auf einen Informationsbegriff gezielt hätten, aufgibt und, der deutlichen Unterscheidung von Telegrafie, Telefonie und Rundfunk in Markt- und F[orschungs]+E[ntwicklungs]-Struktur folgend, diese auch in technischer Hinsicht als separat auffaßt (...)." (a.a.O., S. 100/101)

[19] R.V.L. Hartley: „Transmission of Information". In: Bell Systems Technical Journal 7 (1928). S. 535 ff.

te"[20]. Für analoge Techniken gilt das Gegenteil, da die „zu übertragenden Funktionen (...) von der gleichen hohen Komplexität wie die Nachrichtenformen, die sie abbilde(n)"[21], sind. Die Bedienung der Endgeräte erfordert nur Gebrauchsanweisungen, keine Ausbildung. Erst mit dem Übergang der Telegraphie zur Fernschreibtechnik unter dem Druck der konkurrierenden Telephonie verschwand dieser Unterschied.

Während Telephon und Fernschreiber Teilnehmer zur direkten Interaktion verbinden, strahlt der Rundfunk Programme möglichst weit und klar aus und versucht, eine große Senderauswahl zur Verfügung zu stellen. Das Fernsehen entsteht aus Telegraphie und Rundfunk und bedarf im Unterschied zu letzterem sehr hoher Bandbreiten[22], wie man sie zuvor nie benötigte.

Die Bell Labs

Mediengeschichte ist auch die Geschichte von Institutionen. Die Geschichte der Nachrichtentechnik ist undenkbar ohne die seit ihrer Gründung weltweit größte Telephongesellschaft, die American Telephone and Telegraph Company, kurz AT&T, und deren Entwicklungsabteilungen, die 1924 als Bell Telephone Laboratories zusammengeführt wurden.[23]

---

[20] Hagemeyer: Informationskonzepte. S. 102.

[21] A.a.O., S. 103.

[22] Unter 'Bandbreite' versteht man ein definiertes Frequenzspektrum. Frequenz nennt man die Häufigkeit des Polwechsels des Wechselstroms in der Sekunde. Ihre Maßeinheit ist Hertz, benannt nach Heinrich Hertz, dem 1888 der Nachweis elektromagnetischer Wellen gelang. Beim Radio kann der Hörer z.B. zwischen verschiedenen Bandbreiten, langen, mittleren, kurzen Wellen auswählen und innerhalb dieser wiederum die Frequenz bestimmen, auf der der Sender, den er hören möchte, läuft.

[23] Die Institutionsgeschichte von AT&T wird ausführlich dargestellt in: M. D. Fagen (Hrsg.): A History of Engineering and Science in

Alexander Graham Bell, der Erfinder des Telephons, visionierte bereits 1877, ein Jahr nach der Patentierung seiner Erfindung und lange vor der Möglichkeit ihrer praktischen Umsetzung, ein die Welt umspannendes 'grand system' der Telephonie:

> (...) Ich glaube, in der Zukunft werden Drähte die Zentralen der Telefongesellschaft in unterschiedlichen Städten verbinden, und ein Mann in einem Teil des Landes kann durch die Worte seines Mundes mit einem anderen an einem weit entfernten Ort kommunizieren.[24]

Schon 1875 legte ein 'gentlemen's agreement' zur Finanzierung der Erfindertätigkeit Bells zwischen Bell und dem Bostoner Rechtsanwalt und späterem Schwiegervater Gardiner G. Hubbard den Grundstein für die Umsetzung des 'grand systems' in Form der Bell Telephone Company, die 1878 entstand. Die Forschungsabteilung der Company bestand zunächst aus einem einzigen Mann: Bells Assistenten Thomas A. Watson. Über diverse Umwege mit andauernden Patentstreitigkeiten und steten, neuentstandene Finanzbedürfnisse befriedigenden Umorganisationen entwickelte sich die Bell Telephone Company zur American Telephone and Telegraph Company, die 1885 ins Leben gerufen wurde. Die zugehörigen Bell Telephone Laboratories leiten sich von dem ein Jahr zuvor gegründeten Mechanical Department ab. Sie stellten die Infrastruktur für das Entstehen der nachrichtentheoretischen Konzepte, die hier vorgestellt werden, bereit.

---

the Bell System. The Early Years (1875 - 1925). Indianapolis 1975. S. 25 - 58.
[24] Zitiert in: A.a.O., S. 23.

Nyquist

Harry Nyquists Vergleich der Effizienz verschiedener Telegra-
phier- und Codesysteme kann als der erste wichtige Schritt zu
einer umfassenden Nachrichtentheorie gewertet werden. Er
unterscheidet erstmals zwischen Signal-, Buchstaben- und
Nachrichtenübermittlungsgeschwindigkeit. Als Signal betrachtet er sowohl die Stromimpulse als auch die Pausen zwischen ihnen, unter Buchstabe - 'character' - versteht er die
Codeform des zu übertragenden Zeichens, während die Nachricht das meint, was später als Informationsgehalt eines Zeichens definiert wird. Beim Umgang mit konkreten Fällen wurde Nyquist jedoch sofort eine Unstimmigkeit seiner Begriff-
lichkeit bewußt. Was er als Nachrichtenübermittlungsgeschwindigkeit auffaßte, war recht besehen „nur eine *Zeichen*-
übertragungsgeschwindigkeit"[25], „da sie als Zahl der Zeichen
(...) pro Zeiteinheit definiert wurde"[26]. Das würde jedoch jedem Zeichen denselben informationellen[27] Gehalt beimessen.
Mit Hilfe einer kryptographischen Tabelle des Militärs[28] versuchte er also unterschiedliche Auftrittshäufigkeiten von Zeichen zu berücksichtigen, um den häufigsten die kürzesten
Chiffren zuzuweisen. Einen von solchen Überlegungen unab-
hängigen Nachrichtenbegriff stellte Nyquist nicht auf.

---

[25] Hagemeyer: Informationskonzepte. S. 189.

[26] A.a.O., S. 189.

[27] Das Wort wird an dieser Stelle, darauf sei nochmals hingewiesen,
      avant la lettre gebraucht.

[28] „Dies ist deshalb interessant, weil es deutlich macht, daß die
      Nachrichtentheorie Shannons später nicht etwa das Resultat der
      mehr oder weniger zufällig zustande gekommenen Synthese von
      Kryptografie und Nachrichtentechnik gewesen ist, sondern daß
      bereits sehr früh die Frage der Codewahl in der Telegrafie auf das
      im Bereich militärischer Kryptografie erarbeitete Material als
      Ausgangsbasis führte." (A.a.O., S. 191)

Implizit formulierte er jedoch „den Zusammenhang zwischen Signalgeschwindigkeit und Bandbreite"[29]. Dieses Verhältnis war wichtig geworden, seit man die Telegraphie von Gleich- auf Wechselstrom umzustellen begann. Während in der Gleichstromtelegraphie jeweils nur eine Nachricht pro Leitung übertragen werden konnte, machte die Nutzung unterschiedlicher Frequenzen das gleichzeitige Senden mehrerer Nachrichten über ein und denselben Kanal möglich.

Hartley

R.V.L. Hartley[30] führte 1928 Begriff und Konzept einer 'Theory of Information' in die Nachrichtentechnik ein.[31] Mit seinem „fast philosophischen Anspruch"[32] stand er jedoch so weit außerhalb der Fachdiskussion seiner Zeit, daß seine Arbeiten erst über den Umweg Shannonscher Texte international bekannt wurden.

Sein Ziel beschreibt er folgendermaßen:

„Was ich zu erreichen hoffe (...), ist, ein quantitatives Maß einzuführen, durch das die Fähigkeit verschiedener Systeme, Informationen zu übertragen, verglichen werden können. Dabei werde ich seine Anwendbarkeit auf Telegrafier- und Telefonsysteme, Bildübertragung und Fernsehen sowohl mittels Kabel als auch über Funk diskutieren.[33]

---

[29] A.a.O., S. 188.
[30] - dessen Vorname eines der bestgehütesten Geheimnisse der Nachrichtentechnik zu sein scheint, findet er sich doch nirgendwo ausgeschrieben ...
[31] A.a.O., S. 207.
[32] A.a.O., S. 207. Dieser Anspruch bestand darin, ein von konkreten Anwendungen unabhänigiges abstraktes Informationsmodell zu entwerfen.
[33] R.V.L. Hartley: „Transmission". S. 535.

Die informationstragenden Einheiten, deren Auftreten er als „perfectly arbitrary"[34], also gleichwahrscheinlich ansah, nannte er 'symbols', wozu „Worte, wie auch elektrische Signale (...), denen eine gewisse Bedeutung zukomme und mit deren Hilfe die beteiligten Parteien in Kommunikation träten"[35], zählten. Die Präzisierung der Information erfolge mit zunehmender Länge der Symbolsequenzen. Hartley sieht - genau wie 20 Jahre später Shannon - von Bedeutung, die er als 'psychologischen Faktor'[36] betrachtet, ab.

> Die Menge an Information, die eine Symbolsequenz aus n Symbolen, die je m mögliche Werte annehmen konnten, repräsentierte, gab Hartley als den Logarithmus der Zahl verschieden möglicher solcher Symbolsequenzen an:

$$H = \log m^n = n \log m \quad [37]$$

The mathematical theory of communication (Shannon/Weaver)[38]

Kommunikationsmodell

> Lärm und Zank auf allen Kanälen: das ist die Ausgangslage.[39]

Shannons mathematische Kommunikationstheorie geht grundsätzlich nicht von klar verstehbaren Nachrichten aus, sondern vom Rauschen, das Nachrichten hervorrufen, dem sie unter-

---

[34] A.a.O., S. 538.

[35] Hagemeyer: Informationskonzepte. S. 213.

[36] „Der Terminus des 'Psychologischen' war zu dieser Zeit in der Untersuchung der Verständlichkeit telefonischer Übertragung gebräuchlich, um die Effekte des Kontextes auf die Verständlichkeit von Worten oder Silben zu beschreiben." (A.a.O., S. 214.)

[37] A.a.O., S. 215.

[38] Mit Dank an Axel Krommer für die Beantwortung mancher Frage.

[39] Siegert: Relais. S. 5.

worfen sind und dem sie abgerungen werden müssen: 'communication in the presence of noise'. Die Unterscheidung von
Signal[40] und Rauschen fungiert deshalb als Leitdifferenz des
Shannonschen Nachrichtenbegriffs. Ein solches Vorgehen
impliziert einen außerordentlich weiten nicht nur auf Sprache
und Schrift fixierten Kommunikationsbegriff. In seiner äußerst
wirkmächtigen Einleitung zu Shannons klassischer Studie begreift Warren Weaver ihn als „alle Vorgänge (...), durch die
gedankliche Vorstellungen einander beeinflussen können"[41],
i.e. als eine Folge von Befehlen oder in den prägnanten Worten Jens Schreibers: „Gelungene Kommunikation ist gelungene Instruktion (...)"[42]. Nach Weaver schichten sich diese Kommunikation genannten Instruktionen in drei Ebenen übereinan-
der, der technischen, A, der sematischen, B, und der Ebene
der Effektivität, C. Die mathematische Kommunikationstheorie befaßt sich ausschließlich mit Ebene A. Geist und Bedeutung haben hier keinen Ort.

> Oft haben die Nachrichten Bedeutung, das heißt, sie beziehen sich
> auf gewisse physikalische oder begriffliche Größen oder sie be-
> finden sich nach irgendeinem System mit diesen in Wechsel-
> wirkung. Diese sematischen Aspekte der Kommunikation stehen
> nicht im Zusammenhang mit den technischen Problemen.[43]

---

[40] **Signal** muß in diesem Kontext als physikalische Größe deutlich
von dem abstrakten Begriff **Information** ebenso wie der alphanu-
merischen Einheit **Daten** unterschieden werden. (Siehe: Oberliesen: Information. S. 10/11.)

[41] Claude E. Shannon/Warren Weaver: Mathematische Grundlagen
der Informationstheorie. Dt. v. Helmut Dreßler. München: 1976.
S. 11/12.

[42] Jens Schreiber: „Word-Engineering. Informationstechnologie und
Dichtung". In: Jochen Hörisch/Hubert Winkels (Hrsg.): Das
schnelle Altern der neuesten Literatur. Essays zu deutschsprachigen Texten zwischen 1968 - 1984. Düsseldorf 1985. S. 295.

[43] Shannon/Weaver: Mathematische Grundlagen. S. 41.

Den Umkehrschluß zu ziehen, ist allerdings nicht erlaubt. Weaver betont: „Dies bedeutet aber nicht, daß die technischen Aspekte unabhängig sind von den semantischen."[44] Aller Bedeutsamkeit entleert reduziert sich Information auf das magere Faktum einer Wahl: „die tatsächliche Nachricht [ist] *aus einem Vorrat von möglichen Nachrichten ausgewählt* worden"[45]. Information ist damit definiert als „Information ist ein Maß für die Freiheit der Wahl, wenn man eine Nachricht aus anderen aussucht."[46]. Dabei wählt eine *Nachrichtenquelle* aus einem Repertoire wählbarer Elemente, denen jeweils eine bestimmte Auftrittswahrscheinlichkeit eignet, eine *Nachricht* aus, die mittels eines *Senders* zu einem *Signal* umgeformt und über einen *Kanal* und einen das *Signal* in die *Nachricht* rückübersetzenden *Empfänger* an ein *Nachrichtenziel* übertragen wird. Während der Übertragung ist das *Signal* verschiedenartigen Störungen ausgesetzt, die es verzerren. Im Schaubild werden diese Störungen in den Begriff einer *Störquelle* zusammengezogen.

Nachrichtenquelle → Nachricht → Sender → Signal →

□   ←   Störquelle

→ empfangenes Signal → Empfänger → Nachricht → Nachrichtenziel

Entropie

Ziel der mathematischen Informationstheorie ist es, den Übertragungsprozeß berechenbar und auf diese Weise kontrollierbar zu machen. Erster Schritt auf diesem Weg ist die Quanti-

---

[44] A.a.O., S. 18.
[45] A.a.O., S. 41.
[46] A.a.O., S. 18.

fizierung von Information. Sie funktioniert über die Gleichsetzung von Information mit Wahlfreiheit.

Die Urszene freier Wahl ereignet sich im Angebot zweier Möglichkeiten. Alle weiteren Wahlsituationen werden auf sie bezogen. Auf diese Weise wird das Wechselspiel von 0 und 1 zur Meßlatte des Informationsgehaltes einer Situation. Die zugehörige Maßeinheit nennt man binary digit oder kurz bit. Gesetzt den Fall, man habe die Wahl zwischen acht elementaren Ereignissen, so benötigt man drei bit, um die verschiedenen Fälle eindeutig zu kennzeichnen:

$$E\,(0) = 000 \quad E\,(1) = 001 \quad E\,(2) = 010 \quad E\,(3) = 011$$
$$E\,(4) = 100 \quad E\,(5) = 101 \quad E\,(6) = 110 \quad E\,(7) = 111$$

Die Wählbarkeit von Ereignissen unterliegt jedoch wechselhaften Auftrittswahrscheinlichkeiten oder, anders gesagt, das Wahlsubjekt ist die Chance. Ob ein Münzwurf Wappen oder Zahl zeigen wird, ist völlig ungewiß, da beide möglichen Ereignisse gleichwahrscheinlich sind. Der Informationsgehalt erreicht in diesem Fall ein Maximum, da der Wahlfreiheit keinerlei Schranken auferlegt sind. Gemessen wird also der Neuigkeits- oder Überraschungswert eines Ereignisses. Festem Wissen attestiert die mathematische Informationstheorie einen Informationsgehalt von 0 bit. Bei völlig unmöglichen Ereignissen strebt der informative Gehalt jedoch gegen Unendlich (∞ bit). Deshalb läßt sich zusammenfassend sagen: Je unwahrscheinlicher die gewählte Botschaft, desto größer ihr Informationsgehalt.

Das mathematische Instrument zur numerischen Fixierung des Informationsgehaltes ist der Logarithmus Dualis. Die Operation des Logarithmierens zur Basis 2 erlaubt herauszufinden, wieviele binäre Entscheidungen notwendig sind, um *ein einzelnes Ereignis* aus einem Repertoire *gleichwahrscheinlicher Ereignisse* eindeutig zu kennzeichnen. Auf diese Weise ergibt sich Hartleys Version des Informationsmaßes:

$$H = \mathrm{ld}\,k$$

k symbolisiert die Anzahl der Ereignisse; H meint das Maß der Information und ist hier als der griechische Buchstabe Eta für Entropie zu lesen.

Shannon formuliert demgegenüber allgemeiner, weil nicht auf Gleichwahrscheinlichkeit bezogen:

$$H = ld \ \frac{1}{p_i} = - ld \ p_i$$

Unter p_i versteht man die Wahrscheinlichkeit (*probability*) des Auftretens eines *i*nformationellen Ereignisses i.

Betrachtet man anstelle eines einzelnen Ereignisses ein Repertoire mit gegebener Wahrscheinlichkeitsverteilung $p_1, p_2, \ldots p_n$, auch Wahrscheinlichkeitsfeld genannt und mit a gekennzeichnet, ergibt sich:

$$H(\alpha) = -(p_1 \ ld \ p_1 + p_2 \ ld \ p_2 + \ldots + p_n \ ld \ p_n)$$

oder in der Kurzschreibweise:

$$H(\alpha) = - \sum_{i=1}^{n} p_i \log p_i$$

Das ist die Shannonsche Formel des Maßes der Information.[47] Sie konvergiert mit Ausnahme des negativen Vorzeichens mit jener Formel, die Ludwig Boltzmann als Maß der Entropie eines dissipativen Systems im Sinne der Thermodynamik anschrieb.

---

[47] Die genaue mathematische Herleitung ist bei Shannon/Weaver: Mathematische Grundlagen. S. 48 - 53 zu finden. Die völlig unzureichenden Hinweise dieser Seiten finden ihre einzige Rechtfertigung in der Unumgänglichkeit, einer mathematischen Theorie wenigstens in ihren unverzichtbarsten Teilen das ihr einzig gemäße Gesicht zu lassen.

Entropie ist ein zentraler Begriff der Wärmelehre bzw. Thermodynamik. Er wurde 1865 von Rudolf Clausius eingeführt, ist dem Griechischen entlehnt, bedeutet soviel wie 'in Umwandlung' „und war absichtlich so gewählt, daß es ähnlich wie das Wort Energie klingt"[48], denn Wärme ist nur eine spezielle Form von Energie. Sie kann in andere Energieformen umgewandelt werden und umgekehrt.

Nur der zweite der drei thermodynamischen Hauptsätze, auch Entropiesatz genannt, ist hier von Interesse. Ihm zufolge strebt die Entropie des Weltalls, d.h. die irreversible Umformung gebundener in Wärmeenergie und die damit verbundene Bewegung von geordneten zu ungeordneten Zuständen, einem Maximum, d.h. der absoluten Gleichverteilung aller Moleküle des Systems, zu.

Dieser Satz erfuhr eine entscheidende Ausformulierung im Jahre 1859, als James Clerk Maxwell eine Untersuchung über die Geschwindigkeit von Gasmolekülen veröffentlichte, die die statistische Natur der Gesetze der Thermodynamik implizierte. Diese Folgerungen wurden später durch Ludwig Boltzmann verifiziert.[49]

Das, was Boltzmann bewies, ist „nicht so sehr eine Eigenschaft realer physikalischer Systeme als vielmehr eine Eigenschaft unserer *Information* über jene Systeme"[50]. Denn wollte man das genaue Maß der Entropie eines Systems zu einem gegebenen Zeitpunkt exakt bestimmen, müßte man Ortskoordinaten und Geschwindigkeit jedes einzelnen Moleküls genau feststellen, „ein völlig hoffnungsloses Unterfangen, denn schon in einem einzigen Wassertröpfchen sind 10^{21} (...) Mole-

---

[48] Stephen G. Brush: "Einleitung". In: Ders. (Hrsg.): Kinetische Theorie II. Irreversible Prozesse. Einführung und Originaltexte. Berlin/Oxford/Braunschweig, 1970. S. 20.

[49] Vgl. Nancy Katherine Hayles: Chaos Bound. Orderly Disorder in Contemporary Literature and Science. Ithaca/London, 1990. S. 40.

[50] Brush: "Einleitung". S. 26. Hervorhebung, A.K..

küle anzutreffen"[51] . Der Logarithmus der Wahrscheinlichkeit, ein bestimmtes Molekül in einem gegebenen Feld anzutreffen oder nicht, ersetzt deshalb die unmögliche exakte Lagebestimmung.

Damit ist der zweite Hauptsatz der Thermodynamik statistisch uminterpretiert: Die Ordnungsstrukturen dieser Welt sind extrem unwahrscheinlich und streben einem wahrscheinlichen Maximum an Unordnung (= entropisches Maximum) zu.

Weaver knüpft enthusiastisch an Boltzmann an:

> Die Größe, die in einzigartiger Weise den natürlichen Anforderungen genügt, die man an die 'Information' stellt, ist genau jene, die in der Thermodynamik als Entropie bekannt ist. Sie wird als Funktion der verschiedenen hier vorkommenden Wahrscheinlichkeiten ausgedrückt - der Wahrscheinlichkeit, einen bestimmten Zustand in einem Nachrichten erzeugenden Prozeß zu erreichen, und der Wahrscheinlichkeiten, daß, wenn dieser Zustand erreicht ist, bestimmte Zeichen als nächste ausgewählt werden. Außerdem enthält der Ausdruck den Logarithmus der Wahrscheinlichkeiten, so daß die Entropie eine natürliche Verallgemeinerung des logarithmischen Maßes ist (...).[52]

Nicht alle Nachrichtentechniker sind jedoch mit dem Begriff 'Entropie' einverstanden. Zunächst mißfallen seine physikalischen Konnotationen. „Information ist Information, weder Materie noch Energie. Kein Materialismus, der dieses nicht berücksichtigt, kann heute überleben", bestimmte bereits Norbert Wiener. Darüber hinaus gibt es jedoch ein sachliches Problem. Entropie im physikalischen Sinn ist das Maß einer *wahrscheinlichen* Entwicklung. Information ist als *unwahrscheinliche* Ordnung genau dieser Entwicklung entgegengesetzt. Leon Brillouin bestimmte deshalb Information als negative Entropie oder kurz Negentropie und entwickelte auf dieser

---

[51] Manfred Eigen/Ruthild Winkler: Das Spiel. Naturgesetze steuern den Zufall. München, 1983. S. 166.
[52] Shannon/Weaver: Mathematische Grundlagen. S. 21/22.

Basis ein eigenes Informationskonzept, das dem Shannon-schen entgegengesetzt ist.

Shannons Begriff läßt sich dennoch rechtfertigen. In der Thermodynamik spricht man von Ektropie, will man die der Entropie entgegenwirkende, ordnungserhaltende Arbeit bezeichnen. Für jeden ektropischen Akt ist jedoch ein wesentlich höherer Energieaufwand vonnöten, als durch den entropischen Prozeß sowieso dissipiert. Ektropie in ihrem Bestreben, unwahrscheinliche Ordnungszustände aufrechtzuerhalten, beschleunigt bloß den wahrscheinlichen Zerfall, die Maximierung der Entropie. Genau dies läßt sich auch von Nachrichten sagen: je informationshaltiger desto ungeordneter. Das informationelle Maximum ist von einem Maximum an Störung nicht zu unterscheiden, ein Umstand, der für die Kryptographie von entscheidender Bedeutung ist.

Redundanz

Menschensprachen sind, um verstehbar zu bleiben, redundant (= weitschweifig), d.h. die Auftrittswahrscheinlichkeit der Buchstaben des Alphabets, die in Abhängigkeit vom jeweils zuvor gewählten Buchstaben bestimmt wird, ist nicht gleich hoch.[53] Im Unterschied zur üblichen Zählweise rechnet man dabei auch das Spatium zu den Buchstaben, geht also im Falle des lateinischen Alphabets von 27 statt 26 Elementen aus. Wie Shannon am Beispiel des Englischen zeigt, können unter die-

---

[53] Beispiele aus dem Deutschen sollen diesen Punkt zusätzlich erläutern:
(a) Auf ein q muß in jedem Fall ein u folgen;
(b) fehlerhafte Folgen wie z.B. H-i-m-el oder H-i-m-m-l beeinträchtigen die Lesbarkeit des gemeinten Wortes 'Himmel' kaum;
(c) bei der Fernsehshow „Glücksrad" ist das Auftreten eines x oder y ungleich informationshaltiger als dasjenige eines e, weil die Auftrittswahrscheinlichkeit von x und y in einem deutschen Text sehr gering ist; ein e kommt hingegen häufig in deutschen Worten vor.

sen Bedingungen Sprachen als Markoff-Ketten[54] generiert werden. Erzeugt eine Annäherung nullter Ordnung, bei der alle Buchstaben als gleichwahrscheinlich und unabhängig voneinander behandelt werden, noch reinen Buchstabensalat - XFOML RXKHRJFFJUJ ZLPWCFWKCYJ FFJEYVKCQSG-HYD QPAAMKCZAACIBZLHJQD[55] - kann die Approximation dritter Ordnung (Buchstabentripel wie im Englischen) „schon mit Wahnsinnigen oder (was Shannon nicht zur Kenntnis nahm) mit Finnegan's Wake konkurrieren"[56]:

IN NO IST LAT WHEY CRACTICT FROURE BIRS CROCID PONDENOME OF DEMONSTRURES THE REPTAGIN IS RE-GOACTIONA OF CRE.[57]

Steigt man von Buchstaben auf Wortkettenwahrscheinlichkeiten um, bedeutet das in der zweiten Annäherung einen Frontalangriff auf die Köpfe nicht nur englischer Schreiber:

THE HEAD AND IN FRONTAL ATTACK ON AN ENGLISH WRITER THAT THE CHARACTER OF THIS POINT IS THEREFORE ANOTHER METHOD OF THE LETTERS THAT THE TIME OF WHO EVER TOLD THE PROBLEM FOR AN UNEXPECTED.[58]

---

[54] Markoffsche Prozesse nennt man in der Stochastik, der mathematischen Analyse zufallsabhängiger Ereignisse und ihrer statistische Bewertung, Spezialfälle der Untersuchung von Auftrittswahrscheinlichkeiten, bei denen die Wahrscheinlichkeit eines Ereignisses in Abhängigkeit vom **unmittelbar vorhergehenden** bestimmt wird. „Eine derartige Signalfolge ist nach dem russischen Mathematiker A. A. Markoff benannt, der im Jahre 1913 eine statistische Analyse der Diagramme in Alexander Puschkins 'Eugen Onegin' erarbeitete." (Fuchs: Denkmaschinen. S. 173.)

[55] Shannon/Weaver: Mathematische Grundlagen. S. 53.

[56] Friedrich A. Kittler: "Signal-Rausch-Abstand". In: Ders.: Draculas Vermächtnis. Technische Schriften. Leipzig 1993. S. 167.

[57] Shannon/Weaver: Mathematische Grundlagen. S. 54.

[58] A.a.O., S. 54.

Auch die Redundanz einer Nachricht läßt sich berechnen. Dabei wird ihre maximale Entropie, H_{max}, zu ihrer aktuellen Entropie, H, in ein Verhältnis gesetzt. Der Quotient beider gibt die relative Entropie einer gegebenen Nachricht an:

$$\text{relative Entropie} = \frac{\text{aktuelle Entropie}}{\text{maximale Entropie}}$$

Das Maß der Redundanz erhält man, wenn man den so errechneten Wert der relativen Entropie von 1, dem Höchstwert der Wahrscheinlichkeitsskala, subtrahiert.

$$R = 1 - \frac{H}{H_{max}}$$

Sind alle Symbole gleichwahrscheinlich, ist die Redundanz einer Nachricht gleich null.

Informationstheorie und Kryptographie im WK II

(...) es ist, wie wenn du flüstern hörst oder bloß rauschen, ohne das unterscheiden zu können![59]

Why then the human voice, rather than a hyena's howls or the clanging of a hammer?[60]

---

[59] Robert Musil: „Die Amsel". In: Ders.: Prosa und Stücke. Kleine Prosa, Aphorismen. Autobiographisches. Essays und Reden. Kritik. Reinbek bei Hamburg 1978. 562. Vgl. dazu auch: Bernhard Siegert: Rauschfilterung als Hörspiel. Archäologie nachrichtentechnischen Wissens in Robert Musils Amsel. In: Hans-Georg Pott (Hrsg.): Robert Musil. Dichter, Essayist, Wissenschaftler. München, 1993. S. 193 - 207.

[60] Samuel Beckett: The Unnamable. In: Ders: The Beckett Trilogy. Molloy. Malone Dies. The Unnamable. London, Picador 1979.

Um moderne Kriege führen zu können, bedarf es einer hochentwickelten Technologie, die die massenhaften Soldaten- und Materialbewegungen strukturiert. Spätestens seit dem zweiten Weltkrieg[61], den nicht mehr Waffen und Soldaten, sondern Informationstechnologien - als mathematische Kommunikationstheorie, Kybernetik und Kryptographie bzw. -analyse - entschieden, ist klar, daß alle wesentlichen Kriegstechnologien Techniken der Kommunikation sind. Im Umkehrschluß heißt das allerdings auch, daß unsere Kommunikation durch Medien gewährleistet wird, die nichts als Kriegsabfall sind, 'Mißbrauch von Heeresgerät', wie Friedrich Kittler sagen würde. Shannons Informationstheorie entstand nicht zufällig im zweiten Weltkrieg. Friedrich-Wilhelm Hagemeyer spricht hinsichtlich des Paradigmenwechsels in der Nachrichtentechnik, den sie einleitete, von einer „'induzierten' wissenschaftlichen Revolution"[62] und noch deutlicher: „Nicht die Informationstheorie oder ähnliche Theorien waren die wissenschaftliche Revolution, sondern der extern aufgeprägte Kontraktzyklus [zwangsweise Zusammenarbeit, A.K.] der Kriegsforschung (...)"[63].

Shannons wichtigster Beitrag zum zweiten Weltkrieg besteht in der Erkenntnis, daß maximale Information und maximale Störung identisch sind. Kryptoanalyse und die Rekonstruktion gestörter Signale werden deshalb von Shannon als ähnliche Tätigkeiten angesehen. „Aus kryptoanalytischer Sicht ist ein Geheimcode [secrecy system] fast identisch mit einem rauschenden Kommunikationssystem."[64] In der Praxis

---

327. Siehe dazu: Albert Kümmel: „Samuel Beckett: The Unnamable - scrapbook neuzeitlicher Subjektivität". Erscheint demnächst in den Weimarer Beiträgen.

[61] Daß auch die Napoleonischen Kriege Medienkriege in diesem Sinne waren, darauf verwies bereits der Abschnitt 'Telegraphie'.

[62] Hagemeyer: Informationskonzepte. S. 2.

[63] A.a.O., S. 42.

[64] Claude E. Shannon: „Communication Theory of Secrecy Systems". In: Bell Systems Technical Journal 28 (1949). 685. Zitiert in: Hagemeyer: Informationskonzepte. S. 434.

ist ein Codierungssystem umso sicherer, je *geringer* seine Redundanzen sind, während ein Nachrichtensystem mit *steigender* Redundanz zuverlässiger wird. Damit rückt eine Äquivokation genannte Größe zum Zentralkonzept jeden Entzifferungsversuchs auf. Shannon bezeichnet sie auch als „theoretical secrecy index"[65]. Die Äquivokation bestimmt die „Unsicherheit über den Wert eines gesendeten Symbols x, bei dem Empfang eines Symbols y"[66]. Aus der maximalen Differenz zwischen der Menge der abgesendeten Informationen und der Äquivokation leitete Shannon die „Leistungsfähigkeit eines Übertragungskanals, Information zu übertragen"[67], Kanalkapazität genannt, ab. Aus den Konzepten Äquivokation und Kanalkapazität folgerte er dann sein sogenanntes 'Fundamentaltheorem' gestörter Kanäle. Es besagt, „daß Codes existieren, die die Äquivokation beliebig klein werden ließen, so daß über den gestörten Kanal der Kapazität C eine Informationsmenge von der Größe $H = C$ gerade mit beliebiger Sicherheit übertragen werden konnte."[68]

Allerdings bedarf es mehr denn einer kryptographischen Theorie, um Mathematik kriegswirksam werden zu lassen.[69] Weil menschliche Computer unter Blitzkriegbedingungen viel zu langsam sind, um maschinell kodierten Befehlen vor ihrer Ausführung auf die Schliche zu kommen, mußte man das Dekodieren wiederum Maschinen überlassen, die seitdem Menschen den Titel 'Rechner' streitig machen.

---

[65] Zitiert A.a.O., S. 434.

[66] A.a.O., S. 426.

[67] A.a.O., S. 426.

[68] A.a.O., S. 436.

[69] Vgl. zum Folgenden die Kapitel „Geist der Wahrheit" und „Relais-Rennen" in Andrew Hodges einzigartiger Turing-Biographie Alan Turing, Enigma. (Dt. v. R. Herken/E. Lack. Wien/New York, 1994. S. 55 - 130/ 187 - 283.) und Friedrich Kittlers Aufsatz „Die künstliche Intelligenz des Weltkriegs: Alan Turing". (In: Friedrich Kittler/Georg Christoph Tholen (Hrsg.): Arsenale der Seele. Literatur- und Medienanalyse seit 1870. München, 1989. S. 187-202.)

Alan Mathison Turing modellierte 1936 das Vorbild all dieser Maschinen, die universale Turing-Maschine, beim Versuch, ein Zentralproblem mathematischer Grundlagenforschung zu lösen. Seit 1890 hatte sich der Göttinger Mathematiker David Hilbert mit der Frage der systematischen Abschließbarkeit der Mathematik beschäftigt. Dieses Projekt ging als 'Hilbert-Programm' in die Geschichte der Mathematik ein. 1928 formulierte er drei Bedingungen, deren Erfüllung die Geschlossenheit der Mathematik gewährleisten sollte. Zunächst forderte Hilbert Vollständigkeit, womit die Beweisbarkeit bzw. Widerlegbarkeit aller mathematischen Sätze gemeint ist. Die zweite Bedingung war Widerspruchsfreiheit. Keine Reihe gültiger Schlüsse sollte jemals Sätze der Art '2 + 2 = 5' hervorbringen können. Entscheidbarkeit postulierte Hilbert als letzte Bedingung seines Programms. Damit ist eine Methode gemeint, die in endlicher Zeit Behauptungen auf ihren Wahrheitsgehalt prüfen kann. Hilbert war fest davon überzeugt, daß sich alle drei Bedingungen erfüllen ließen: „Wir *müssen* wissen. Wir *werden* wissen."[70]

Bereits 1931 stand jedoch fest, daß sich mindestens die ersten beiden nicht einlösen ließen. In einem Aufsatz mit dem Titel „Über formal unentscheidbare Sätze der Principia Mathematica und verwandter Systeme"[71] zeigte der bis dato völlig unbekannte tschechische Mathematiker Kurt Gödel, daß die Mathematik als System entweder unvollständig oder inkonsistent ist. Sein Kunstgriff, den sich Turing zunutze machte, war ein Gödel-Numerierung genannter Code, dessen Nummern gleichzeitig zahlentheoretische Aussagen und Aussagen über Zahlentheorie waren.[72] Auf diese Weise war es möglich,

---

[70] Zitiert in: Ian Stewart: Mathematik. Probleme - Themen - Fragen. Dt. v. Günther Eisenreich. Basel/Boston/Berlin, 1990, S. 271.

[71] Der Aufsatz bezieht sich auf die Principia Mathematica von Bertrand Russel und Alfred Norton Whitehead, ein dem Hilbert-Programm vergleichbares Projekt.

[72] Siehe dazu Douglas Hofstadters Klassiker Gödel, Escher, Bach. ein Endloses Geflochtenes Band. München, 1993³.

als arithmetischen Satz *über* Arithmetik eine Paradoxie der Art 'Ein Kreter sagt: Alle Kreter lügen.' formulieren.

Die dritte von Hilberts Fragen blieb noch unbeantwortet, auch wenn sie inzwischen im Hinblick auf 'Beweisbarkeit' und nicht auf 'Wahrheit' gestellt werden mußte. Gödels Resultate schlossen nicht aus, daß es ein Verfahren zur Unterscheidung der beweisbaren von den nichtbeweisbaren Aussagen geben konnte. Vielleicht war es möglich, die recht eigenartigen Gödelschen Behauptungen irgendwie gesondert zu behandeln.[73]

Turing entwickelte zur Lösung dieses Problems eine kleine Papiermaschine, nur bestehend aus einem endlosen, in quadratische Einheiten unterteilten Papierband, das unter einem lese- und schreibfähigen Kopf, der eine endliche Anzahl verschiedener Zustände zu Steuerungszwecken annehmen können sollte, herlief. Ein Zeichen und dessen Abwesenheit, 1 und 0,[74] bestimmen Programm und Tätigkeit dieser ausgedörrten Schreibmaschine: je nach dem in 1 und 0 auf demselben Papierstreifen niedergeschriebenen Programmbefehl rückt der Schreib-Lese-Kopf um eine Einheit nach rechts oder links, um dort, je nachdem, weiterzurücken, ein Zeichen zugunsten einer Abwesenheit zu löschen oder eine Null durch eine Eins zu ersetzen. Das ist alles. Diese Maschine kann genau dann universal genannt werden, wenn sie in der Lage ist, die Tätigkeit jeder anderen Maschine zu simulieren. Eine universale Turing-Maschine kann also alle anderen Turing-Maschinen, deren Programm und Datensatz sie kennt, nachahmen.

Daß solche Maschinen leicht in Endlosschleifen geraten können, auf denen sie ad infinitum hin- und herrücken, ist der Kern der Turingschen Negativantwort auf Hilberts Entschei-

---

[73] Hodges: Turing. S. 110.

[74] Damit überbietet das bit selbst den schon hinreißend ökonomischen Punkt-Strich Code Samuel Morses, worauf Friedrich Kittler zurecht hinweist. (Friedrich Kittler: „Von der Letter zum Bit". In: Horst Wenzel (Hrsg:): Gutenberg und die neue Welt. München, 1994. S. 105 - 117.)

dungsproblem. Berechenbarkeit ist, so Turings Ergebnis, nicht
vollständig mechanisierbar oder, anders ausgedrückt, es gibt
Sätze, die Turing-Maschinen nicht in endlich vielen Schritten
entscheiden können.[75] Turing schließt daraus allerdings nicht
- wie noch Gödel - auf eine Überlegenheit des menschlichen

---

[75] Mit Ian Stewart sei kurz skizziert, wie das Turingsche Programm
im einzelnen funktioniert: Für eine universale Turing-Maschine U
gelte Code (M) × d „für eine Maschine mit dem Programm M und
den Eingabedaten d." (Stewart: Mathematik. 268.) Stewart formuliert nun das Turingsche Programm zur Lösung des Haltepro-
blems, d.h. der Frage, welche Eingaben eine Turing-Maschine
zum Anhalten bringen, also in endlicher Zeit eine Lösung ergeben, in Form folgenden Programms H:

„(a) Prüfe, ob d der Code für ein Turing-Postsches Programm D
[i.e. für ein Programm, das die 7 möglichen Befehle einer Turing-
Maschine ausführt, A.K.] ist. Wenn nicht, gehe man zum Ausgangspunkt zurück und wiederhole.
(b) Wenn d der Code für D ist, so verdopple man die Reihe, so
daß sich d × d ergibt.
(c) Mann verwende den Stoppalgorithmus für U mit den Eingabedaten d × d. Wenn er anhält, so gehe man zum Anfangspunkt von
(c) zurück und wiederhole.
(d) Anderenfalls halte man an." (A.a.O., S. 269)

Es ist deutlich, daß die Maschine in (a) und (c) leicht 'hängen-
bleiben' kann. Gibt man H selbst als Datensatz h in H ein, hält sie
nur dann an, „wenn U nicht mit den Eingabedaten h × h anhält".
(A.a.O., S. 270) Das gibt (c) vor. „Nun betrachte man aber, wie
die universale Maschine U ein Programm P simuliert. Es startet
mit den Eingabedaten Code (P) × d und verhält sich gerade wie P
mit den Eingabedaten d. (...) P hält mit den Eingabedaten d dann
und nur dann an, wenn U mit den Eingabedaten Code (P) × d anhält. Schließlich setze man P = H, also Code (P) = Code (H) = h,
und setze d = h. (...) [Dann ergibt sich:] H hält mit den Eingabedaten h dann und nur dann an, wenn U mit den Eingabedaten h × h
anhält." (A.a.O., S. 270) Dieser Satz widerspricht dem ersten, der
fordert, daß U **nicht** mit h × h anhält.

Intellekts, sondern erhebt das Mechanisierbare zum Leitbegriff von Computierbarkeit überhaupt.

> Künstliche Intelligenzen, statt weiter daran gemessen zu werden, was sie nicht können, eroberten die Gesamtheit dessen, was sie können. Und das war nicht Naturwissenschaft, sondern Strategie. Gerade daß Finite State Machinen [sic!] gegenüber dem physischen oder neurophysiologischen Universum den Vorzug hatten, durchgängig vorhersagbar zu sein, qualifizierte sie für den Krieg.[76]

Infolgedessen[77] gehörte Turing - trotz anfänglicher moralischer Bedenken - seit 1939 auch zur Elite der codebreakers von Bletchley Park, dem bombensicheren Sitz englischer Kryptoanalytiker. Dort kannte man bereits vor Turings Einstellung die deutsche Kodiermaschine mit dem sprechenden Namen Enigma in all ihren Einzelteilen. Mathematiker des polnischen Geheimdienstes, die auf Basis einer erbeuteten vierwalzigen Enigma eine Dechiffriermaschine, deren lautes Tickgeräusch ihr zu dem Namen Bombe verhalf, konstruiert hatten, schenkten diese mitsamt dazugehöriger Unterlagen den Briten, nachdem die Erhöhung der Enigma-Walzenzahl auf fünf die Bombe schlicht überforderte. Gemeinsam mit Gordon Welchman gelang Turing 1940 der Durchbruch. Die 'Eastern Godess' getaufte Maschine brauchte nur 24 Stunden, um die Enigma-Geheimbotschaften zu entschlüsseln. Das genügte. „Hier war die Gelegenheit, nicht nur Meldungen, son-

---

[76] Kittler: Turing. S. 196.

[77] Hodges betont allerdings: „Wie die meiste wissenschaftliche Arbeit in Kriegszeiten, verlangte sie kaum nach dem allerletzten Wissensstand des Tages. Es war eher so, daß sie dasselbe Können erforderte, das in der fortgeschrittenen Forschung Verwendung fand, aber angewandt auf elementarere Probleme. Die Idee, Prozesse zu automatisieren, war dem zwanzigsten Jahrhundert vertraut genug, dazu brauchte es nicht den Autor von On Computable Numbers." (Hodges: Turing. S. 211)

dern das gesamte System der Kommunikation des Feindes zu erbeuten."[78]

Kulturwissenschaftliches Postskriptum

Informationsästhetik

Eine kulturwissenschaftlich wichtige Anwendung der Informationstheorie stellt Max Benses Projekt einer Theorie ästhetischer Information dar. Aufbauend auf der Texttheorie des Mathematikers Birkhoff, der als ästhestisches Maß ($M_{\ddot{A}}$) die Beziehung von Ordnung (O) und Komplexität (C) als Quotienten

$$M_{\ddot{A}} = O/C$$

anschrieb, versucht Bense, Ästhetik wissenschaftlich zu fundieren.

> Gerade die Reduzierbarkeit des kunsterzeugenden Prozesses auf repertoireabhängige *Selektionen* läßt es zu, innerhalb der innovationerzeugenden *Semiose* den erzielten ästhetischen Zustand als eine besondere Klasse selektierter Information aufzufassen, die man kurz als *ästhetische Information* bezeichnen kann.[79]

Ästhetische Prozesse spielen sich nach Bense zwischen einem chaogenen Zustand, in dem alle Elemente gleichverteilt ungeordnet sind, und einem strukturellen Zustand, in dem eine Auswahl von Elementen in der immergleichen monotonen Weise überraschungslos angeordnet ist, ab. Auf dem Weg von

---

[78] A.a.O., S.223.
[79] Max Bense: Einführung in die informationstheoretische Ästhetik. Grundlegung und Anwendung in der Texttheorie. Reinbek bei Hamburg, 1969, S. 55.

Chaos zu Struktur verliert das ästhetische Objekt an informativem Gehalt.

Als ein besonderes Kennzeichen moderner Kunst hebt Bense hervor, daß ihr aller Anfang leicht sei, jeder Zufall, jede Kleinigkeit könne den Beginn eines ästhetischen Prozesses markieren. Ungleich schwieriger sei es demgegenüber geworden, ein Werk einem Abschluß zuzuführen.

Die Parasitologie Michel Serres

> Und schon sind die Ratten wieder da. Sie sind, wie es heißt, immer schon da. Sie gehören zum Bauwerk. Irrtum, Ungewißheit, Verwirrung und Dunkelheit gehören zur Erkenntnis, das Rauschen gehört zur Kommunikation - die Ratte gehört zum Haus. Ja, mehr noch, sie ist das Haus.[80]

Der Informationsästhetik war nur ein kurzes Dasein beschieden. Wirklich etablieren konnte sich dieses Experiment einer mathematisierten Ästhetik nicht. Erfolgreicher war Michel Serres' Versuch, aus Anregungen der mathematischen Informationstheorie tragfähige kulturwissenschaftliche Konzepte zu destillieren. Serres setzt wissenschaftliche Kommunikationsmodelle den assoziativen Kräften des abendländischen Mythenrepertoires aus, indem er sie mit Namen wie Parasit, Hermes[81] oder Engel[82] belegt.[83] Nicht nur wegen seiner außeror-

---

[80] Michel Serres: Der Parasit. Dt. v. Michael Bischoff. Frankfurt am Main 1987. S. 26.

[81] Michel Serres: Hermes I - V. Dt. v. Michael Bischoff. Berlin 1991-1994.

[82] Michel Serres: Die Legende der Engel. Dt. v. Michael Bischoff. Frankfurt am Main/Leipzig 1995.

[83] Die Angemessenheit sogearteter Unternehmungen belegt die Technikgeschichte selbst, z.B. die französische Darstellung aus der Frühzeit der Telegraphie, die dem Telegraphenbaum den Körper des Götterboten Hermes unterschiebt. (Vgl. Oberliesen: Information. S. 54)

dentlich breiten Rezeption nimmt *Der Parasit* unter all diesen Projekten eine Sonderstellung ein. Serres macht sich darin die Doppeldeutigkeit des französischen *parasite* zunutze: neben Schmarotzer bedeutet es als *bruit parasite* auch Rauschen im nachrichtentechnischen Wortsinn.

Serres transformiert das dreistufige Kommunikationsmodell, das auch der mathematischen Informationstheorie zugrunde liegt, in eine Parasitenkaskade ohne Anfang und Ende[84] - nur Notationsökonomie läßt sie im folgenden Schaubild bei P_0 beginnen:

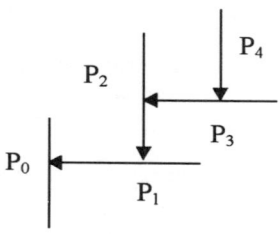

Sagen wir, sage ich, sagt Serres, sagt Boursault, sagt Äsop - eine Kette von Abschreibern, eine Kaskade von Parasiten ... -, sagen wir also, die Stadtratte P_2 habe die Landratte P_3 zu einem Mahle der Essensreste des Steuerpächters P_1 geladen und werde von einem Geräusch P_4 gestört. Sagen wir P_0 sei der Bauer, den der Steuerpächter schröpft. Ist P_0 Produzent? Oder ist nicht auch er Parasit am Land, am Leben der Tiere, an der Arbeitskraft seiner Kinder, etc., etc.? Jeder Wirt ist gleichzeitig Parasit und Störer der symbiotischen Beziehung anderer Wirte und Parasiten. *L'hôte* ist im Französischen der Gastgeber und der Feind - informationshaltige Ambiguitäten...

Kleinste Einheit des Serres'schen Parasitenmodell ist damit folgendes Schema:

---

[84] Ich habe die Serres'sche Kaskade leicht verändert, um die Universalität der Anwendbarkeit des Modells zu betonen.

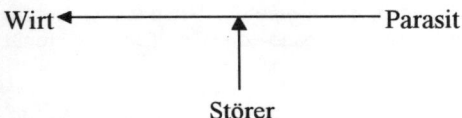

Die entscheidende Stelle ist die des Dritten, des Störers. Da aber alle Störer zueinander werden können, wie hellsichtiges Valentin-Deutsch den Sachverhalt ausdrücken würde, gibt Serres der Parasitenbeziehung noch eine weitere graphische Form:

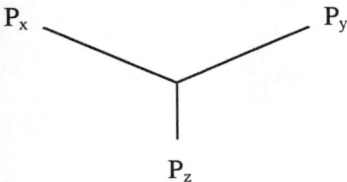

Das Schema verdeutlicht durch die Gleichbehandlung aller Positionen, daß jener Dritte nicht nur Störer erfolgreicher Kommunikation ist, sondern gleichzeitig ihr Bereicherer. Auf dem Weg ins weiße Rauschen werden Nachrichten immer informationshaltiger, flüstert Shannon.

So endet dieser Aufsatz mit einer kleinen Hymne an das Rauschen:

> Der Parasit hält nicht ein, er hält nicht ein mit Essen, Trinken, Schreien, Rülpsen; er hört nicht auf, tausenderlei Geräusche zu machen und den Raum mit seinem Wuchern und seinem Getöse zu erfüllen. Der Parasit ist Expansion, er läuft, er wächst. Er dringt ein und besetzt. Und plötzlich quillt er über diese Seiten hinaus. Eine Überschwemmung, eine Flut: Von Lärm, Tohuwabohu, Raserei, Tumult und Unverständnis. Von Asymmetrie, Gewalt, Mord und Gemetzel, Pfeil und Axt. Von Elend und Hunger: die Armut als Bettlerin an der Türe; solche, die zuviel essen, Betrunkene; solche, die nie etwas zu beißen haben als Wind. Von Krankheit, Epidemien und Pest. Von tierischen Metamorphosen:

Mikroben, Insekten, Ratten, Wölfe, Löwen und Füchse; Tiere, die das Politische verschlingt; Blumen eines Liebesstraußes, die ein dahergelaufener Hase frißt; Liebende, die der Teufel getrennt hat.[85]

Albert Kümmel

---

[85] Serres: Parasit. S. 389.

Oralität und Literalität

Die Schrift ist für unsere Kulturgeschichte eines der wesentlichsten Medien zur Herstellung, Speicherung und Verteilung von Information. Gleichzeitig gilt sie als einer der "Grundpfeiler" menschlicher (westlicher) Zivilisation. Thema des folgenden Kapitels ist, Forschungsergebnisse zu diesem uns scheinbar so vertrauten Medium vorzustellen. Dabei wird deutlich, daß Reflektionen über die Medienabhängigkeit unseres Denkens, unserer Wahrnehmung, unserer Kultur so neu nicht sind.

Schrift als Notationssystem

"Die Schriftkultur der Menschheit begann vor etwa 7000 Jahren." (Haarmann, 1990, S. 18) Die meisten Sprachen jedoch sind nie geschrieben worden, so daß es keine Literatur, keine Zeugenschaft ihrer Existenz gibt. Von der Gesamtzahl aller lebenden Sprachen der Welt sind nur etwa 13% verschriftet, die Mehrzahl aller Einzelsprachen ist schriftlos (a.a.O., S. 19). Außerdem wird die zunehmende Technologisierung von Kommunikation zu einem weiteren Verschwinden von Sprachen und Schriften führen (Weingarten, 1989, S. 39). Die ältesten Funde, die Schrift dokumentieren, stammen aus Ägypten und Mesopotamien. Es sind Zeichen, Erinnerungsspuren, Wiedererkennungsmerkmale. Ihre Funktion bestand entweder in der Symbolisierung einer Rechenoperation oder in der Beobachtung physikalischer Objekte bzw. im Versuch, diese Phänomene zu benennen. (Havelock, 1990, S. 49).

Doch was ist Schrift? Sind die ägyptischen Hieroglyphen Schrift? Oder schwer zu entziffernde Bilder? Die Schriftforschung unterscheidet zwischen piktographischen, ideogram-

matischen Schriften und Silbenschriften bzw. Mischformen
dieser Schriftsysteme.

"Neben den Piktogrammen (das Bild eines Baumes repräsentiert
das Wort für den Baum) entwickelten die Schriften andere Arten
von Symbolen. Eine Art ist das Ideogramm, welches einen Begriff
nicht direkt durch ein Bild, sondern mit Hilfe eines Kodes darstellt: Zum Beispiel repräsentiert das chinesische Piktogramm,
das zwei Bäume zeigt, nicht die Wörter >zwei Bäume<. Vielmehr
meint es das Wort >Wald<. Stilisierte Bilder von einer Frau mit
einem Kind an ihrer Seite bedeuten >gut<, usw." (Ong, 1987, S.
89)

Nach sprachwissenschaftlichen Definitionen ist nicht jedes semiotische Zeichen Schrift, da es sich um ein genau kodiertes
System visueller Zeichen handeln muß. Nur dies garantiert eine korrekte Dekodierung[1]. Der ägyptische Hieroglyphen-
schreiber verfügte beispielsweise nicht über ein solch festgelegtes korrektes System von Zeichen und deren Dekodierung.
Er konnte nur vermuten, was der Leser entziffern wird. Wie-
wohl die allermeisten Schriften aus einer Bilderschrift entstanden sind, kann im eigentlichen Sinn erst von Schrift gesprochen werden, wenn die Verknüpfung zwischen Zeichen
und visueller - im Sinne von mimetischer - Gestalt zurücktritt
und die Beziehung zu der *sprachlichen* Bezeichnung des Gegenstandes dominant wird (Weingarten, 1989, S. 16).[2] Dies
ist dann der Fall, wenn Schriftzeichen beginnen, Phoneme zu
repräsentieren, also die menschliche Rede selbst, ihr Klang,
notiert wird. Einzelne Silben oder Konsonantengruppen in
Zeichen zu übertragen stellt hierfür einen Versuch dar. Dabei

---

[1] "Ein Kode ist ein Verfahren zur Übersetzung eines Zeichensy-
     stems in ein anderes, wobei jeweils einzelne Elemente aus beiden
     Zeichensystemen einander zugeordnet werden." (Weingarten,
     1989, S. 33)
[2] Haarmann hält diese Auffassung für traditionell und gemessen an
     den heutigen Erkenntnissen über allgemeine kulturhistorische und
     spezifische Schriftgeschichte für überholt. (1990, S. 17ff.)

wird es auch von Bedeutung, ob eine Sprache so konstruiert ist, daß sie einer Silbenschrift entgegenkommt. Die deutsche Sprache beispielsweise ließe sich mit ihren vielen Silbenarten und zahlreichen Konsonantenhäufungen nicht effektiv in einer Silbenschrift ausdrücken (Ong, 1987, S. 90). Am genausten ist die Wiedergabe von Sprache mit Hilfe von Buchstabenzeichen, die für Einzellaute stehen. Diese "Evolutionsphase ist chronologisch die jüngste, gleichzeitig aber die höchstspezialisierte Form des Schreibens" (Haarmann, S. 16). Die Ausbildung eines sogenannten Alphabets war ein langer und enorm komplizierter Prozeß, ein ungeheurer Abstraktionsschritt. Etwas, was Jahrtausende lang unmöglich erschien, es zu bewältigen (Havelock, 1990, S. 57).

Die erste Buchstabenschrift ist von den Phöniziern ausgegangen, sie war die Grundlage für viele andere semitische Schriften.

"Jedes existierende Alphabet, das hebräische, ugaritische, griechische, römische, kyrillische, arabische, tamilische, malyische, koreanische, rührt in irgendeiner Weise von der originären semitischen Entwicklung her, obwohl, wie dies die ugaritische und koreanische Schrift zeigen, die äußere Gestalt der Buchstaben nicht immer an die semitische erinnern muß." (Ong, 1987, S. 91)

Die semitischen Sprachen kennen jedoch keine Buchstaben für Vokale. Erst die Griechen vollbrachten die Leistung, eine Alphabetschrift zu entwickeln, die Vokale mit einschloß. Dies bedeutet die totale Transformation des Wortes aus dem Klang ins Sichtbare. Phoneme, Laute so zu sortieren, daß sie in einem Zeichensystem von zwanzig bzw. dreißig Zeichen repräsentiert werden können und eindeutig lesbar werden, stellt die überragende Kulturleistung des griechischen Alphabets dar. Demgegenüber benötigen alle nicht phonetischen Schriftsysteme einen riesigen Zeichenvorrat. Ein chinesisches Wörterbuch aus dem Jahre 1716 beispielsweise verzeichnet 40545 Zeichen.

"Kein Chinese, kein Sinologe kennt sie alle, hat sie je alle ge-
kannt. Nur wenige der schreibfähigen Chinesen können alle diejenigen Wörter, welche sie verstehen, auch aufschreiben. Im chi-
nesischen Schriftsystem einigermaßen bewandert zu sein, setzt ein
etwa zwanzigjähriges Studium voraus. Solch eine Schrift verschlingt eine Menge Zeit und ist deswegen elitär." (a.a.O.,
S. 89/90).

Dieser Vergleich macht deutlich, welche Hindernisse in der
Schriftpraxis das Schriftsystem selbst darstellen kann und verweist darauf, was Havelock wie folgt formuliert:

"Von Schreiben *in abstracto* zu sprechen oder es als allgemeines
Phänomen diskutieren zu wollen, ist daher ein Fehler. Es gibt nur
spezifische Schriftsysteme, die alle ihre spezifische Wirkung in
einem bestimmten sozialen System haben." (1990, S. 50)

Orale Mnemotechniken

Schrift ist eine Mnemotechnik, sie garantiert einen Akt des
Wiedererkennens und Erinnerns. Für viele Gesellschaften
stellt sie den zentralen kulturellen "Gedächtnisspeicher" dar.
Doch wie bewahrten schriftlose Gesellschaften ihre wichtigen
Informationen vor dem Vergessen? Wie wurden politische,
rechtliche, religiöse und soziale Regelungen festgehalten und
übermittelt? Bedeutende Einsichten liefern hier die Ergebnisse
der sogenannten "Oral-Poetry-Forschung". Sie ist mit dem Namen Milman Parry verbunden, der in den zwanziger und
dreißiger Jahren nachwies, daß die Ilias und die Odyssee als
Ergebnisse einer oralen Improvisationskunst und Mnemotechnik zu verstehen sind. Sie sind nicht als geschriebene
Texte zu interpretieren, sondern als mündliche Dichtungen. In
ihnen drücken sich mündliche Kompositionsregeln aus. Diese
bestehen aus metrisch zugeschnittenen Formeln, Hexametern.
Denn wenn Sprache durch Rhythmus geleitet wird, ist sie für
das Gedächtnis einfacher wiederholbar. Worte und ihre Stellung innerhalb einer Syntax nach rhythmischen Folgen zu

komponieren ist also eine Erinnerungs-, eine Mnemotechnik. Die Hexameter sind aus Formeln zusammengefaßt, aus Gruppen von Wörtern, in deren Zusammenhang beispielsweise die Epitheta[3] eine besondere Bedeutung gewinnen. Odysseus ist "polymetis" (klug), nicht nur, weil ihn dieses Attribut charakterisiert, sondern weil er ohne dieses Epitheton nicht ins Metrum des Verses passen würde.

Die Frage war nun, wie ein Mensch - ein Sänger, Erzähler - in der Lage war ein in Hexametern aufgebautes Erzählkorpus von so gewaltigem Umfang wie die Ilias oder die Odyssee zu erinnern. Parrys These war, daß es sich hier nicht um ein wortwörtliches Memorieren gehandelt hat. Der Dichter besaß seiner Meinung nach einen Fundus an feststehenden Phrasen, der es ihm ermöglichte, metrisch korrekte Verse in endloser Zahl herzustellen und jeweils neu zusammenzustellen. Verse wurden also komponiert wie Rhapsodien. Die starke Betonung auf Rhythmik und Melodien wird nicht zuletzt auch durch die Tatsache belegt, daß die Erzähler und die Dichter ihren Vortrag mit Musik oder sogar Tanz kombinierten. Das orale Memorieren hatte folglich eine stark somatische Komponente.

"Die Griechen bezeichneten diesen Komplex oraler Praktiken mit dem Fachausdruck *mousike* und nannten die Muse, die der Kunst ihren Namen gab, ganz richtig "Tochter der Erinnerung." (Havelock, 1990, S. 79)

Parry untersuchte, um seine Ergebnisse empirisch zu überprüfen, im damaligen Jugoslawien noch vorhandene Erzähldichtungen und stellte fest, daß es sich auch hier um metrische und formularische Dichtungen handelte, wenn auch das Versmaß nicht der antike, griechische Hexameter war. Albert Lord (1960/1965) führte in späteren Jahren Parrys Arbeit weiter und machte umfangreiche Tonaufzeichnungen dieser Erzähldichtungen, die heute Bestandteil der Parry-Sammlung in Harvard sind. Lord stellte fest, daß die meisten der slawischen Er-

---

[3] Ein beigefügtes Adjektiv oder Attribut.

zähldichter nicht literalisiert waren. Lesen und Schreiben, so Lord, hätten den oralen Poeten mit der Vorstellung belastet, daß es einen Text gibt, an dem sich ihr Erinnertes zu orientieren habe. Ihre Vorlage jedoch bestand in der Erinnerung an ein gesungenes Lied. Dabei ließ sich jedoch feststellen, daß es sich nie um genaue Wiederholungen handelte. Ein Lied wurde nie zweimal auf die gleiche Weise gesungen. Auch wenn sie vom selben Poeten stammten, waren die Mitteilungen ihrem Inhalt nach zwar vergleichbar, aber immer unterschiedlich "zusammengestrickt", abhängig vom Publikum, von der Stimmung der Poeten und von vielen anderen sozialen und psychologischen Faktoren.

Orale Noetik

Beschäftigte sich Milman Parry noch hauptsächlich mit den Techniken des Memorierens und Vortragens vor dem Hintergrund mündlicher Kompositionsbedingungen, mit der sogenannten oralen Poetik, beginnt Eric A. Havelock (1963/1990) in den sechziger Jahren Fragen nach der oralen Noetik zu stellen. Ihn interessierte, wie sich die mentalen Strukturen des oralen Denkens beschreiben lassen, wie das Schreiben das Denken verändert bzw. was sich über ein Denken sagen läßt, das die Schrift nicht kennt.[4] Orale Noetik meint so etwas wie mündliche Geistesverfassung. Hier treffen wir wieder auf den bereits von McLuhan vertrauten Gedanken von der Medienabhängigkeit unseres Denkens und Wahrnehmens. Dieses Thema wurde plötzlich auch Gegenstand wissenssoziologischer, ethnologischer und philosophischer Disziplinen. 1958 veröffentlichte Walter J. Ong "Ramus, Method, and the Decay of Dialogue", 1963 erschienen die Studien von Jack Goody und Ian Watt "Consequences of Literacy", und Jacques Derridas "Grammatologie" folgte 1967.

---

[4] Vgl. hierzu in Claude Lévi-Strauss "Traurige Tropen" (1991) das Kapitel Schreibstunden (S. 288ff.).

Havelock geht auf der Grundlage der Forschungsergebnisse von Parry davon aus, daß in einer präliteralen Kultur das gesammte Wissen narrativ übermittelt wurde.[5] Informationen, die einer Gesellschaft wichtig erschienen, wurden in Erzählungen "verpackt". Homers Geschichten beispielsweise hatten die Funktion Naturphänomene, deren Wirkungsgesetze noch unbekannt waren, persönlichen Handlungen und Entscheidungen vön Göttern zu unterstellen. Statt den uns so vertrauten Kausalbeziehungen galt in oralen Kulturen das Prinzip des "Deus ex machina". Es sind die Entscheidungen der Götter, die Regen, Stürme und Zwietracht bringen. Havelock sieht darin ein Indiz, daß der menschliche Geist in schriftlosen Gesellschaften der Mühe enthoben ist über komplexere Ursache-Wirkungsprinzipien nachzudenken und sich diese merken zu müssen (1990, S. 114). Es gibt seiner Meinung nach auch keine begrifflichen Kategorien, die so ein Denken fassen würden. Ähnlich "einfach" wie der homerische Mensch denken auch andere schriftlose Kulturen. Der Animismus sogenannter primitiver schwarzer Völker ist für Havelock im selben Kontext zu sehen. Ein Afrikaner beispielsweise, der in dem von ihm aufzufüllenden Wasserkessel eines Flußdampfers einen mächtigen immer durstigen Gott imaginiert, wird zwar brav seine Arbeit tun - denn er will nicht, daß der Gott zornig wird - niemals jedoch wird er laut Havelock eine Maschine reparieren oder gar bauen können (a.a.O., S. 115). Da einer oralen Kultur also jede Fähigkeit zu einem kausalen Denken oder zur Abstraktion fehlt, wird sie niemals große technische Leistungen hervorbringen. Ein anderer wichtiger Punkt des präliteraten "state of mind" ist für Havelock das Fehlen von Objektivität und kritischer Distanz. Statt dessen dominieren Bildhaftigkeit und Emotionalität. Das Publikum, bei der Rezeption von Geschichten voll identifiziert, ist auf nachgerade "pathologische"

---

[5] Diese Erzählakte sind jedoch nicht begreifbar ohne situativen Kontext. Das, was zwischen Dichter und Publikum geschah, war gesellschaftlich institutionalisiert in Gestalt von Festen und Ritualen.

Weise berauscht (1963, S. 45). In den Zusammenhang mit Emotionalität, geringer Abstraktionsfähigkeit und Distanz stellt Havelock auch die Tatsache, daß der Mensch in der oralen Kultur kein Ich, keine Seele, kein Selbst kennt. Er erfährt sich nicht als automes Ich ("personality"), das in der Lage ist sich zu erinnern, zu denken oder eigene Standpunkte einzunehmen (a.a.O., S. 200). Es ist deshalb leicht, moralische Prinzipien und soziale Regeln durchzusetzen, weil es nie zu großartigen inhaltlichen Auseinandersetzungen kommen kann. In Gesellschaften ohne Schrift war der Dichter seiner Meinung nach ein unhinterfragter, geistiger Führer, der in seinem Gedächtnis das verbindliche Wissen speicherte, verwaltete, organisierte und publizierte. Er war Träger und Garant des kulturellen Gedächtnisses, indem er alle Informationen, die für eine Gesellschaft notwendig waren, speicherte und vermittelte. Seine Inszenierungen dienten der Vergewisserung eines Weltbildes. Eine kritische, analytische und individuelle Reflektion von übermittelten Informationen fand nicht statt.

Auch Jack Goody (1981) betont die stärkere Direktheit und Konkretizität der aufs mündliche bezogenen Kommunikationsformen, akzentuiert dies aber eher positiv im Sinne einer gründlicheren Sozialisierung von Wissen. Der Autor spricht in diesem Zusammenhang von der direkten "semantischen Ratifizierung" (a.a.O., S. 48) als einer unmittelbaren Beziehung zwischen Symbol und Referent vor dem Hintergrund eines Sozialsystems. Da die Bedeutung eines Wortes nirgendwo fixiert ist, bestimmt es sich immer über einen situativen Kontext. Das Vokabular wird somit immer den Erfordernissen einer Gesellschaft angepaßt. Benannt wird nur, was nützlich ist. Sprache in nicht literalen Gesellschaften ist somit durch eine enge funktionale Anpassung gekennzeichnet. Die Kontinuität von "Verstehenskategorien" (Durkheim) ist deshalb relativ. Was sozial von Bedeutung ist, wird benannt, erinnert, der Rest vergessen. Mythen, Gottheiten, heiliges Wissen verschwinden oder verändern sich, je nachdem, welchen sozialen Zweck sie erfüllen. Sprache nennt Goody in diesem Zusammenhang das wichtigste Medium dieses "Prozesses sozialer Verdauung und

Ausscheidung" (1981, S. 50). Er spricht auch von der gesellschaftlichen "Homöostase" bei nicht literalisierten Gesellschaften, deren bedeutsamste Folge sei, die Vergangenheit ausschließlich unter dem Gesichtspunkt der Gegenwart zu sehen.
Goody/Watt bringen eindrucksvolle Beispiele, wie bestimmte
Stämme ihre Genealogien abänderten, um beispielsweise
Rechtsstreitigkeiten zu klären. Die Frage danach, wie eine illiterate Gesellschaft das für sie relevante Wissen speichern
konnte, wird auf folgende Formel gebracht: Die Gegenwart
schreibt der Erinnerung ihre Ökonomie ein. Goody vertritt die
Ansicht, daß Gesellschaften, die keine Chronologien, keine
Aufzeichnungen kennen, anhand derer Veränderungen auszumachen wären, in keinerlei Widerspruch zu ihrer Vergangenheit kommen können. Zwischen dem, was war und dem,
was ist besteht Übereinstimmung. Mythos und Logos verschmelzen.

> "Elemente des kulturellen Erbes, die ihre Bedeutung für die Ge
> genwart verlieren, werden in der Regel alsbald vergessen oder
> verändert; und da die Individuen jeder Generation das Vokabular,
> die Genealogien und Mythen ihrer Gesellschaft neu erwerben, be
> merken sie nicht, daß bestimmte Wörter, Eigennamen und Ge
> schichten verschwunden sind, daß andere ihre Bedeutung verän
> dert haben oder ersetzt worden sind." (a.a.O., S. 55)

Walter J. Ong relativiert diese Sicht und setzt einen anderen
Akzent. Ihn interessieren weniger die Auswirkungen der Oralität auf soziale Zusammenhänge als vielmehr die "Mentalität"
dieser Kulturen, die sich in ihrer spezifischen Artikulationsweise niederschlägt. Er orientiert sich dabei (1987, S. 42ff.) an
den folgenden thesenartig zusammengefaßten Faktoren: 1. ist
ihr "Satzstil" eher additiv als subordinierend (Havelock), 2. ist
er weniger syntaktisch als Schrift, 3. ist er gekennzeichnet von
Klischees, die als Formeln immer wieder aufgenommen werden (Parry), was 4. zum vielleicht markantesten Merkmal
führt, nämlich der Redundanz. Diese muß im Zusammenhang
mit der Flüchtigkeit der gesprochenen Rede gesehen werden.
Die mündliche Äußerung, die in dem Moment verschwindet,

wo sie ausgesprochen wird, potenziert ihre Wahrscheinlichkeit
erinnert zu werden nicht nur durch einen eingängigen formel-
haften Stil, sondern auch indem sie oft wiederholt wird. Diese
Notwendigkeit des Wiederholt-werden-müssens, um erinnert
zu bleiben, bildet laut Ong eine in hohem Maße traditionalisti-
sche oder konservative Denkweise aus. Denn Wissen ist müh-
sam zu erringen und kostbar. Intellektuellen Experimenten
gegenüber verhält sich eine orale Kultur demzufolge eher
skeptisch. Da die Menschen unter großem Aufwand ihr Wissen erwerben und bewahren, ist man Neuem gegenüber vorbe-
haltlich. Geistige Arbeit ist weniger spekulativ oder experimentell als vielmehr reine Erinnerungsarbeit. Sie beruht auf
der Fähigkeit, die Traditionen und das Wissen vorangegange-
ner Generationen für die Gegenwart aufzubereiten. Vor allem
aber besitzen orale Kulturen keine analytischen Kategorien,
wie sie eine Schriftkultur kennt, sondern ihr gesamtes Wissen
strukturiert sich aus/über gelebter Erfahrungen. Ihr Denken
steht in einem unmittelbaren Lebens- und Handlungszusam-
menhang, in einem sinnlich-konkreten Bezugsrahmen, es wird
als "operativ" bezeichnet.

An dieser Stelle muß auf die Forschungsarbeiten A. R. Lu-
rijas verwiesen werden, der 1931/32 in Usbekistan und Kirgi-
sien Feldstudien durchführte, die in diesem Zusammenhang
interessant sind. Lurija stellte fest, daß nicht literalisierte Personen abstrakten Figuren wie Kreisen, Vierecken usw. grundsätzlich Namen von vertrauten, konkreten Objekten zulegen.
Es fehlt ihnen die Fähigkeit zur Abstraktion und Klassifikati-
on. Kategoriales Denken ist für sie unwichtig, uninteressant
und trivial (1976, S. 54, S. 67). Ebenfalls sind sie nicht in der
Lage zu formal gesetzten Syllogismen. Das bedeutet logische
(formale) Schlußfolgerungen auf Grund von übermittelten
Aussagen zu machen ist ihnen fremd. Statt dessen sind ihre
Gedanken und Aussagen geprägt von konkreten Lebenserfah-
rungen, ihrem Alltagswissen. Auch ein definitorisches Denken
ist ihnen fremd. Lurija fragt beispielsweise einen Bauer: "Erklären Sie mir, was ein Baum ist", und er antwortet: "Warum
sollte ich? Jeder weiß, was ein Baum ist, das brauche ich nicht

zu erzählen" (a.a.O., S. 86). Auch zeichnen sich nicht literalisierte Personen durch eine fehlende Selbsteinschätzung und
Selbstwahrnehmung aus. Dies wird damit belegt, daß sie sich
eher in einer wir- als in einer ich-Form ausdrücken und weder
ihre Eigenschaften, noch ihren Charakter benennen. Ein 36-
jähriger Bauer formuliert wie folgt:

> "Wie soll ich etwas über meinen Charakter sagen? Fragen Sie die
> anderen, die können über mich erzählen. Ich selbst kann über
> mich nichts erzählen." (a.a.O., S. 171)

Für Ong ergibt sich aus den Feldforschungen von Lurija, daß
sich eine orale Kultur schlichtweg nicht mit solchen Dingen
wie geometrischen Figuren, abstrakten Kategorien, formallo-
gischen Denkprozessen, Definitionen oder zergliedernden
Selbstanalysen beschäftigt. Diese stammen aus einem text-
bzw. schriftgeprägten Denken. Markant formuliert heißt das:
Eine sich von der (Um)welt distanzierende Welt- und Lebens-
auffassung ist nicht denkbar ohne das ihr entsprechende Medium des kommunikativen Austauschs. Im Gegensatz zum ab-
strahierenden und isolierenden Lesen und Schreiben lebt der
orale Mensch in einer Welt, die nur in und über Intersubjektivität und Ganzheitlichkeit existiert. Denn gesprochene Wörter sind stets "Modifikationen einer totalen, existentiellen Situation" (1987, S. 71), sie sind niemals in einem rein verbalen
Zusammenhang zu sehen, sondern immer gebunden an ein
konkretes Gegenüber und an eine soziale Situation.

Die Bedeutung dieser grundsätzlichen Ansprache, Zuspra-
che und Zwiesprache einer auf Oralität beruhenden Kultur betont auch eine der frühesten Quellen, die Überlegungen zur
Medienabhängigkeit unseres Denkens liefert. Platos Phaidros,
geschrieben im 5. Jahrhundert vor Christus, sieht im fehlenden vis-a-vis genau einen seiner vier Einwände gegen die
Schrift. Dieser Text[6] ist im Zusammenhang von medientheoretischen Überlegungen so überaus interessant, weil hier der

---

[6] Ich zitiere den Phaidros nach einer Übersetzung von Kurt Hilde-
brand (Stuttgart, 1991).

Unterschied zwischen mündlicher und schriftlicher Informationserzeugung und Überlieferung direkt artikuliert wird. Plato läßt seinen Sokrates sagen:

> "Denn dies Bedenkliche, Phaidros, haftet doch an der Schrift, und darin gleicht sie in Wahrheit der Malerei. Auch deren Werke stehen doch da wie lebendige, wenn du sie aber etwas fragst, so schweigen sie stolz. Ebenso auch die geschriebenen Reden. Du könntest glauben, sie sprächen, als ob sie etwas verstünden, wenn du sie aber fragst, um das Gesagte zu begreifen, so zeigen sie immer nur ein und dasselbe an." (a.a.O., S. 87/88)

Dies verdeutlicht noch einmal die an anderer Stelle vorgebrachte Meinung Platos, daß Wissen, egal ob es sich um ärztliches oder rhetorisches handelt, nicht über Bücher erworben werden kann. Da die Schrift als Medium nicht auf dem Prinzip der direkten Kommunikation beruht, ist das so erworbene Wissen kein Erfahrungswissen mehr, sondern eben "nur" angelesen. Die Kraft und der Vorteil der Rede liegen für Plato hauptsächlich im Moment der Intersubjektivität, die er pädagogisch "inszeniert". Der Redner (Lehrer) schätzt sein Gegenüber (Schüler) ein. Dabei geht es Plato hauptsächlich darum, denken zu lernen. Dies ist seiner Meinung nach nur in der Rede und Gegenrede gegeben, denn der eine weiß und der andere fragt. Ein Thema dialogisch durchzuarbeiten ist ein intersubjektiver Prozeß. Nur dieser garantiere es, den Dingen wirklich auf den Grund zu kommen. Der Text, das Buch liefern demgegenüber ein äußeres Produkt. Denn das Lesen kommt für Plato von außen, und es ist ubiquitär.

> "Jede Rede aber, wenn sie nur einmal geschrieben, treibt sich allerorts umher, gleicherweise bei denen, die sie verstehen, wie auch bei denen, für die sie nicht paßt, und sie selber weiß nicht, zu wem sie reden soll, zu wem nicht." (a.a.O., S. 88)

Damit wird das demokratisierende Moment, das die Schrift auch beinhaltet, sofern es sich um ein leicht zu lernendes Schriftsystem handelt wie das Griechische, von Plato negativ beurteilt, da es die "rechte Seelenführung" vereitelt. Diese kann nicht außerhalb der Rede in Texten stattfinden. Außerdem, und dazu läßt Plato seinen Sokrates die Sage von Teuth erzählen, schwäche die Schrift das Gedächtnis.

> "Denn wer dies lernt, dem pflanzt es durch Vernachlässigung des Gedächtnisses Vergeßlichkeit in die Seele, weil er im Vertrauen auf die Schrift von außen her durch fremde Zeichen, nicht von innen her aus sich selbst die Erinnerung schöpft." (a.a.O., S. 86)

Mit Plato gedacht könnte eine der Formeln für die mit der Einführung der Schrift möglich gewordenen kulturellen Revolution heißen: Trennung des Wissenden vom Wissen, indem es aus einem persönlichen Gedächtnis in ein Medium transponiert wird.

Plato wurde 427 v. Chr. geboren, zu einer Zeit, als das griechische Alphabet bereits verbreitet war. Es gab Schulen, Schreiber, professionelle Gesetzeskundige und Sophisten (Goody, 1981, S. 77f.). Trotzdem argumentiert er für eine orale Methode des Wissensaustausches. Plato kritisiert die Schrift als oberflächlich und undialektisch, Mißverständnisse erzeugend und unanalytisch. Gleichzeitig sind jedoch seine Inhalte die einer Schriftkultur. Der Wahrheitsanspruch seiner Metaphysik ist ohne das Medium Schrift nicht denkbar.

> "Bereits die Idee der Idee ist (richtig gelesen) eine Metapher für Schriftlichkeit und wäre ohne sie gar nicht denkbar. Denn was sonst könnte zeit- und raumüberhoben jenseits der Fülle unterschiedlichster, ja widersprüchlichster Einzelgestalten verbindlichere Anschauung bieten als die Schrift? Was bleibt zugleich anschaulich und abstrakt genug, um eine Vielzahl disparater Einzelheiten konkret in eine Gestalt zusammenzufassen? Der mit der Schrift verbundene Anspruch auf Kontinuität und raumübergreifende Dauer ist das Wesen der Idee, und umgekehrt ist die Idee einer zeitüberhobenen Wahrheit ein Bestimmungsgrund der Schrift." (Laermann, 1990, S. 123)

Phonetisches Schriftsystem

Die weitreichendste medientheoretische These vertritt Havelock, indem er die gesamte griechische (westliche) Kultur in
ihrer Überlegenheit als Ergebnis *eines* Mediums begreift.
Denn die Griechen erfanden mit dem Alphabet nicht nur ein
ganz spezifisches Schriftsystem, sondern schufen damit auch
die Voraussetzung für Literalität und die literale Grundlage
des modernen Denkens.[7] Für Havelock bestand die einzigarti-
ge Leistung der Griechen darin, ein Schriftsystem hervorgebracht zu haben, daß gesprochene Rede flüssig und vollständig
wiedergibt. Keine andere Schrift erzielte demnach eine so
kontextunabhängige Wiedergabe der Sprache. Denn das Alphabet operiert ausschließlich mit dem Klang. Er wird in
kleinste Einheiten zergliedert und direkt auf räumliche Äqui-
valente reduziert. Wenige und dabei hoch präzise Zeichen führen zu einer Lesefertigkeit, die schon von Kindern erworben
werden kann. Wenn lesen und schreiben aber kinderleicht
werden - vorausgesetzt, die sozialen Rahmenbedingungen sind
gegeben - bedeutet dies die Chance auf eine enorme Demokratisierung. Ein Schreiber oder ein Beamter wird überflüssig.
Literalität ist nicht länger ein Elitestatus (1990, S. 71f.),
Schreiben nicht länger ein Werkzeug von geheimer und magischer Kraft (Goody, 1981, S. 283ff.).

Havelock sieht jedoch vor allem psychologische wie er-
kenntnistheoretische Auswirkungen, die durch die akustische
Effizienz der Alphabetschrift bedingt waren. Vorrangig ist
zunächst die Tatsache, daß wenn sie einmal gelernt war, man
nicht mehr über sie nachdenken mußte. Lesen und Schreiben
wurde - so würde man heute sagen - ein automatischer Vorgang.

---

[7] Die Konsequenzen dieser menschheitsgeschichtlich einschneiden-
den Technologie wurden seiner Meinung nach jedoch erst mit der
Druckerpresse evident.

"Obwohl ein sichtbarer Gegenstand, eine Serie von Zeichen, stellte sie sich nicht mehr als Gedankenobjekt zwischen den Leser und seine Erinnerung der gesprochenen Sprache. Die Schrift wurde einem elektrischen Strom ähnlich, der dem Gehirn eine Erinnerung an die Laute des gesprochenen Wortes direkt übermittelte, so daß dessen Bedeutung ohne Bezug zu den Eigentümlichkeiten der benutzten Buchstaben im Bewußtsein gleichsam wiederhallte. Die Schrift wurde zu einem Trick reduziert; sie hatte als Schrift keinen intrinsischen Wert, und dies zeichnete sie gegenüber allen früheren Systemen aus." (1990, S. 72)

Das Alphabet hat alle Beziehung zu den Dingen verloren. Die einzelnen Komponenten sind bedeutungslos; gleichzeitig eindeutig festgelegt. Dies garantiert ein schnelles Erkennen und damit ein flüssiges Lesen. Gleichzeitig eröffnete sich die Möglichkeit andere Sprachen im selben Schrifttyp auszudrücken, wodurch der Prozeß gegenseitiger Übersetzungen beschleunigt wurde, der Austausch von Texten verschiedener Kulturen sich steigerte. Doch nicht nur zügiges Lesen und vereinfachte Übersetzungstechniken wurden durch das alphabetische Schriftsystem garantiert. Hinzu kam natürlich auch die flüssige Transkription mündlicher Berichte, so daß die oralen Mnemotechniken zunehmend überflüssig wurden. An die Stelle des akustischen und rhythmischen Erinnerns trat die vollständig visualisierte Aufzeichnung.

"Der Rhythmus hatte bis dato dem verbalen Arrangement dessen, was gesagt oder gedacht werden konnte, enge Grenzen gesetzt. Und mehr als das, die Notwendigkeit, sich zu erinnern, hatte einen Grad von Gehirnkapazität - psychischer Energie - benötigt, der nun nicht länger notwendig war." (a.a.O., S. 75)

Man mußte sich Aussagen nicht mehr merken, sie lagen als Artefakt vor, um bei Bedarf gelesen zu werden. Vergessen rächte sich nicht länger. Statt dessen wurden beachtliche geistige Energien frei, die laut Havelock, zu einer immensen Expansion des Wissens beitrugen. Denn der menschliche Geist war nicht nur befreit von der Last, sich zu erinnern, sondern das Alphabet ermöglichte auch die Chance auf neuartige und unerwartete Aussagen. Unvertrautes und bisher Ungedachtes, neue Ideen wurden produziert. Diese haben jedoch nur dann ein Potential, wenn sie sicher für den späteren Gebrauch aufbewahrt werden können. Das Alphabet stimulierte also zu neuartigen Aussagen und Gedanken, die gelesen, erkannt und wieder gelesen werden konnten.

Wie wir gesehen haben, passen sich orale Gesellschaften jeweils aktuellen Gegebenheiten an. Was an Wissen nicht mehr benötigt wird oder im Widerspruch zu akuten Gegebenheiten steht, wird vergessen. Goddy/Watt nennen dieses Phänomen "strukturelle Amnesie". Demgegenüber wächst in einer Schriftkultur, die sich gesellschaftlich durchzusetzen beginnt, das Repertoire an Quellen, Büchern, Bibliotheken an, und es stellt sich das Problem der persönlichen bzw. gesellschaftlich organisierten Selektion aus der Masse des zur Verfügung stehenden schriftlich fixierten Wissens. Für Goody entwickelten die Griechen hieraus historisch zwei Bereiche intellektueller Techniken, die einmalig waren: nämlich die Epistemologie, die versucht Wahrheiten von Meinungen zu trennen - und hier spielt die Schrift die Rolle als Ideal für definierte Wahrheiten -, und die Taxonomie[8], die Gebiete des Wissens und der Erkenntnis auf eine ganz bestimmte Art zu unterscheiden versucht (1981, S. 82).

Für Havelock gewinnt der abendländische Mensch durch das Alphabet vor allem eines: Verfügungsgewalt über sein Gedächtnis. Es kommt zu einer kritischen Distanzierung zwischen Wahrnehmen und Denken, die erstmals auch eine kritische Besinnung auf sich Selbst schafft, so etwas wie ein Selbstbewußtsein. Die griechische Alphabetschrift erzeugt hiernach erst das Bewußtsein des abendländischen Menschen, oder anders ausgedrückt, erst diese Schrift bringt eine Reflexion über ein (Selbst)Bewußtsein. Statt des für den praeliteraten Menschen grundsätzlichen Gefühls des Ausgeliefertseins an Natur, Schicksal oder sonstige unerklärbare Lebenssituationen

---

[8] Vgl. an diesem Punkt auch Lévi-Strauss, der dem entgegenstellt, daß auch das "wilde Denken" Taxonomien kennt (1991, S. 238f.).

kommt der Mensch durch das griechische Schriftsystem zu einem Punkt, wo er sich als autonomes Ich bzw. Selbst erfährt. Erst mit der Alphabetschrift wird das menschliche Gedächtnis frei für *individuelle* Reflektion und Erinnerung. Damit einher geht auch die These, daß die Vorstellung einer Seele etwas mit der griechischen Schrift zu tun habe, denn Schrift und Seele stellen eine Allianz dar.[9]

Zentral für die hier vorgestellten medientheoretischen Überlegungen zur (Alphabet)Schrift ist der Gedanke, daß sie das Denken und Wahrnehmen und die Struktur der kulturellen Überlieferungen grundlegend prägt und transformiert. Dabei werden dem phonetischen/alphabetischen Schriftsystem analytische und rationale Attribute zugeschrieben. Erst mit diesem Medium wird die Sprache objektiviert (ent-emotionalisiert, ent-synästhesiert) sichtbar gemacht, standardisiert. Gleichzeitig schafft dieses handhabbare 26-Zeichen-Schriftsystem die Bedingungen und Voraussetzungen für komplexere gesellschaftliche Organisationsformen, sie schafft Strukturen, die die Bereiche der Politik, der Ökonomie, der Religion effizienter gestalten. Schrift ist ein Mittel der Wirklichkeitsbewältigung und der herrschaftlichen Repräsentation. Gesetze werden fixiert, Anordnungen sichtbar gemacht. Schrift ist, um mit Foucault zu sprechen, ein "Dispositiv der Macht", sie beherrscht, ordnet, kontrolliert. Verhaltensregeln und Kommunikationsanweisungen werden durch die Schrift fixiert und verbreitet. Gerechtigkeit in einem juridischen Sinn, Wahrheit und Logik sind für orale Kulturen undenkbar. Für Europa beispielsweise gilt, daß die Einführung der Schulpflicht im Laufe des 19. Jahrhunderts mit der Erweiterung des Militärdienstes und der Proletarisierung zusammenfiel.

---

[9] Hier sehen Jan und Aleida Assmann einen Zusammenhang, der zu den spannendsten Kapiteln historischer Anthropologie gehört (1990, S. 19).

"Der Kampf gegen das Analphabetentum brachte eine verstärkte Kontrolle der Bürger durch die Staatsgewalt mit sich. Alle müssen lesen können, damit die Staatsgewalt sagen kann: Unkenntnis des Gesetzes schützt nicht vor Strafe." (Lévi-Strauss, 1991, S. 295)

Lévi-Strauss ist es auch, der in seinem Kapitel "Schreibstunden" kritisiert (a.a.O., S. 288f.), daß Schrift das eigentlich kulturbringende Moment sein soll, indem es Wissen bewahrt und vervielfältigt und dadurch die Möglichkeit gibt, Gegenwart und Zukunft zu organisieren. Dem hält er entgegen, daß eine der schöpferischsten Phasen in der Geschichte der Menschheit das Neolithikum war, in der der Mensch die Landwirtschaft oder die Zähmung der Tiere entdeckte. Es gibt seiner Meinung nach keinerlei Hinweise, wie die Menschen damals ihr Wissen konservierten und weitergaben. Die Schrift jedoch wurde erst viel später entwickelt. Und dann in den 500 Jahren ihrer Ausbreitung und Benutzung fluktuierten die Kenntnisse eher, als daß sie anwuchsen. Das einzige Phänomen, das direkt mit der Schrift in Verbindung gebracht werden kann, ist die Gründung von Städten und Reichen, die Integration einer großen Zahl von Menschen und deren Hierarchisierung in Kasten und Klassen. Dies scheint sich im besonderen für China und Ägypten sagen zu lassen. Tausende von Arbeitern auszubeuten, um riesige Baudenkmäler zu errichten ist nur in einer Kultur möglich, die die Schrift kennt.

"Wenn meine Hypothese stimmt, müssen wir annehmen, daß die primäre Funktion der schriftlichen Kommunikation darin besteht, die Versklavung zu erleichtern." (a.a.O., S. 294)

Typographisches Schriftssytem

Die heftigsten und deutlichsten Konnotationen innerhalb medientheoretischer Analysen löst die Gutenberg-Erfindung aus. Laut McLuhan, dessen Denken und Assoziieren sich zentral mit der Typographie beschäftigt (1995), verhilft sie der euklidischen Perspektive zum Durchbruch, die für die Moderne paradigmatisch wurde: Der Mensch nimmt fürderhin der Welt gegenüber einen eindeutigen Standpunkt, eine fixierte Sichtweise ein. Es vollzieht sich eine Uniformierung der Wahrnehmungs- und Darstellungsstile, die alle Bereiche des Lebens zu durchdringen beginnt. Abstrahierung, Spezialisierung, Fragmentierung, Typologisierung, Proportionierung setzen sich mit der Buchdruckerpresse gesamtgesellschaftlich durch. Statt eines Daseins in einer ganzheitlichen, oral-taktilen Welt beginnt man nur noch visuell zu (er)leben. Damit wird für McLuhan das Wahrnehmungsvermögen der westlichen Zivilisation, verglichen mit dem synästhetischen Empfindungsvermögen oraler Kulturen, unterentwickelt und stumpf. War die Manuskript-Kultur noch auditiv-taktil, bringt die Buchdruckkultur den Durchschlag des quantifizierenden Augensinns über alle anderen Sinne. McLuhan geht davon aus, daß, sobald das ursprüngliche Gleichgewicht der Sinne gestört ist, psychosensorische Abspaltungen und Betäubungen in Gang kommen. Cervantes Don Quichotte ist für McLuhan ein gutes Beispiel dafür, wie in der Literatur dieser Zeit eine Figur geschaffen wird, die die Konsequenzen dieser Abspaltungen zwischen Geist, Herz und Sinnen zum Ausdruck bringt. Cervantes stellt in seinem Roman den feudalen (traditionellen) Menschen dar, der sich einer visuell quantifizierenden und homogenisierten Gesellschaft gegenübersieht (1995, S. 265ff.).

Mit der Typographie als Leitmedium einer Kultur werden Welten von Bedeutungs- und Wahrnehmungsmöglichkeiten geopfert. Es entstehen Räume und Zeiten, in denen gleich gedacht und gleich gehandelt wird. Für McLuhan steht fest, das gedruckte Buch war die erste Lernmaschine und der erste

Massenartikel, der riesige uniformierte kollektive Gedächtnisse schuf. Diese Uniformität und Homogenität schafft die Basis für ein umfassendes Markt- und Preissystem. Erst ein dergestalt zugerichteter distanzierter und emotional unbeteiligter Mensch kann die stereotypen Produkte herstellen, die das neue Wirtschaftssystem in Gang bringen und am laufen halten. McLuhans Ansatz kulminiert in folgender Feststellung:

> "Die Typographie ist nicht nur eine Technik, sondern sie ist selbst eine Rohstoffquelle oder ein Rohstoff, wie es die Baumwolle, das Holz oder das Radio sind; und wie jeder Rohstoff formt sie nicht nur unsere persönlichen Sinnesverhältnisse, sondern auch die Modelle gemeinschaftlicher Interdependenz."[10] (1995, S. 203)

1979 veröffentlichte Elizabeth Eisenstein, die McLuhan eine metaphorische und abstrakte Methode attestiert (1983, S. 91), ihr zweibändiges Werk "The Printing Press as an Agent of Change - Communication and Culture Transformations in Early-Modern Europe". Die Geschichte der Druckerpresse wird hier als Zivilisationsgeschichte wissenschaftlich untersucht.[11] Die Autorin geht in ihren Überlegungen detailliert den Fragen nach, wie diese Erfindung politische und ökonomische Bereiche der damaligen Gesellschaft verändert hat, welche Bedeutung sie für die Reformation, für die Ideen der Renaissance hatte, und wie sie die Entwicklung des modernen Kapitalismus begünstigte. Einige der zentralen Ansatzpunkte von Elizabeth Eisenstein greift Michael Giesecke in seiner 1991 erschienenen Schrift "Der Buchdruck in der frühen Neuzeit" auf. Da seine wichtigsten Thesen Ergebnisse eines vielseitigen Ansatzes sind, nämlich einer Kombination von Medientheorie, Systemtheorie und historischer Forschung, sollen sie an dieser Stelle ausführlicher vorgestellt werden.

Das neue an Gieseckes Zugang ist, daß es ihm nicht um die Analyse oder Bewertung *eines* Mediums geht, sondern um

---

[10] Im Original kursiv.
[11] Vgl. dazu auch Siegfried Heinrich Steinberg (1955): Five Hundred Years of Printing.

dessen Einbindung in ein komplexes System bzw. Kommunikationsmodell. Ziel seiner Arbeit ist,

"... die Beschreibung der sozialen Gemeinschaft in einem Teil Europas im 15. und 16. Jahrhundert als ein Informations- und Kommunikationssystem, welches durch den Buchdruck als Schlüssel-
technologie hervorgebracht wurde." (S. 22)[12]

Jenseits von kulturhistorischen, mentalitätsgeschichtlichen,
sprach- oder literaturwissenschaftlichen Paradigmen untersucht er einzelne Elemente (Autoren/Buchhandel/Typogra-
pheum[13]) als Teile eines komplexen Informations- bzw. Kommunikationssystems. Nur mit diesem Ansatz, so Giesecke,
kommt man zu einem umfassenden Verständnis dessen, wie
das Druckverfahren in Europa so erfolgreich werden konnte
und zu welchen gesamtgesellschaftlichen Veränderungen es
beitrug. Denn in Asien beispielsweise, wo die Technik lange
vor Gutenberg bekannt war, verblieb sie innerhalb von bestehenden Kommunikationsverhältnissen. Es müssen folglich
ganz spezifische gesellschaftliche Rahmenbedinungen existiert
haben, um der neuen Medientechnik zum Durchbruch zu verhelfen.

"In Europa sprengte der Buchdruck (...) die Grenzen der traditionellen Institutionen und damit auch der überkommenen skriptographischen Kommunikationsnetze. Der Typographie wurden
quantitativ andere Fähigkeiten als dem Schriftgebrauch zugeschrieben und die sozialpolitischen Utopien, die sich an diese
Technologie knüpften, fielen entschieden radikaler aus als die
Hoffnungen, die in den Vor- und Schlußreden der Druckerzeug-
nisse in China und Korea in jener Zeit geäußert werden."
(S. 129/130)

Giesecke geht davon aus, daß die Durchsetzung einer Technologie von der Bedeutung abhängt, die man ihr bei der Erfül-

---

[12] Seine Thesen belegt Giesecke mit einer ungeheuren Fülle an hi-
storischem Material.
[13] Verstanden als textverarbeitendes System (S. 26).

lung sozialer Utopien und gesellschaftlicher Wünsche zuspricht (S. 133). Untersucht man die historischen Texte, lassen sich diese auf zwei Themen konzentrieren: auf die Möglichkeit einer Demokratisierung des Wissens und auf die Vision einer nationalen Kommunikationsgemeinschaft. Zugang zu
bisher versperrtem Wissen und unzugänglicher Information zu
erhalten war schon immer Ziel und zugleich Mittel sozialer
Bewegungen. Obwohl Gutenberg selbst lediglich von der Idee
einer Verbesserung des Schreibens besessen war (S. 140), ging
es, betrachtet man die Ausführungen der Autoren des 15.
Jahrhunderts, um neue Mitteilungsabsichten, um neue Adres-
satenkreise und bisher unbekannte Kommunikationsmöglich-
keiten (S. 330). Denn die Drucktechnik versprach Befreiung
aus der Vormundschaft traditoneller Eliten. Diese Vision einer
Verallgemeinerung von Wissen läßt sich jedoch nur denken
auf der Grundlage einer sich abzeichnenden Marktwirtschaft,
das heißt freier Tausch von Waren gegen Geld. Nicht nur die
menschliche Arbeitskraft, sondern auch das menschliche Wissen wird damit plötzlich zu einer Ware. Allein der Kauf eines
Buches berechtigt fürderhin zur Nutzung von Informationen.
"Sozialer Status wirkt nicht mehr direkt, sondern nur noch
vermittelt über die Finanzkraft als Filter für die Verbreitung
(typographischer) Informationen." (S. 395) Der freie Markt
setzt sich damit an die Stelle von klassischen "Verkündigungs-
instanzen", die vordem den Informationsfluß regulierten und
kontrollierten. Diese hatten die Macht darüber, welches Wissen publiziert wurde und welches nicht und die Kontrolle über
Produktion und Rezeption von Texten. Es gab Entscheidungen
an zentraler Stelle. Das wichtigste Monopol bezüglich der
Veröffentlichung theologischer Fragen und Auseinandersetzungen hatte beispielsweise die "Papstkirche" in Rom. Mit
dem Buchdruck kam es nun zu einer radikalen "Umschich-
tung" überkommener Kommunikationsverhältnisse. Man über-
ließ dem Markt und dem nachträglichen Meinungsstreit die
Regulierung darüber, was sich durchsetzte und was nicht (S.
185/186). Es gab somit keine direkte Informationskontrolle
mehr, keine Instanz, die Wissen vorab strukturierte und selek-

tierte. Statt dessen ging man von der Idee des freien und eigenverantwortlichen Käufers und Benutzers aus. Damit vollzieht sich der Übergang von einem autoritär und hierarchisch organisierten Informationssystem hin zu einer Selbstregulation. Die Ausbreitung der neuen, nicht fremd instruierten Informationssyteme förderte das Bewußtsein einer fortschreitenden Autonomie. Ratgeber, Heil- und Kräuterbücher wurden als Hilfe zur Selbsthilfe aufgefaßt und vermittelten dem Leser den Eindruck unabhängig von Experten und Autoritäten zu werden. Ein jeder konnte beispielsweise sein eigener Hausarzt oder Hausapotheker werden. Bücher sollten - so der Wunsch der Autoren und wohl auch die Erwartungshaltung der Nutzer - handlungsanleitendes und orientierungsrelevantes Wissen liefern, sie sollten als "Programme" fungieren, die das Handeln und Erleben der Menschen steuern. Das bedeutete jedoch, daß die in den Büchern gedruckten Informationen lesbar und verständlich werden mußten.

Giesecke spricht in diesem Zusammenhang von einem Generalisierungsniveau. Das typographische Medium sollte für viele Menschen, an vielen Orten, zu jeder Zeit Informationen liefern, die benutzbar waren und die zum erstenmal in der Geschichte der Schrift auch ubiquitär identisch waren. Ein solcher Anspruch galt/gilt weder für das face-to-face-Kommunikationssystem, noch für das skriptographische Kommunikationssystem. Im Mittelalter hatte beispielsweise niemand die Erwartung, daß ein Text von Aristoteles in Paris derselbe war wie in Bologna (S. 325). Ohne standardisierte Benennungen, ohne eine einheitliche Orthographie, ohne ein festgelegtes Zeichenrepertoire existieren auch keine "Kodierungsformen". Diese jedoch sind sowohl Voraussetzung als auch Folge einer erfolgreichen Informationsverarbeitung und Verbreitung. Nur wenn Sender, Empfänger und Prozessoren über gleiche oder ineinander übersetzbare Sprachen verfügen, sogenannte Standardsprachen, kann es letztendlich zu einer stabilen kommunikativen Systembildung kommen. Ein wesentliches Element der gelungenen "Objektivierung" des typographischen Sprachsystems liegt in der Gutenberg-Erfindung selbst begründet.

Die Maschine, die in Opposition zu den Menschen (Skriptorien) steht, technisiert ein Zeichensystem, indem es in Blei ge-
gossen und als Lettern in einem Setzkasten abgelegt wird. Das
zur Verfügung stehende Zeichenrepertoire ist auf Grund dieser
Technik von vornherein objektiviert und materialisiert. Es besteht nicht mehr nur in den Köpfen der kommunizierenden
Menschen, wie es in einer oralen Kultur der Fall ist, wo es
immer wieder beliebig verändert werden kann. Auch noch in
den Skriptorien sind die Zeichen letztendlich individuell und
immateriell. Erst mit Gutenbergs Bleitypen kommt es zu einer
endgültigen Standardisierung der Phonem-Graphem-Bezie-
hung, die bis dahin unbekannt und medientechnisch unmöglich war (S. 489f.). Gleichzeitig scheint auch das gesellschaftliche Bedürfnis nach einer beständigen Reflexion der Schreib-
und Sprachnormen anzuwachsen. Dies drückt sich darin aus,
daß spezielle Handbücher, Grammatiken, Wörterbücher und
Orthographiebücher erscheinen, die mit der Zeit in den Köpfen der Menschen/Benutzer verbindliche Regeln des Sprach-
gebrauchs einführen. Diese bezogen sich jedoch noch rein auf
das typographische Informations- und Kommunikationssystem.[14] Das Lateinische als verbindlicher Kode der skriptographischen Kommunikationssysteme verliert damit zusehends
an Bedeutung, oder wie Giesecke es formuliert: "Der römisch-
lateinische Zentralcomputer wird für die allermeisten Infor-
mationsbereiche durch dezentrale nationale Speicher abgelöst." (S. 203) Die typographischen Standardsprachen avancie-
ren zum "Symbol der Einheit, zum Totem der neuen sozialen
Systeme" (S. 494).

"Nur die in den gedruckten Büchern nach Regeln verfaßte Sprache
galt als >geregelt<, >verfeinert< und als geeignet, ästhetische, politische und wissenschaftliche Informationen gleichermaßen auszudrücken. Jeder, der Informationen in dieser Sprache kodierte

---

[14] Erst viel später, im 19. Jahrhundert beginnt die Umstrukturierung
der gesprochenen Sprache nach den Normen des (druck)schrift-
lichen Kodes.

und veröffentlichte, leistete damit einen Beitrag nicht nur zur Erhaltung des betreffenden Informationssystems, sondern auch zur Festigung der nationalen Identität." (S. 495)

Schon die frühesten volkssprachlichen Grammatiken aus dem 15. Jahrhundert nennen die Sprache eine "Gefährtin des Reichs". Jetzt kann sie zum Identitätsstifter der Nation werden, zu einem Medium, das heterogene soziale Systeme zusammenfügt, indem eine Sprachgemeinschaft gebildet wird. Dem *Kode* des Typographeums wird damit die Macht zugeschrieben, soziale Gemeinschaften zu schaffen und zu begrenzen.

So tritt neben die Vision einer Demokratisierung von Wissen auf der Grundlage der freien Marktwirtschaft auch die Utopie einer nationalen Kommunikationsgemeinschaft. Um diese zu etablieren und zu erhalten, müssen auch die entsprechenden Inhalte produziert werden. Autoren und Schreiber stellen ihre Texte in den Dienst des deutschen Vaterlandes. Dürer beispielsweise strengt sich an, sein enormes Wissen unter die Landsleute zu verteilen, denn er wollte keiner anderen Nation einen Vorsprung lassen. Giesecke bringt hier viele beredte Beispiele aus dem letzten Drittel des 15. und der ersten Hälfte des 16. Jahrhunderts (S. 386), die die enorme Kraft dokumentieren, die diese Utopie auslöste. Die Schaffung großräumiger und demokratischer typographischer Informations- und Kommunikationssysteme ist ohne diese Idee nicht denkbar. Der Erfolg bei der Durchsetzung der Drucktechnik in Europa hängt demnach unabdingbar damit zusammen, daß die Netze nicht nur partiell, sondern umfassend mit nationalen Ideen "aufgeladen" wurden (S. 389). Schrittweise verdrängt so die Vorstellung einer Nation im Sinne der Sprachgemeinschaft als orientierungsrelevante Ideologie das traditionelle Konzept einer Taufgemeinschaft mit dem Verweis auf die Ehre Gottes. Verständlich wird dieser plötzliche Aufstieg eines Nationalbewußtseins, wenn man davon ausgeht, daß in dieser Zeit ein gewaltiges Vakuum an sinnstiftenden sozialen Modellen bestand. "Die Papstkirche war als politische Macht verhaßt und die Städte setzten dem sozialpolitischen Handeln zu enge Grenzen." (S. 388) Gutenbergs Erfindung und ihr gesellschaftliches Gelingen kann also nur vor dem Hintergrund einer Verknüpfung des Mediums mit gesellschaftspolitischen Ideen und Utopien verstanden werden.

Es soll jedoch an dieser Stelle auch noch ein kurzer Blick auf die materiellen Voraussetzungen des Buchdrucks geworfen werden. Denn Gutenberg selbst ging es - so Giesecke - sicher nicht um gesellschaftspolitische Ideen und Utopien, sondern um die Durchsetzung seiner Erfindung. Seine enorme Leistung bestand zunächst in der Verbesserung des Zusammenspiels der verschiedenen bei den bisherigen Druckverfahren eingesetzten Medien. Am augenfälligsten ist dabei seine Entscheidung Blei als Material für seine Lettern zu wählen. Andere Kulturen und frühere Zeiten hatten mit Ton, Holz, Sand, aber auch mit Bronze und Kupfer experimentiert, er jedoch wählte den Stoff "auf dem im Grunde die gesamte Industrialisierung in Europa bis in unser Jahrhundert hinein aufbaute, das Metall." (S. 78) Außerdem entwickelte Gutenberg ein sogenanntes "Handgießinstrument", bei dem sich die Gußformen austauschen ließen und ihre Größe verändert werden konnte. Er schuf damit die erste systematisch zu variierende Maschine. Die Wiederverwendbarkeit der Form ermöglichte auch die Reproduktion identischer Lettern. Die Gießform muß also als der eigentliche Kern der Gutenberg-Erfindung gesehen werden. In ihr materialisiert sich das wesentliche Prinzip aller späteren automatischen Maschinen. Sie wurde, wie McLuhan schreibt, zur "Grundform jeder weiteren Mechanisierung". Gutenberg selbst jedoch wollte mit seiner Erfindung vor allem eines: die Verbesserung des Schreibens. Und sein Wunsch war, diese Verbesserung gesellschaftlich durchzusetzen. Nur so scheint auch erklärbar, warum er als erstes das monumentalste Werk überhaupt druckte, das Alte und das Neue Testament. Mit diesem Werk ließ sich weniger das große Geld machen, dafür aber sollte die Leistungsfähigkeit der Erfindung allen Zeitgenossen demonstriert werden. Gutenberg hatte dabei nicht die Kopierpraxis als solche oder die Geschwindigkeit im Auge, sondern seine Grundidee lag in einem Ähnlichkeitsideal. Jedes einzelne Zeichen in jedem Wort, auf jeder Zeile und Seite eines Buches sollte genauso geschrieben sein wie auf der letzten Seite. Es ging ihm um ausgeglichene Proportionierung, um eine Ästhetisierung der Schrift, ganz wie es der Zeitströmung entsprach. Denn die Renaissance favorisierte die absolute Harmonie aller Teile, ausgewogene Proportionen und ideale Einzelverbindungen in der Gesamtkomposition (S. 141ff.). Einzelne Lettern zu schaffen, die Schrift also als eine Kette isolierbarer Zeichen zu verstehen und die einzelnen Zeichen als Typen zu fassen - das heißt "Artmodelle" zu schaffen und anschließend harmonisch zu standardisieren - ist die zweite erstaunliche Idee Gutenbergs.[15] [16]

"So gesehen erweist sich das typographische Verfahren als ein solches, welches den einzelnen Buchstaben (Letter) als ein Exemplar (unter beliebig vielen) eines Artmodells (Matrize) auffaßt, das selbst wiederum ein Element einer noch abstrakteren Art oder Gattung ist, eben der >Schwabacher<, >Antiqua< oder anderer Typenrepertoires. Dieses hierarchische Denken auf verschiedenen Abstraktionsebenen ist jedenfalls eine logische Bedingung der Möglichkeit von Gutenbergs Erfindung. Es steht im völligen Gegensatz zu dem mittelalterlichen Denken in >Exempeln<." (S. 144/145)

Für Giesecke stellt sich jedoch noch eine ganz andere Frage, die seiner Meinung nach in der bisherigen Forschung nicht

---

[15] Walter J. Ong nennt die Idee, Wörter in kleinste Einheiten zu zerteilen und in Buchstaben zu typisieren einen "psychologischen Durchbruch ersten Ranges" (1987, S. 119).

[16] Für Flusser begründete die Typisierung von Buchstaben eine Weltsicht, die für die folgenden Jahrhunderte relevant werden sollte. Denn erst das typisierende Denken brachte den Fortschritt, die modernen Wissenschaften, die industrielle Revolution, aber auch den "verderblichen Wahnsinn", die Typisierung von Objekten, Menschen, Auschwitz und die thermonukleare Rüstung (1987a, S. 55f.).

angemessen reflektiert wurde. Wenn man davon ausgeht, daß
sich mit der Typographie Wissen und Informationen enorm
verbreiterten, die Zugangsmöglichkeiten offener wurden, die
Texte lesbarer und verständlicher, bleibt immer noch offen,
wie ein nicht-orales Informationssystem Wahrnehmungspro-
zesse so regelt, daß sie intersubjekiv wiederholbar und über-
prüfbar werden. Denn niedergeschrieben werden letztendlich
Informationen über die Wahrnehmung der Dinge. Seien es
Kräuterbücher, Reiseberichte oder medizinische Anleitungen,
nützlich werden Informationen erst, wenn der Wahrneh-
mungsprozeß wiederholbar scheint. Nur wenn ein Leser seine
eigenen Erfahrungen mit dem Buchwissen koppeln kann, können "die Programme" wirken. Ein Informationskreislauf muß
auch vom Typographeum hergestellt werden.

> "So gesehen ist das Grundproblem für die Autoren des 16. Jahr-
> hunderts nicht die Verschriftung von zuvor sprachlich gespei-
> cherten Informationen und natürlich erst recht nicht die bloße
> Transformation von Manuskripten in eine Druckfassung, sondern
> die Operationalisierung der Wahrnehmung der Umwelt." (S. 563)

Es mußten Modelle gefunden werden, die "Wahrnehmung
programmieren", eine "Software", die Informationen intersub-
jektiv nachvollziehbar machen. Die skriptographischen Systeme kannten keine Übereinstimmung in Benennungen und
Beschreibungen, keine Informationen darüber, wie man die
dort enthaltenen Informationen gewonnen hat. Entscheidend
für die notwendige Herausbildung dieser Operationalisierung
wurde die Wahl des Gesichtssinns als Ausgangspunkt für die
Modellierung der Wahrnehmung. Die Antike hatte bereits gezeigt, daß kein anderer Sinn sich so leicht technisieren und
sozial normieren ließ wie das Sehen (S. 569). Baumeister und
Kriegstechniker reflektierten Vorgänge beim Visieren, Astro-
nomen und Geometer widmeten sich der Beobachtung und
Messung sichtbarer Körper. Und dann kamen Albrecht Dürer,
Leon Battista Alberti, Leonardo da Vinci. Sie beschäftigten
sich von neuem mit visuellen Wahrnehmungstheorien, mit

dem perspektivischen Sehen nach dem Prinzip der Camera obscura und dem Fenster als Projektionsfläche. Sie schufen differenzierte Modelle, normative Regelungen des Sehens, die sich sukzessive in der Malerei und der Wissenschaft durchsetzten. Die linearperspektivische Wahrnehmungstheorie wurde von Dürer soweit verfeinert und in die Praxis rückbezogen, daß der "gemeine" Mann diese akzeptierte und nachvollziehen konnte. Plötzlich begann man sich Körper dreidimensional vorzustellen, man visierte die Dinge von verschiedenen Seiten und untersuchte ihre Schichten. Mit Dürer und Leonardo vollzieht sich die perspektivisch disziplinierte Wahrnehmung und die kontrollierte Integration der dabei entstehenden Abbilder (S. 618). Das Grundprinzip von Dürers Methodologie war dabei folgendes: beschreibe, vergleiche, typisiere, messe, typisiere. Mit einemmal entsteht ein neues und tiefes Verständnis für Maße, Proportionen und deren Veränderungen. Die Ergebnisse ihrer methodisch kontrollierten, visuellen Wahrnehmung machen die Autoren zum Gegenstand ihrer Fachprosa und leiten aus ihnen Optimierungsvorschläge für die Praxis ab (S. 624). In der Folge liefern Perspektivlehre und Geometrie die Kriterien für wahre und falsche Informationen. Nur wer durch die Geometrie "sein Ding beweist", wie sich Dürer ausdrückt, produziert fürderhin wahre Informationen, Wissen. Damit werden erstmals eindeutige Bewertungen für die Beurteilung von Informationen geliefert. Laut Giesecke fußt die neuzeitliche Wahrnehmungs- und Erkenntnistheorie auf dieser sich damals herausbildenden, monosensualen Wahrnehmung. Alle Leistungen, besonders die der Naturwissenschaft, erscheinen als Spezialisierungen des Sehens (S. 653). Das wahre Wissen der Neuzeit ist damit das Ergebnis der Anstrengung eines Sinnesorgans (S. 654). Der Durchbruch des typographischen Informations- und Kommunikationssytems kann somit nur verstanden werden, wenn man diese Kodierungs- und Standardisierungsleistungen der Wahrnehmung zur Kenntnis nimmt. Und: Die modernen Konzepte von Wissen, Wahrheit und Wissenschaft müssen in Verbindung mit der typographischen Medientechnik gesehen werden.

Geistesgeschichte ist deshalb neu zu schreiben, als eine Geschichte der typographischen Information (S. 501/502).

D.K.

Literatur

Adoni, Hanna/Sherrill Mane (1984): Media and the social construction of reality. Towards an integration of theory and research. In: Communication Research, 11: 323-340.

Adorno, Theodor W. (1963): Prolog zum Fernsehen. In: Eingriffe. Neun kritische Modelle, Frankfurt am Main: 69-80.

Adorno, Theodor W. (1967): Resumé über Kulturindustrie. In: Ohne Leitbild. Parra Aesthetica, Frankfurt am Main: 60-70.

Adorno, Theodor W. (1970): Über Walter Benjamin. Tiedemann, Rolf (Hrsg.), Frankfurt am Main.

Adorno, Theodor W. (1974): Noten zur Literatur. Tiedemann, Rolf (Hrsg.), Frankfurt am Main.

Anders, Günther (1987): Die Welt als Phantom und Matrize. Philosophische Betrachtungen über Rundfunk und Fernsehen. In: Ders.: Die Antiquiertheit des Menschen. Über die Seele im Zeitalter der zweiten industriellen Revolution. Bd. 1, München: 97-213.

Arendt, Hannah (1971): Walter Benjamin, Bertolt Brecht. Zwei Essays, München.

Assmann, Aleida (1988): Die Sprache der Dinge. Der lange Blick und die wilde Semiose. In: Hans-Ulrich Gumbrecht/Karl Ludwig Pfeiffer (Hrsg.): Materialität der Kommunikation, Frankfurt am Main: 83-120.

Assmann, Aleida/Jan Assmann (1990): Schrift-Kognition-Evolution. Eric A. Havelock und die Technologie kultureller Kommunikation. In: Eric A. Havelock (Hrsg.): Schriftlichkeit. Das griechische Alphabet als kulturelle Revolution (2. unveränderte Aufl.), Weinheim: 1-37.

Assmann, Aleida und Jan/Christof Hardmeier (Hrsg.)(1993): Schrift und Gedächtnis. Beiträge zur Archäologie der literarischen Kommunikation, (2. unveränderte Aufl.), München.

Baacke, Dieter (1974): Kritische Medientheorien. Konzepte und Kommentare, München.

Baltes, Martin/Fritz Böhler/Rainer Höltschl/Jürgen Reuß (Hrsg.) (1997): Medien verstehen. Der McLuhan-Reader, Mannheim.

Barck, Karlheinz/Peter Gente/Heide Paris/Stefan Richter (Hrsg.) (1990): Aisthesis. Wahrnehmung heute oder Perspektiven einer anderen Ästhetik, Leipzig.

Bateson, Gregory (1983): Ökologie des Geistes. Anthropologische, psychologische, biologische, epistemologische Perspektiven (5. Aufl.), Frankfurt am Main.

Baudrillard, Jean (1978): Agonie des Realen, Berlin.

Baudrillard, Jean (1989): Videowelt und fraktales Subjekt. In: Ars Electronica (Hrsg.): Philosophien der neuen Technologie, Berlin: 113-133.

Baudrillard, Jean (1989): Paradoxe Kommunikation, Bern.

Baudrillard, Jean (1990): Das Jahr 2000 findet nicht statt, Berlin.

Baudrillard, Jean (1991): Der symbolische Tausch und der Tod, München.

Baudrillard, Jean (1993): Der Xerox und das Unendliche. In: Florian Rötzer (Hrsg.): Cyberspace. Zum medialen Gesamtkunstwerk, Himberg bei Wien: 274-280.

Bell, Daniel (1989): Die nachindustrielle Gesellschaft, Frankfurt am Main, New York.

Benjamin, über (1968): Mit Beiträgen von Theodor W. Adorno, Ernst Bloch, Gershom Scholem u.a., Frankfurt am Main.

Benjamin, Walter (1972-1989): Gesammelte Schriften. Rolf Tiedemann/Hermann Schweppenhäuser (Hrsg.), Frankfurt am Main.

Benjamin, Walter (1988): Briefe an Siegfried Kracauer. Theodor W. Adorno Archiv (Hrsg.), Stuttgart.

Bense, Max (1969): Einführung in die informationstheoretische Ästhetik. Grundlegung und Anwendung in der Texttheorie, Reinbek bei Hamburg.

Bergson, Henri (1982): Materie und Gedächtnis, Frankfurt am Main, Berlin, Wien.

Berkeley, George (1987): Versuch über eine Theorie des Sehens und die Theorie des Sehens oder der visuellen Sprache (übers. u. hersg. von Wolfgang Breidert), Hamburg.

Blumler, Jay G./Elihu Katz (eds.)(1994): The uses of mass communications. Current perspectives in gratification research, Beverly Hills.

Böhme-Dürr, Karin/Jürgen Emig/Norbert M. Seel (Hrsg.)(1990): Wissensveränderung durch Medien. Theoretische Grundlagen und empirische Analysen, München, London, New York, Paris.

Bolz, Norbert (1990): Theorie der neuen Medien, München.

Bolz, Norbert/ Friedrich A. Kittler (Hrsg.)(1993): Computer als Medium, München.

Bolz, Norbert (1993): Am Ende der Gutenberg-Galaxis. Die neuen Kommunikationsverhältnisse, München.

Bolz, Norbert (1993): Zur Theorie der Hypermedien. In: Jörg Huber/Alois Martin Müller (Hrsg.): Raum und Verfahren Interventionen 2, Basel: 17-29.

Brecht, Bertolt (1971): Der Rundfunk als Kommunikationsapparat. In: Ders.: Über Politik und Kunst, Frankfurt am Main: 19-24.

Breidecker, Volker (Hrsg.)(1996): Siegfried Kracauer - Erwin Panofsky. Briefwechsel 1941-1966, Berlin.

Brush, Stephen G. (1970): "Einleitung". In: Ders. (Hrsg.): Kinetische Theorie II. Irreversible Prozesse. Einführung und Originaltexte, Berlin, Oxford, Braunschweig.

Buddecke, Wolfram/Jörg Hienger (1991): Bild und Story. Anmerkungen zu Neil Postmans Unterhaltungsbegriff. In: Leben aus zweiter Hand? Soziale Phantasie und mediale Erfahrung, MAkS Publikationen Münster: 14-38.

Burkart, Roland (1983): Kommunikationswissenschaft, Wien, Köln.

270 Literatur

Cahn, Michael (1991): Der Druck des Wissens: Geschichte und Medium der wissenschaftlichen Publikation, Ausstellungskatalog Staatsbibliothek Berlin, Wiesbaden.

Carpenter Edmund S. /Marshall McLuhan (eds.)(1966): Explorations in Communication, Boston.

Cassirer, Ernst (1960): Was ist der Mensch? Versuch einer Philosophie der menschlichen Kultur, Stuttgart.

Coe, Lewis (1993): The Telegraph. A History of Morse's Invention and Its Predecessors in the United States, Jefferson, North Carolina, London.

Cohen-Tanudji, Gilles/Michael Spiro (1986): La matière-espace-temps, Paris.

Coy, Wolfgang (1995): Die Turing-Galaxis - Computer als Medien. In: Klaus Peter Dencker (Hrsg.): Interface 2: Weltbilder/Bildwelten. Computergestützte Visionen, Hamburg: 48-54.

Deleuze, Gilles (1991): Das Zeit-Bild, Kino 2, Frankfurt am Main.

Derrida, Jacques (1972): Die Schrift und die Differenz, Frankfurt am Main.

Derrida, Jacques (1974): Grammatologie, Frankfurt am Main.

Dewey, John (1916): Democracy and education, London, New York.

Dewey, John (1975): Pragmatismus und Pädagogik. In: Texte der Philosophie des Pragmatismus, Stuttgart: 205-246.

Dotzler, Bernhard J. (1996): Papiermaschinen. Versuch über communication & control in Literatur und Technik, Berlin.

Durkheim, Emile (1973): Erziehung, Moral u. Gesellschaft. Vorlesungen an der Sorbonne 1902/1903, Neuwied am Rhein & Darmstadt.

Eco, Umberto (1977): Zeichen - Einführung in einen Begriff und seine Geschichte, Frankfurt am Main.

Eco, Umberto (1984): Apokalyptiker und Integrierte, Frankfurt am Main.

Eco, Umberto (1986): Über Gott und die Welt (4. Aufl.), München, Wien.

Eco, Umberto (1990): Im Labyrinth der Vernunft. Texte über Kunst und Zeichen, Leipzig.

Eigen, Manfred /Ruth Winkler (1983): Das Spiel. Naturgesetze steuern den Zufall, München.

Einstein, Albert (1917): Über die spezifische und die allgemeine Relativitätstheorie, Braunschweig.

Eisenstein Elizabeth L. (1974): Advent of Printing and the Protestant Revolt. In: Robert M. Kingdon (ed.): Transition and Revolution. Problems and Issues of European Renaissance and Reformation History, Minneapolis, 235-270.

Eisenstein, Elizabeth L. (1979): The Printing Press as an Agent of Change: Communications and Cultural Transformations in Early-Modern Europe, New York.

Eisenstein, Elizabeth L. (1980): The Emergence of Print Culture in the West. In: Journal of Communication 30,1: 99-106.

Eisenstein, Elizabeth L. (1983): The Printing Revolution in Early Modern Europe, Cambridge.

Ellrich, Lutz (1997): Neues vom "neuen" Medium Computer. In: Werner Rammert (Hrsg.): Jahrbuch für Technik und Gesellschaft, Frankfurt am Main.

Elwert, Georg (1986): Die Verschriftlichung von Kulturen - Skizze einer Forschung. In: Sociologus 36, 1: 65-78

Elwert, Georg/ Michael Giesecke (1987): Technologische Entwicklung, Schriftkultur und Schriftsprache als technologisches System. In: Lutz, Burkart (Hrsg.): Technologie und gesellschaftliche Entwicklung, Frankfurt am Main, 418-438.

Enzensberger, Hans Magnus (1970): Baukasten zu einer Theorie der Medien. In: Karl-Markus Michel/Harald Wieser (Hrsg.): Kursbuch, 20: 159-186.

Fagen, M. D. (Hrsg.)(1975): A History of Engineering and Science in the Bell System. The Early Years (1875 - 1925), Indianapolis.

Faßler, Manfred (1996): Mediale Interaktion. Speicher, Individualität, Öffentlichkeit, München.

Faßler, Manfred/Wulf Halbach (Hrsg.) (1997): Geschichte der Medien, München.

Faulstich, Werner (1979): Kritische Stichwörter zur Medienwissenschaft, München.

Faulstich, Werner (1995): Grundwissen Medien (2. verb. Aufl.), München.

Fiske, John/Jon Hartley (1985): Reading Television, London, New York.

Flusser, Vilém (1987a): Die Schrift. Hat Schreiben Zukunft? Göttingen.

Flusser, Vilém (1987): Vampyrotheutis Infernalis, Göttingen.

Flusser, Vilém (1988): Krise der Linearität, Bern.

Flusser, Vilém (1989): Angenommen. Eine Szenenfolge, Göttingen.

Flusser, Vilém (1989a): Ins Universum der technischen Bilder (2. Aufl.), Göttingen.

Flusser, Vilém (1989b): Gedächtnisse. In: Ars Electronica (Hrsg.): Philosophien der neuen Technologie, Berlin: 41-57.

Flusser, Vilém (1989c): Im Stausee der Bilder. Fotografie und Geschichte. In: Jörg Boström (Hrsg.): Dokument und Erfindung. Fotografien aus der Bundesrepublik Deutschland 1945 bis heute, Berlin:13-18.

Flusser, Vilém (1990a): Aktuelles Denken. In: Kunstforum International, Bd. 108: 94-102.

Flusser, Vilém (1990b): Nachgeschichten. Essays, Vorträge, Glossen, Düsseldorf.

Flusser, Vilém (1990c): Fernsehbild und politische Sphäre im Lichte der rumänischen Revolution. In: Peter Weibel (Hrsg.): Von der Bürokratie zur Telekratie. Rumänien im Fernsehen, Berlin: 103-115.

Flusser, Vilém (1990d): Eine neue Einbildungskraft. In: Volker Bohn (Hrsg.): Bildlichkeit. Internationale Beiträge zur Poetik, Frankfurt am Main: 115-129.

Flusser, Vilém (1991a): Für eine Philosophie der Fotografie (5. Aufl.), Göttingen.

Flusser, Vilém (1991b): Gesten. Versuch einer Phänomenologie, Düsseldorf.

Flusser, Vilém (1991c): Vom Fernsehen und der Vorsilbe >Tele<. In: Weiterbildung und Medien, Jg. 14, 1: 27-29.

Flusser, Vilém (1991d): Bilderstatus. In: Christos Joachimides (Hrsg.): Metropolis. Ausstellungskatalog der internationalen Kunstausstellung, Stuttgart: 48-53.

Flusser, Vilém (1991e): Räume. In: Gesellschaft für Filmtheorie (Hrsg.): AußenRäume, InnenRäume. Der Wandel des Raumbegriffs im Zeitalter der elektronischen Medien, Wien: 75-84.

Flusser, Vilém (1991f): Digitaler Schein. In: Florian Rötzer (Hrsg.): Digitaler Schein. Ästhetik der elektronischen Medien, Frankfurt am Main: 147-160.

Flusser, Vilém (1992): Bodenlos. Eine Philosophische Autobiographie, Düsseldorf.

Flusser, Vilém (1993): Schriften Bd.I., Lob der Oberflächlichkeit. Für eine Phänomenologie der Medien, Bensheim.

Forest, Fred (1991): Die Ästhetik der Kommunikation. In: Florian Rötzer (Hrsg.): Digitaler Schein. Ästhetik der elektronischen Medien, Frankfurt am Main: 323-334.

Foucault, Michel (1971): Die Ordnung der Dinge. Eine Archäologie der Humanwissenschaften, Frankfurt am Main.

Foucault, Michel (1973): Archäologie des Wissens, Frankfurt am Main.

Foucault, Michel (1978): Dispositive der Macht. Über Sexualität, Wissen und Wahrheit, Berlin.

Foucault, Michel (1981): Überwachen und Strafen. Die Geburt des Gefängnisses, Frankfurt am Main.

Freud, Sigmund (1923): Das Ich und das Es. In: Ders.: Gesammelte Werke, Bd. 13, Frankfurt am Main: 235-289.

Freud, Sigmund (1972): Abriß der Psychoanalyse. Das Unbehagen in der Kultur, Frankfurt am Main.

Fuchs, Walter R. (1968): Knaurs Buch der Denkmaschinen. Informationstheorie und Kybernetik, München, Zürich.

Fuld, Werner (1979): Walter Benjamin. Eine Biographie, München, Wien.

Gadamer, Hans-Georg (1994): Bildkunst und Wortkunst. In: Gottfried Boehm (Hrsg.): Was ist ein Bild? München: 90-105.

Gehlen, Arnold (1986): Anthropologische und Sozialpsychologische Untersuchungen, Reinbek.

Gelb, Ignace Jay (1958): Von der Keilschrift zum Alphabet. Grundlagen einer Sprachwissenschaft, Stuttgart.

Giesecke, Michael (1990): Als die alten Medien neu waren - Medienrevolutionen in der Geschichte. In: Rüdiger Weingarten (Hrsg.): Informationen ohne Kommunikation? Frankfurt am Main: 75-98.

Giesecke, Michael (1991): Der Buchdruck der frühen Neuzeit. Eine historische Fallstudie über die Durchsetzung neuer Informations- und Kommunikationstechnologien, Frankfurt am Main.

Giesecke, Michael (1991): Sinnenwandel, Sprachwandel, Kulturwandel - Studien zur Vorgeschichte der Informationsgesellschaft, Frankfurt am Main.

Glasersfeld, Ernst von (1990): Einführung in den radikalen Konstruktivismus. In: Paul Watzlawick (Hrsg.): Die erfundene Wirklichkeit (6. Auflage), München: 15-39.

Goody, Jack (1977): The Domestication of the Savage Mind, Cambridge.

Goody, Jack (1981): Literalität in traditionalen Gesellschaften, Frankfurt am Main.

Goody, Jack/Ian Watt (1986): Entstehung und Folgen der Schriftkultur, Frankfurt am Main.

Goody, Jack (1986): The logic of writing and the organisation of society, Cambridge; dt.: Die Logik der Schrift und die Organisation der Gesellschaft, Frankfurt am Main (1990).

Goody, Jack (1987): The Interface Between the Written and the Oral, Cambridge.

Gumbrecht, Hans-Ulrich/Karl Ludwig Pfeiffer (Hrsg.)(1988): Materialität der Kommunikation, Frankfurt am Main.

Gumbrecht, Hans-Ulrich (1993): Schriftlichkeit in mündlicher Kultur. In: Aleida und Jan Assmann/Christof Hardmeier (2., unveränd. Aufl.): Schrift und Gedächtnis. Beiträge zur Archäologie der literarischen Kommunikation, München: 158-175.

Gumbrecht, Hans-Ulrich/K. Ludwig Pfeiffer (Hrsg.) (1993): Schrift - Materialität der Zeichen, München.

Gumbrecht, Hans-Ulrich (1994): Wahrnehmung vs. Erfahrung oder die schnellen Bilder und ihre Interpretationsresistenz. In: Kunstforum International, Bd. 128: 172-177.

Gumbrecht, Hans-Ulrich/Friedrich Kittler/Bernhard Siegert (Hrsg.) (1996): Der Dichter als Kommandant. D'Annunzio erobert Fiume, München.

Haarmann, Harald (1990): Universalgeschichte der Schrift, Frankfurt am Main, New York.

Haase, Frank (1990): Stern und Netz. Anmerkungen zur Geschichte der Telegraphie im 19. Jahrhundert. In: Jochen Hörisch/Michael Wetzel (Hrsg.): Armaturen der Sinne. Literarische und technische Medien 1870 bis 1920, München.

Hagemeyer, Friedrich Wilhelm (1979): Die Entstehung von Informationskonzepten in der Nachrichtentechnik. Eine Fallstudie zur Theoriebildung in der Technik in Industrie- und Kriegsforschung. Diss. masch. Berlin.

Hagen, Wolfgang (1991): Der Radioruf. In: Martin Stingelin/Wolfgang Scherer (Hrsg.): HardWar/SoftWar. Krieg und Medien 1914 bis 1945, München.

Hartmann Frank (1996): Cyber. Philosophie. Medientheoretische Auslotungen, Wien.

Hartley, R.V.L. (1928): "Transmission of Information". In: Bell Systems Technical Journal 7, 535 ff.

Havelock, Eric A. (1963): Preface to Plato, Oxford.

Havelock, Eric A./ Jackson P. Hershbell (1978): Communication Arts in the Ancient World, New York.

Havelock, Eric A. (1982): The Literate Revolution in Greece and its Cultural Cosequences, Princeton, New Jersey.

Havelock, Eric A. (1990): Schriftlichkeit - Das griechische Alphabet als kulturelle Revolution, Weinheim.

Hayles, Nancy Katherine (1990): Chaos Bound. Orderly Disorder in Contemporary Literature and Science, Ithaca, London.

Herneck, Friedrich (1967): Bahnbrecher des Atomzeitalters, Berlin.

Hodges, Andrew (1994): Alan Turing, Enigma, Wien, NY.

Hörisch, Jochen/Gérard Raulet (1992): Sozio-kulturelle Auswirkungen moderner Informations- und Kommunikationstechnologien. Der Stand der Forschung in der Bundesrepublik Deutschland und in Frankreich, Frankfurt am Main, New York.

Hörisch, Jochen (1993): Non plus ultra. Paul Virilios rasende Thesen vom rasenden Stillstand. In: Merkur "Deutsche Zeitschrift für europäisches Denken", Sonderheft Medien. Neu? Über Macht, Ästhetik, Fernsehen, Jg. 47, 9/10: 784-794.

Hörisch, Jochen (1994): Die Wirklichkeit der Medien und die mediatisierte Wirklichkeit. In: Funkkolleg Literarische Moderne, Studieneinheit 29, Universität Tübingen: 1-40.

Hofstadter, Douglas (1993): Gödel, Escher, Bach. Ein Endloses Geflochtenes Band, München.

Horkheimer, Max/Adorno, Theodor W. (1969): Dialektik der Aufklärung. Philosophische Fragmente, Frankfurt am Main.

Huxley, Aldous (1987): Kunst des Sehens, München.

Huyssen, Andreas (1992): Im Schatten McLuhans: Jean Baudrillards Theorie der Simulation. In: Norbert Krenzlin (Hrsg.): Zwischen Angstmetapher und Terminus. Theorien der Massenkultur seit Nietzsche, Berlin: 165-181.

Illich, Ivan/B. Sanders (1988). Das Denken lernt schreiben. Lesekultur und Identität, Hamburg.

Illich, Ivan (1991): Im Weinberg des Textes. Als das Schriftbild der Moderne entstand, Frankfurt am Main.

Illich, Ivan (1995): Die Askese des Blicks im Zeitalter der Show - INTERFACE. In: Klaus Peter Dencker (Hrsg.): Interface 2: Weltbilder/Bildwelten. Computergestützte Visionen, Hamburg: 206-224.

Innis, Harold A. (1950): Empire and Communications, Oxford.

Innis, Harold A. (1951): The Bias Of Communication, Toronto.

Innis, Harold A. (1972): Empire and Communication, Toronto, Buffalo.

Ito, Youichi (1989): Information society studies today. In: Michael Schenk (Hrsg.): Medienökonomie. Einführung in die Informations- und Mediensysteme, München: 13-34.

Jensen, Stefan (1984): Aspekte der Medientheorie: Welche Funktion haben die Medien in Handlungssystemen? In: Zeitschrift für Soziologie, Jg. 13, 2: 145-164.

Kamper, Dietmar (1991): Die vier Grenzen des Sehens. In: Christos Joachimides (Hrsg.): Metropolis. Ausstellungskatalog der internationalen Kunstaustellung, Stuttgart: 54-58.

Kamper, Dietmar (1995): Unmögliche Gegenwart. Zur Theorie der Phantasie, München.

Kapp, Ernst (1877): Grundlinien einer Philosophie der Technik, Braunschweig.

Kemp, Wolfgang (1992): Der Betrachter ist im Bild. Kunstwissenschaft und Rezeptionsästhetik, Berlin, Hamburg.

Kerckhove, Derrick de (1990): Von der Bürokratie zur Telekratie. In: Peter Weibel (Hrsg.): Von der Bürokratie zur Telekratie. Rumänien im Fernsehen, Berlin: 61-81.

Kerckhove, Derrick de (1991): Brainframes, Technology, Mind and Business, Utrecht.

Kerckhove, Derrick de (1995): Schriftgeburten. Vom Alphabet zum Computer, München.

Kittler, Friedrich A. (1986): Grammophon Film Typewriter, Berlin.

Kittler, Friedrich A. (1989): Die künstliche Intelligenz des Welt-
    kriegs: Alan Turing. In: Friedrich Kittler/Georg Christoph Tholen
    (Hrsg.): Arsenale der Seele. Literatur- und Medienanalyse seit
    1870, München: 187-202.

Kittler, Friedrich A. (1993): Draculas Vermächtnis. Technische
    Schriften, Leipzig.

Kittler, Friedrich A. (1993b): Geschichte der Kommunikationsme-
    dien. In: Jörg Huber/Alois Martin Müller (Hrsg.): Raum und Ver-
    fahren. Interventionen 2, Frankfurt am Main: 169-188.

Kittler, Friedrich A. (1994): Von der Letter zum Bit. In: Horst Wen-
    zel (Hrsg.): Gutenberg und die neue Welt, München: 105-117.

Kittler, Friedrich A. (1994b): Die Parameter ändern. Ein Gespräch
    mit Rudolf Maresch am 4.4.1992. In: Tumult. Schriften zur Ver-
    kehrswissenschaft, Nr. 19, Wien: 119-131.

Kittler, Friedrich A. (1995): Aufschreibesysteme 1800·1900 (3. über-
    arb. Aufl.), München.

Klett, Michael (1989): Wissensvermittlung, Medien und Gesell-
    schaft, Gütersloh.

Kloock, Daniela (1995): Bild, Text und Zeichen in aktuellen Me-
    dientheorien. In: Klaus Peter Dencker (Hrsg.): Interface 2: Welt-
    bilder/Bildwelten. Computergestützte Visionen, Hamburg: 120-
    145.

Kloock, Daniela (1995): Von der Schrift- zur Bild(schirm)kultur -
    Analyse aktueller Medientheorien, Berlin.

Kloock, Daniela (1996): Gespräch Vilém Flusser, Karlsruhe 1991.
    In: Klaus Sander (Hrsg.): Vilém Flusser, Zwiegespräche, Inter-
    views 1967-1991, Göttingen: 214-225.

Knilli, Friedrich (1979): Medium. In: Werner Faulstich (Hrsg.): Kri-
    tische Stichwörter zur Medienwissenschaft, München: 230-250.

Köster, Werner (1993): Ein Nomade zwischen Kunst und Wissen-
    schaft. Über Peter Weibel als Vertreter des Techno-Diskurses. In:
    Merkur "Deutsche Zeitschrift für europäisches Denken". Sonder-
    heft Medien. Neu? Über Macht, Ästhetik, Fernsehen, Jg. 47, 9/10:
    795-806.

Kracauer, Siegfried (1963): Das Ornament der Masse. Essays, Frankfurt am Main.

Kroker, Arthur (1984): Technology and The Canadian Mind. Innis, McLuhan, Gant, Montreal.

Kümmel, Albert (1997): Samuel Beckett: The Unnamable - scrapbook neuzeitlicher Subjektivität. Erscheint 1997 in den Weimarer Beiträgen.

Lacan, Jacques (1986): Das Spiegelstadium als Bildner der Ichfunktion wie sie uns in der psychoanalytischen Erfahrung erscheint. In: Ders.: Schriften 1 (ausgew. u. hrsg. von Norbert Haas), Weinheim, Berlin: 62-70.

Lacan, Jacques (1978): Das Seminar I (1953-54), Olten, Freiburg.

Lacan, Jacques (1980): Das Seminar II (1954-55), Olten, Freiburg.

Lacan, Jacques (1994): Was ist ein Bild/Tableau. In: Gottfried Boehm (Hrsg.): Was ist ein Bild? München: 75-95.

Laermann, Klaus (1990): Schrift als Gegenstand der Kritik. In: Merkur "Deutsche Zeitschrift für europäisches Denken", Jg. 44, 2: 120-134.

Lasswell, Harold D. (1946): Propaganda, communication, and public opinion. A comprehensive guide, Princeton.

Leroi-Gourhan, André (1980): Hand und Wort. Die Evolution von Technik, Sprache und Kunst. Frankfurt am Main.

Lessing, Gotthold Ephraim (1825): Laokoon, oder über die Grenzen der Malerei und Poesie. In: Ders.: sämtl. Schriften, Bd. 2, Berlin.

Lévi-Strauss, Claude (1962): La Pensée Sauvage, Paris.

Lévi-Strauss, Claude (1968): Das Wilde Denken, Frankfurt am Main.

Lévi-Srauss, Claude (1991): Traurige Tropen (8. Aufl.), Frankfurt am Main.

Lord, Albert B. (1960): The singer of tales, Cambridge, MA.

Lord, Albert B. (1965): Der Sänger erzählt. Wie ein Epos entsteht, München.

Lüscher, Kurt/Michael Wehrspaun (1985): Medienökologie: Der Anteil der Medien an unserer Gestaltung der Lebenswelten. In: Zeitschrift für Sozialisationsforschung und Erziehungssoziologie, Jg. 5, 3: 186-204.

Luhmann, Niklas (1974): Einführende Bemerkungen zu einer Theorie symbolisch generalisierter Kommunikationsmedien. In: Zeitschrift für Soziologie, Jg. 3, 3: 236-255.

Luhmann, Niklas (1981): Veränderungen im System gesellschaftlicher Kommunikation und die Massenmedien. In: Ders.: Soziologische Aufklärung Bd. III, Opladen: 309-320.

Luhmann, Niklas (1984): Soziale Systeme, Frankfurt am Main.

Luhmann, Niklas (1987): Sprache und Kommunikationsmedien. Ein schieflaufender Vergleich. In: Zeitschrift für Soziologie, Jg. 16, 6: 467-468.

Luhmann, Niklas (1996): Die Realität der Massenmedien (2. erw. Aufl.),Opladen.

Lurija, Aleksandr Romanovic (1976): Cognitive Development: its Cultural and Social Foundations, Cambridge, MA.

Lurija, Aleksandr Romanovic (1986): Die historische Bedingtheit individueller Erkenntnisprozesse, Weinheim.

Mandé-Daguerre, Jacques Louis (1893): Das Daguerreotyp und das Diorama, Stuttgart.

Mandelbrot, Benoit (1975): Les objets fractals. Paris.

Marchand, Philip (1989): Marshall McLuhan. The Medium and the Messenger, New York.

McLuhan, Marshall/Quentin, Fiore/Jerome, Agel (1969): Das Medium ist Massage, Frankfurt am Main, Berlin, Wien 1969 und 1984.

McLuhan, Marshall (1992): Die magischen Kanäle. "Understanding Media", Düsseldorf, Wien 1968 und1992.

McLuhan, Marshall (1995): Die Gutenberg Galaxis. Das Ende des Buchzeitalters, Düsseldorf, Wien 1968, Neuauflage: Bonn, Paris 1995.

McLuhan, Marshall/Bruce R. Powers (1995): The Global Village. Der Weg der Mediengesellschaft in das 21. Jahrhundert, Paderborn.

McLuhan, Marshall (1996): Die mechanische Braut. Volkskultur des industriellen Menschen, Amsterdam.

McLuhan, Eric/Frank Zingrone (eds.) (1996): Essential McLuhan, Concords, Ontario.

Merleau-Ponty, Maurice (1966): Phänomenologie der Wahrnehmung, Berlin.

Merleau-Ponty, Maurice (1967): Das Auge und der Geist. Philosophische Essays (hrsg. u. übers. v. Hans Werner Arndt), Reinbek bei Hamburg.

Merten, Klaus/Siegfried J. Schmidt/Siegfried Weischenberg (Hrsg.) (1994): Die Wirklichkeit der Medien - Eine Einführung in die Kommunikationswissenschaft. Opladen.

Meyrowitz, Joshua (1990): Überall und nirgends dabei. Die Fernseh-Gesellschaft I, Weinheim, Basel.

Meyrowitz, Joshua (1990): Wie Medien unsere Welt verändern? Die Fernseh-Gesellschaft II, Weinheim, Basel.

Miller, Jonathan (1971): McLuhan. London.

Oberliesen, Rolf (1982): Information, Daten und Signale. Geschichte technischer Informationsverarbeitung, Reinbek bei Hamburg.

Ong, Walter J. (1958): Ramus, Method, and the Decay of Dialogue, Cambridge, M.A.

Ong, Walter J. (1967): The Presence of the Word, New Haven.

Ong, Walter J. (1977): Interfaces of the Word - Studies in the Evolution of Consciousness and Culture, Ithaca.

Ong, Walter J. (1987): Oralität und Literalität. Die Technologisierung des Wortes, Opladen.

Panofsky, Erwin (1990): Die Renaissancen der europäischen Kunst, Frankfurt am Main.

Panofsky, Erwin (1992): Aufsätze zu Grundfragen der Kunstwissenschaft, Berlin.

Parry, Milman (1928): L' Epithète traditionelle dans Homère, Paris.

Parry, Milman (1971): The making of homeric verse. The collected papers of M. Parry, Oxford.

Plato (1991): Phaidros oder Vom Schönen. (Übertragen und eingeleitet von Kurt Hildebrandt), Stuttgart.

Postman, Neil (1961): Television and the Teaching of English, New York.

Postman, Neil/Charles Weingartner (1972): Fragen und Lernen. Die Schule als kritische Anstalt, Frankfurt am Main.

Postman, Neil (1983): Das Verschwinden der Kindheit, Frankfurt am Main.

Postman, Neil (1986): Amusing Ourselves to Death. Public Discourse in the Age of Show Business, London.

Postman, Neil (1988a): Die Verweigerung der Hörigkeit, Frankfurt am Main.

Postman, Neil (1988b): Conscientious Objections. Stirring Up Trouble About Language, Technology, and Education, New York.

Postman, Neil (1992a): Das Technopol. Die Macht der Technologien und die Entmündigung der Gesellschaft, Frankfurt am Main.

Postman, Neil (1992b): Wir amüsieren uns zu Tode. Urteilsbildung im Zeitalter der Unterhaltungsindustrie (Sonderausgabe), Frankfurt am Main.

Postman, Neil (1992c): Sieben Thesen zur Medientechnologie. In: Werner D. Fröhlich/Rolf Zitzlsperger/Bodo Franzmann (Hrsg.): Die verstellte Welt. Beiträge zur Medienökologie, Weinheim, Basel: 9-23.

Postman, Neil (1992d): Informing Ourselves to Death. Pressetext eines Vortrages anläßlich des Kongresses "Zur Aktualität des Ästhetischen", Hannover.

Postman, Neil (1995a): Keine Götter mehr. Das Ende der Erziehung. Berlin.

Postman, Neil (1995b): Die Bedrohung des Lesens durch die elektronischen Medien - und was die Verleger dagegen tun können. In: Bodo Franzmann/Werner D. Fröhlich/Hilmar Hoffmann/Balz Spörri/Rolf Zitzlsperger (Hrsg.): Auf den Schultern von Gutenberg. Medienökologische Perspektiven der Fernsehgesellschaft, Berlin, München: 220-229.

Rapsch, Volker (Hrsg.) (1990): Über Flusser. Die Festschrift zum 70. von Vilém Flusser, Düsseldorf.

Reck, Hans-Ulrich (1996): Inszenierte Imagination. Beiträge zu einer historischen Anthropologie der Medien, Wien.

Reisch, Heiko (1992): Das Archiv und die Erfahrung. Walter Benjamins Essays im medientheoretischen Kontext, Würzburg.

Riesmann, David (1954): The Lonely Crowd - A study of the changing American character, New York.

Riesmann, David (1957): Books: Gunpowder of the Mind. In: Atlantic Monthly 20, December 1957: 123-130.

Riesmann, David (1966): The oral and literate tradition. In: Edmund S. Carpenter/Marshall McLuhan (eds.): Explorations in communication, Boston, MA.

Ritter, Joachim/Karlfried Gründer (Hrsg.) (1976): Historisches Wörterbuch der Philosophie.

Rötzer, Florian (1991): Mediales und Digitales. Zerstreute Bemerkungen und Hinweise eines irritierten informationsverarbeitenden Systems. In: Ders.: Digitaler Schein. Ästhetik der elektronischen Medien, Frankfurt am Main: 9-81.

Rosenzweig, Franz (1984): Cannä und Gorlice und Globus. In: Gesammelte Schriften, Band 3, Dordrecht.

Roszak, Theodor (1986): The cult of information, New York.

Salberg-Steinhardt, Barbara (1983): Die Schrift: Geschichte, Gestaltung, Anwendung. Ein Lern- und Lehrbuch für die Praxis, Köln.

Sander, Klaus (Hrsg.) (1996): Vilém Flusser - Zwiegespräche, Interviews 1967-1991, Göttingen.

Schmidt, Siegfried J. (1989): Die Selbstorganisation des Sozialsystems Literatur im 18. Jahrhundert, Frankfurt am Main.

Schmidt, Siegfried J. (1992): Medien, Kultur: Medienkultur. Ein konstruktivistisches Gesprächsangebot. In: Ders.: Kognition und Gesellschaft, Frankfurt am Main: 425-451.

Schmidt, Siegfried J. (1994): Die Wirklichkeit des Beobachters. In: Klaus Merten/Siegfried J. Schmidt/Siegfried Weischenberg (Hrsg.): Die Wirklichkeit der Medien. Eine Einführung in die Kommunikationswissenschaft, Opladen: 3-20.

Schmidt, Siegfried J. (1995): Bildgedächtnis: Fragen über Fragen. In: Klaus Peter Dencker (Hrsg.): Interface 2: Weltbilder/Bildwelten. Computergestützte Visionen, Hamburg: 70-76.

Schneider, Manfred (1987): Luther und McLuhan - zur Medientheorie und Semiotik heiliger Zeichen. In: F. Kittler u.a. Diskursanalysen 1: Medien. Opladen.

Scholem, Gershom (1975): Walter Benjamin - die Geschichte einer Freundschaft, Frankfurt am Main.

Schreiber, Jens (1985): Word-Engineering. Informationstechnologie und Dichtung. In: Jochen Hörisch/Hubert Winkels (Hrsg.): Das schnelle Altern der neuesten Literatur. Essays zu deutschsprachigen Texten zwischen 1968 - 1984, Düsseldorf.

Schulte-Sasse, Jochen (1988): Von der schriftlichen zur elektronischen Kultur: über neuere Wechselbeziehungen zwischen Mediengeschichte und Kulturgeschichte. In: Hans-Ulrich Gumbrecht/K. Ludwig Pfeiffer (Hrsg.): Materialität und Kommunikation, Frankfurt am Main: 429-454.

Schulze, Gerhard (1993): Die Erlebnisgesellschaft. Kultursoziologie der Gegenwart, Frankfurt am Main, New York.

Schuster, Thomas (1995): Staat und Medien. Über die elektronische Konditionierung der Wirklichkeit, Frankfurt am Main.

Sebeok, Thomas Albert (1986): I think I am a verb. More contributions to the doctrine of signs, New York.

Serres, Michel (1987): Der Parasit, Frankfurt am Main.

Serres, Michel (1991-1994): Hermes I - V, Berlin.

Serres, Michel (1995): Die Legende der Engel, Frankfurt am Main, Leipzig.

Shannon, Claude E. (1949): Communication Theory of Secrecy Systems. In: Bell Systems Technical Journal 28, 656-715.

Shannon, Claude E./ Warren Weaver (1976): Mathematische Grundlagen der Informationstheorie, München.

Siegert, Bernhard (1993): Relais. Geschicke der Literatur als Epoche der Post. 1751 - 1913, Berlin.

Siegert, Bernhard (1993): Rauschfilterung als Hörspiel. Archäologie nachrichtentechnischen Wissens in Robert Musils Amsel. In: Hans-Georg Pott (Hrsg.): Robert Musil. Dichter, Essayist, Wissenschaftler. München, 193-207.

Simon, Gérard (1992): Der Blick, das Sein und die Erscheinung in der antiken Optik, München.

Spahr, Angela/Rüdiger Zill (1989): Mediale Botschaften? Überlegungen zu einer philosophischen Analyse der Kommunikationstechnologie, in: Zeitschrift für Didaktik der Philosophie, 4/1989, 217-227.

Spahr, Angela (1993/94): Die mediale Gesellschaft. In: Hegel-Jahrbuch 1993/1994, 356-363.

Spengler, Oswald (1993): Der Untergang des Abendlandes. Umrisse einer Morphologie der Weltgeschichte, München.

Stearn, Gerald Emanuel (1969) (Hrsg.): McLuhan für und wider, Düsseldorf, Wien.

Steinberg, Heinz (1990): Gutenbergs Zukunft. An- und Aussichten zu Buch und Lesen, Berlin.

Steinberg, Sigfrid Heinrich (1988): Die schwarze Kunst: 500 Jahre Buchwesen (3. erneut durchges. u. erw. Aufl.), München.

Steiner, Georg (1969): Sprache und Schweigen. Essays über Sprache, Literatur und das Unmenschliche, Frankfurt am Main.

Stewart, Ian (1990): Mathematik. Probleme-Themen-Fragen, Basel, Boston, Berlin.

Theweleit, Klaus (1988): Orpheus und Eurydike. Buch der Könige, Bd. 1, Basel, Frankfurt am Main.

Tiedemann, Rolf (1983): Dialektik im Stillstand. Versuche zum Spätwerk Walter Benjamins, Frankfurt am Main.

Vansina, Jan (1985): Oral tradition as history, Madison.

Vattimo, Gianni/Wolfgang Welsch (Hrsg.) (1997): Medien-Welten, Wirklichkeiten, München.

Virilio, Paul (1978): Fahren, fahren, fahren..., Berlin.

Virilio, Paul (1980): Esthétique de la Disparition, Paris.

Virilio, Paul (1980): Geschwindigkeit und Politik. Ein Essay zur Dromologie, Berlin.

Virilio, Paul (1984): Der reine Krieg, Berlin.

Virilio, Paul (1986a): Ästhetik des Verschwindens, Berlin.

Virilio, Paul (1986b): Krieg und Kino. Logistik der Wahrnehmung, München, Wien.

Virilio, Paul (1986c): Geschwindigkeit - Unfall - Krieg. In: TAZ 3.5.1986, S. 12.

Virilio, Paul (1987): Cinéma français. In: FilmFaust, Internationale Filmzeitschrift, 60/61: 10-29.

Virilio, Paul (1989a): Die Sehmaschine, Berlin.

Virilio, Paul (1989b): Der Negative Horizont: Bewegung-Geschwindigkeit-Beschleunigung, München, Wien.

Virilio, Paul (1990a): Die Endlichkeit der Welt bricht an. In: Peter Weibel (Hrsg.): Von der Bürokratie zur Telekratie. Rumänien im Fernsehen, Berlin: 150-161.

Virilio, Paul (1990b): Aktuelles Denken. In: Kunstforum International, Bd. 108: 89-94.

Virilio, Paul (1990c): Technik und Fragmentierung. Ein Gespräch mit Sylvère Lotringer. In: Karlheinz Barck et al. (Hrsg.): Aisthesis. Wahrnehmung heute oder Perspektiven einer anderen Ästhetik, Leipzig: 72-82.

Virilio, Paul (1991a): Die Ästhetik des Verschwindens. Ein Ge-spräch zwischen Fred Forest und Paul Virilio. In: Florian Rötzer (Hrsg.): Digitaler Schein. Ästhetik der elektronischen Medien, Frankfurt am Main: 334-345.

Virilio, Paul (1991b): Echtzeit-Perspektiven. In: Christos Joachimi-des (Hrsg.): Metropolis. Ausstellungskatalog der internationalen Kunstausstellung, Stuttgart: 59-64.

Virilio, Paul (1991c): Die Ent-Täuschung. In: Lettre International, 12: 16-19.

Virilio, Paul (1992a): Bunker-Archäologie, München, Wien.

Virilio, Paul (1992b): Das öffentliche Bild, Bern.

Virilio, Paul (1992c): Rasender Stillstand, München, Wien.

Virilio, Paul (1993a): Krieg und Fernsehen, München, Wien.

Virilio, Paul (1993b): Revolutionen der Geschwindigkeit, Berlin.

Virilio, Paul (1993c): Das letzte Vehikel. In: Florian Rötzer (Hrsg.): Cyberspace. Zum medialen Gesamtkunstwerk, Himberg bei Wien: 267-274.

Virilio, Paul (1994a): Der Medienputsch. In: Lettre International, 25: 30-32.

Virilio, Paul (1994b): Vom Sehen, Wahrnehmen, Tasten, Fühlen, Erkennen, Was Wirklich ist - Im Zeitalter Des Audiovisuellen. In: FilmFaust "Internationale Filmzeitschrift", 89/90: 22-49.

Virilio, Paul (1994c): Die Eroberung des Körpers. Vom Übermen-schen zum überreizten Menschen, München, Wien.

Virilio, Paul (1996): Fluchtgeschwinigkeit. München, Wien.

Wagner, Gerhard (1992): Walter Benjamin. Die Medien der Moder-ne, Berlin.

Weibel, Peter (1988): Territorium und Technik. In: Ars Electonica (Hrsg.): Philosophien der neuen Technologien, Berlin, 81-113.

Weingarten, Rüdiger (1989): Die Verkabelung der Sprache. Grenzen der Technisierung von Kommunikation, Frankfurt am Main.

Weizenbaum, Joseph (1977): Die Macht der Computer und die Ohnmacht der Vernunft, Frankfurt am Main.

Welsch, Wolfgang (1990): Ästhetisches Denken, Stuttgart.

Welsch, Wolfgang (1996): Grenzgänge der Ästhetik, Stuttgart.

Wenzel, Horst (Hrsg.) in Zusammenarbeit mit Friedrich A. Kittler u. Manfred Schneider (1995): Gutenberg und die Neue Welt, München.

Winkler, Hartmut (1997): Docuverse zur Medientheorie der Computer, München.

Witte, Bernd (1985): Walter Benjamin, Reinbek bei Hamburg.

Zumthor, Paul (1983): Introduction à la poésie orale, Paris.

Namenregister